SALT LAKE

SPORTVERLAG BERLIN

XIX. OLYMPISCHE
WINTERSPIELE
8. BIS 24. FEBRUAR

2002

HERAUSGEGEBEN VON RUDI CERNE

MIT TEXTEN VON
KLAUS BLUME
RUDI CERNE
USCHI DISL
STEPHAN HOCKE
WILLI PH. KNECHT
BRUNO MORAVETZ
WALTHER TRÖGER
KLAUS WEISE

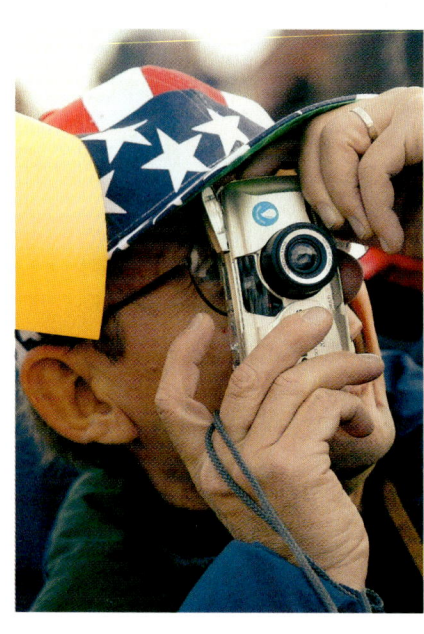

INHALT

XIX. Olympische Winterspiele in Salt Lake City
8. Februar bis 24. Februar 2002

SALT LAKE ORGANIZING COMMITTEE (SLOC)
Präsident des SLOC: Mitt Romney

Eröffnung: Präsident der USA, George W. Bush
Dauer: 17 Tage
Sprecher des Olympischen Eids: Jim Shea (Skeleton)
Letzte Fackelträger: US-Eishockeyspieler, Olympiasieger 1980
Olympische Hymne: Spyros Samaras, Kostas Palamas (Text)
Fackel: Axiom; O. C. Tanner
Siegermedaille: Brent Watts (Axiom); O. C. Tanner
Siegerdiplom: Axiom
Erinnerungsmedaille: Axiom; O. C. Tanner
Erinnerungsdiplom: Axiom
Olympia Münze Salt Lake: John Mercanti, Donna Weaver
Offizieller Bericht: Official Report of the XIX Olympic Winter Games (englisch, französisch)
Offizielle Zeitschrift: Sports Illustrated (Sonderausgaben)
Motto der Gastgeber: Light the Fire Within (Entzünde das Feuer in dir)
Maskottchen: Powder (Hase), Copper (Kojote), Coal (Bär)
Entscheidungen: 78
Sportlerinnen und Sportler: 2530
Teilnehmende Länder: 77

STÄTTEN UND ZEITEN DER SPIELE

RICE-ECCLES OYMPIC STADIUM, Salt Lake City
56 000 Zuschauerplätze, Höhe: 1305 m
Eröffnungs- und Abschlussfeier (8.2., 24.2.)

SNOWBASIN SKI AREA, Ogden
21 000 Zuschauerplätze, Höhe: 2917 m
Abfahrtslauf, Kombinationsabfahrt,
Super G (10.2.-23.2.)

DEER VALLEY RESORT, Park City
13 400 Zuschauerplätze, Höhe: 2917 m
Slalom (10.2.-23.2.), Freestyle (9.2.-19.2.)

PARK CITY MOUNTAIN RESORT, Park City
16 000 Zuschauerplätze, Höhe: 2530 m
Riesenslalom (10.2.-23.2.), Snowboard
(10.2.-15.2.)

SOLDIER HOLLOW, Heber City
15 000 Zuschauerplätze, Höhe: 1670 m
Langlauf/Nordische Kombination (9.2.-24.2.),
Biathlon (11.2.-20.2.)

UTAH OLYMPIC PARK, Park City
12 800 Zuschauerplätze, Höhe: 2206 m
Skispringen/Spezialsprunglauf/Nordische
Kombination (9.2.-21.2.), Rodeln (10.2.-15.2.),
Bob (16.2.-23.2.), Skeleton (20.2.)

UTAH OLYMPIC OVAL, Kearns
5200 Zuschauerplätze, Höhe: 1305 m
Eisschnelllauf (9.2.-23.2.)

THE ICE SHEET AT OGDEN, Ogden
2000 Zuschauerplätze, Höhe: 1460 m
Curling (11.2.-22.2.)

E CENTER, Salt Lake City
10 500 Zuschauerplätze, Höhe: 1305 m
Eishockey (9.2.-24.2.)

THE PEAKS ICE ARENA, Provo
8000 Zuschauerplätze, Höhe: 1388 m
Eishockey (9.2.-23.2.)

SALT LAKE ICE CENTER, Salt Lake City
17 500 Zuschauerplätze, Höhe: 1305 m
Eiskunstlauf (9.2.-22.2.), Short Track (13.2.-23.2.)

OLYMPIA IM WILDEN WESTEN
FAIRNESS UND TRAGISCHE HELDEN, TRÄNEN UND GLÜCK

RUDI CERNE

Gegensätzlicher hätte der Szenenwechsel zu den Winterspielen in Nagano vor vier Jahren nicht sein können. Olympia im Wilden Westen. Und dann auch noch im Schnee. Das Weltfest des Wintersports im Land der Shoshonen, der Ute und der Navajo. Nach dem japanischen Kaiser Akihito eröffnete diesmal George W. Bush die Winterspiele. Ein Texaner mit Wohnsitz in der Hauptstadt Washington.

Noch nie hatte ein US-Präsident die Eröffnungsformel gesprochen. Franklin D. Roosevelt war 1932 in seiner Eigenschaft als Gouverneur von New York dabei, Richard Nixon und Walter Mondale als US-Vizepräsidenten – 1960 in Squaw Valley bzw. 1980 in Lake Placid. Die Anwesenheit des mächtigsten Mannes der Welt bei den vierten Olympischen Winterspielen auf amerikanischem Boden wirkte wie eine besondere Botschaft. Niemand sollte sich im Gastgeberland fürchten. Salt Lake City war 17 Tage lang der sicherste Ort der Welt. Mit 310 Millionen Dollar aus dem US-amerikanischen Staatshaushalt wurden einschneidende Maßnahmen finanziert: Sperrung des Flugraumes über dem Olympiaterrain, ringförmige Kontrollen um Salt Lake City, intensive Überwachung der zehn Wettkampfstätten, des Olympischen Dorfes und der Pressezentren für 9000 Medien-Vertreter, Einsatz von hoch modernen Überwachungssystemen und ein besonderes Augenmerk auf die eingehende Post zur Verhinderung eines Biowaffen-Anschlags. Schon ein einziger Anthrax-Brief hätte eine Hysterie sondergleichen ausgelöst. 16 000 Sicherheitskräfte aus zwanzig Organisationen brachten das Kunststück fertig, die Spiele zu schützen, ohne den Eindruck eines olympischen Hochsicherheitstrakts zu erwecken.

Bis zu den schrecklichen Ereignissen von New York und Washington am 11. September 2001 stand der Name von Salt Lake City vor allem für Korruption im Sport. Die Mormonen-Metropole hatte mit weit mehr als nur milden Gaben die Spiele gekauft. Ein Fall für die Staatsanwaltschaft, die Bestechungsgelder in einer Gesamthöhe von fast einer Million Dollar ermittelt hatte. Zehn IOC Vertreter hatten daraufhin ihre Mitgliedschaft verloren. Schnee von gestern.

Die Eignung von Salt Lake City als Olympiaort stand außer Frage. »Es gibt keine Stadt der Welt, die bessere Voraussetzungen für die Zwangsehe von Eis und Schnee hätte«, erkannte treffend Marc Hodler, Alt-Olympier und »Mr. Wintersport« des Internationalen Olympischen Komitees aus der Schweiz. Zu Winterspielen der kurzen Wege wird es wohl nie wieder kommen. 78 Entscheidungen sind nun mal nicht in Sportstätten unterzubringen, die nur ein paar Autominuten voneinander entfernt liegen. Aber Salt Lake verfügte über eine ausgezeichnete Infrastruktur. Die Hallen-Sportarten Eiskunstlaufen, Eishockey und Eisschnelllaufen im Zentrum der Stadt und weiter oben in den Rocky Mountains, etwa 45 Autominuten entfernt, an fünf verschiedenen Orten die Wettbewerbe für Ski, Bob und Rodeln.

Den meisten Anklang bei den Olympia-Touristen fand dabei allerdings Park City, das sich so gern mit St. Moritz vergleichen lässt. »Utah liegt hoch in den Bergen, es muss Gott nahe sein«, meinte François Carrard, Generaldirektor des Internationalen Olympischen Komitees, nach dem ersten Wettkampftag. IOC-Präsident Jacques Rogge beglückwünschte die Gastgeber zu einem »fantastischen Auftakt«. Die Euphorie hielt an und reichte bis zum Schlussakt. Bereits Tage vor der Abschlussfeier wurde in Utah über eine erneute Bewerbung nachgedacht. Utahs Gouverneur Mike Leavitt ist entschlossen, es noch einmal anzugehen, und rannte mit seiner Idee bei Salt Lake Citys

Bürgermeister offene Türen ein. Leavitt bedauerte nur, dass es »wahrscheinlich Jahrzehnte dauert, bis die Spiele zurückkehren«.

Es muss der Geist von Olympia sein und die besonderen, die ganz persönlichen Geschichten, die nur alle vier Jahre erzählt werden, die Sieger mit Medaillen belohnen und manchmal auch aus Verlierern Gewinner oder gar Helden machen.

Wie zum Beispiel das Schicksal des Eistänzers Charles Sinek aus dem Gastgeberland. Mit seiner Partnerin Beata Handra hatte er die gemeinsame Kür nur mit letzter Kraft über die Bühne gebracht. Sinek, der unter starkem Fieber litt, war nach eigenen Angaben die letzten dreißig Sekunden nahezu atemlos gelaufen. Das Paar landete abgeschlagen auf dem 23. Platz. Einen Tag nach der Entscheidung war bei dem Athleten eine Lungenentzündung festgestellt worden.

Dabei sein ist alles, aber sich bei Olympia zu blamieren, weckt bei vielen traumatische Vorstellungen. Nichts fürchtete Kelsey Stone mehr, als bei der Eiskunstlauf-Konkurrenz im Salt Lake Ice Center zu stürzen. Dabei war sie nicht einmal als Teilnehmerin am Start. Die Zwölfjährige war eines von 35 Kindern, die Blumen und Geschenke für die Stars aufsammelten, die Zuschauer auf das Eis geworfen hatten. »Ich habe im Fernsehen gesehen, dass viele Leute nicht nur auf die Blumen sondern auch auf mich schauen«, sagte Kelsey.

Apropos Sturz: Bereits eine halbe Sekunde nach dem Startschuss zum ersten Lauf des Eissprints über 500 Meter war für einen der klarsten Favoriten dieser Spiele der Traum vom Gold geplatzt. Zwei Schritte, eine kleine Unaufmerksamkeit. Wie ein Anfänger war der große Jeremy Wotherspoon, Inhaber des Weltrekords auf dieser Strecke, über die eigenen Schlittschuhe gestolpert. Enttäuscht, traurig und frustriert huschte der 25 Jahre alte Sprint-Weltmeister aus Calgary an Reportern und Kameras vorbei. Worte ließen sich für diesen dummen Fehler nicht finden. Die Konkurrenten im Kampf um Gold hätten sich am liebsten für eine Wiederholung ausgesprochen. Casey FitzRandolph, den die US-Amerikaner später als ersten Olympiasieger über 500 Meter seit Eric Heiden feierten, wollte nach dem ersten Lauf seine glänzenden Siegesaus-

sichten gar nicht recht genießen. »Ich kann mich nicht freuen, weil mein bester Freund ausgeschieden ist.« Auch Nagano-Olympiasieger Hiroyasu Shimizu zeigte Betroffenheit. »Ich bin schockiert. Ich wollte das Duell mit ihm.« Ein Ausdruck olympischer Fairness, die Jeremy Wotherspoon kaum trösten konnte. In der schnellsten Eislaufhalle der Welt wurde der traurige Kanadier zum tragischen Helden.

Auch auf seiner Paradestrecke – über 1000 Meter hatte Wotherspoon in dieser Saison alles gewonnen – kam er nicht zum erhofften Gold. Olympiasieger wurde ein Mann, der zuvor bei internationalen Meisterschaften noch nie eine Medaille gewonnen hatte: der Niederländer Gerard van Velde, der in einer fantastischen Weltrekordzeit siegte. Wotherspoon wollte nach seinem dreizehnten Platz im Boden versinken, und er wird wohl eher als Stolper-, denn als Sprintkönig in die Annalen eingehen. Grausames Olympia.

Wie schön hingegen ist die Geschichte der Skiakrobatin Alisa Camplin aus Melbourne. »Das ist das Verrückteste, was ich je erlebt habe«, jubelte sie nach ihrem Triumph im Freestyle-Springen: »Es ist das erste Mal, dass ich irgendwas gewonnen habe.« Die Geschichte der Australierin mutet an wie ein modernes Märchen mit einem Happy End. Schon der Beginn ihrer Ski-Karriere war dornenreich. Die nur 1,58 Meter kleine und 48 Kilogramm leichte Athletin trainierte auf der einzigen Wasserschanze ihres australischen Heimatortes. Der Tümpel in der Nähe von Melbourne war voller Blutegel. Um ihre Trainingsmöglichkeiten zu verbessern, setzte Alisa Camplin alles auf eine Karte: »Ich habe alles verkauft, um hierher zu kommen, mein Auto, alles. Ich habe 150 000 Dollar ausgegeben, um so weit zu kommen«, berichtete sie. Auch ihre Gesundheit hat sie aufs Spiel gesetzt: Neun Gehirnerschütterungen, Schlüsselbein- und Handbrüche, einen Achillessehnen-Riss und kurz vor den Olympischen Spielen noch einen Bänderriss in der Ferse. Ein unglaubliches Szenario. Als sie schließlich den Sprung vom Tümpel auf den Ski-Olymp geschafft hatte, war es um ihre Fassung geschehen. Ihr herzzerreißendes Weinen ging um die Welt. Ein bisschen hab' ich mitgeheult. Ich war nicht der Einzige.

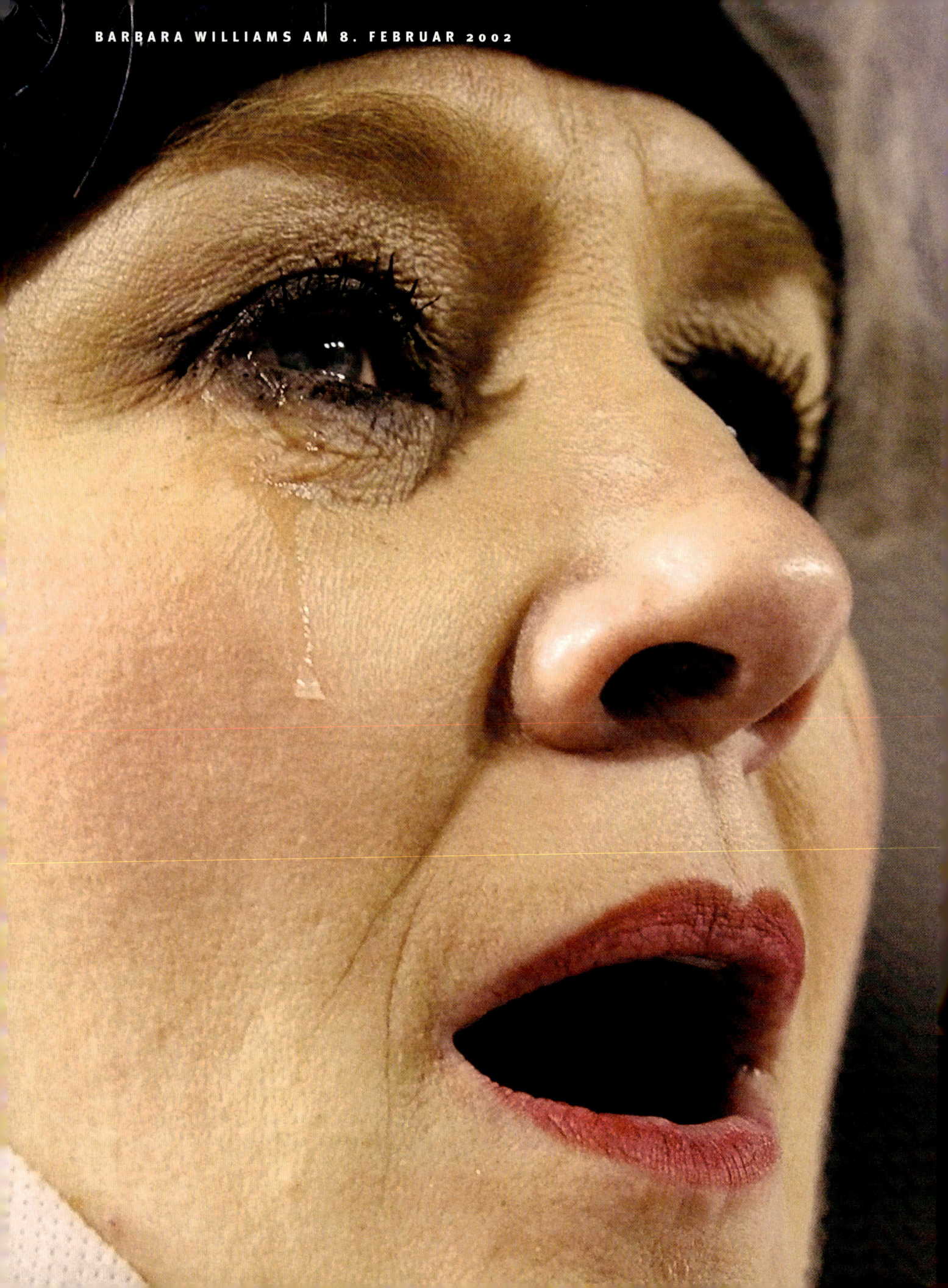

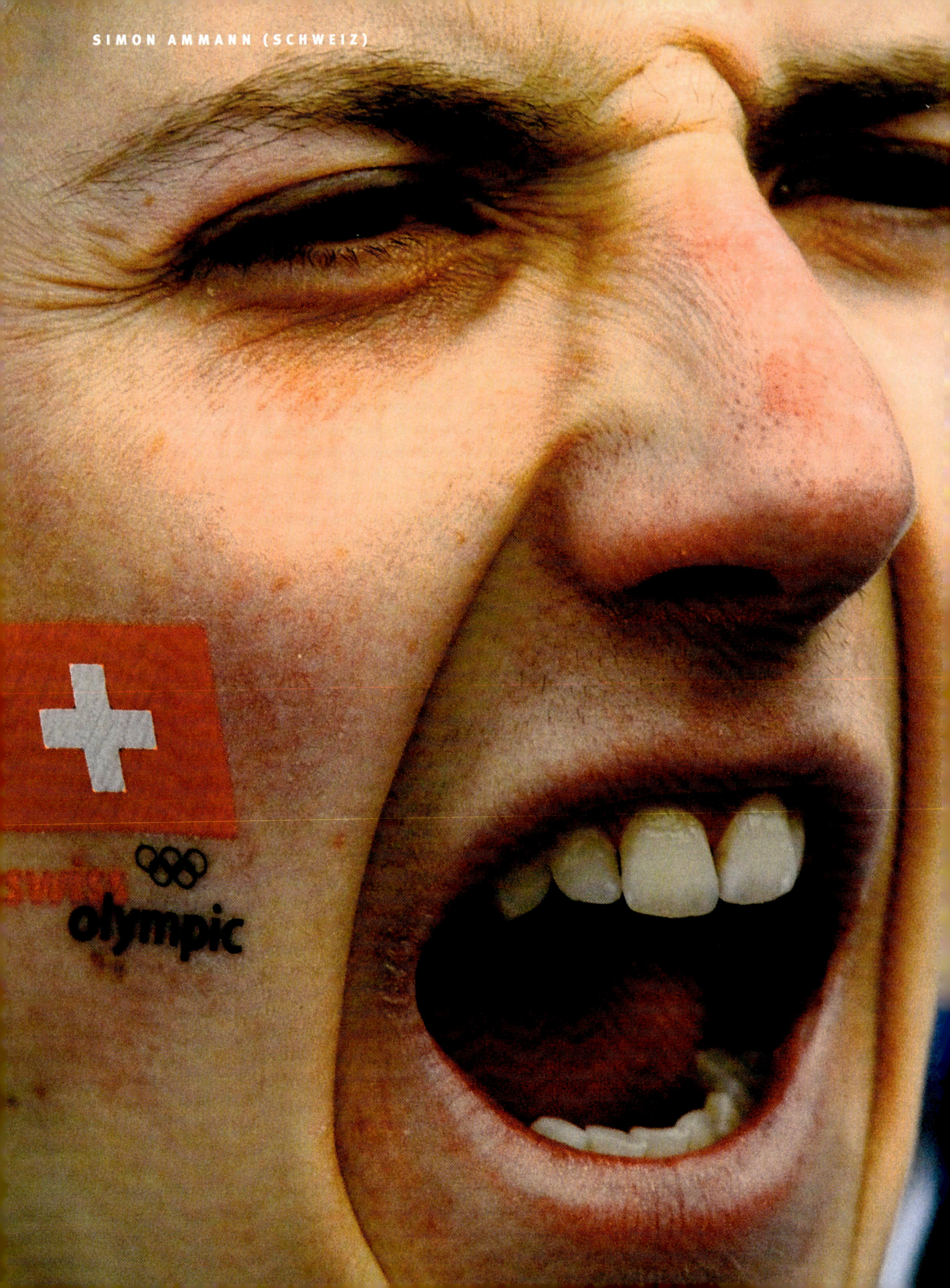

Die Themen des Fackellaufs
»Land of Contrast – Fire and Ice«
(Land der Gegensätze – Feuer und
Eis), »Light the Fire Within« (Ent-
zünde das Feuer in dir) und »Taming
of the West – the Past and Present«
(Die Erschließung des Westens
Vergangenheit und Gegenwart)

Die Fackel
Die Fackel ist 84 Zentimeter lang,
mit einem oberen Durchmesser
von 7,6 und einem unteren von
1,3 Zentimetern.
Das Material: Glas, Kupfer und
Aluminium

Die Fackelträger
Insgesamt 11 500 Menschen, darunter 200 frühere Olympiasieger, tragen
die Fackel durch 46 US-Bundesstaaten. Am Ende sind es 21 722 Kilometer – zwischen Alaska und Florida.
Jeder Fackelträger hat rund 320 Meter (0,2 Meilen) zurückzulegen.
Die Fackelträger wurden nominiert
von den Familien, Freunden oder
Arbeitskollegen, dem Organisationskomitee der Winterspiele sowie von
den Sponsoren.

SALT LAKE CITY
PLATZ DER HOFFNUNG, DER GNADE UND DES SÜNDENFALLS

WILLI PH. KNECHT

Utah gilt nicht gerade als ein Dorado schillernder Gestalten der US- oder gar der Weltgeschichte. Selbst in der auf Arizona, Colorado, Nevada, New Mexico und Utah als den Staaten des amerikanischen Südwestens begrenzten Liste »berühmter Persönlichkeiten« nennt der *Baedeker Reiseführer* im Zusammenhang mit dem 219 888 Quadratkilometer messenden Gebiet rund um die Große Salzwüste nur zwei als erwähnenswert erscheinende Namen. Der eine freilich steht für eines der größten Wagnisse der nordamerikanischen Pionierzeit: Brigham Young, nach der Ermordung des Sektengründers Joseph Smith am 27. Juni 1844 in Carthage (Illinois) dessen Nachfolger als Oberhaupt der Kirche Jesu Christi der Heiligen der Letzten Tage. Unter seiner Führung brachen 1844 15 000 der als religiöse Minderheit Verfolgten zum legendären »Mormon Trail« gen Westen auf.

Der spätere US-Bundesstaat Utah war seit dem 15. oder 16. Jahrhundert Jagdgebiet der Indianervölker der Ute, Paiute, Shoshonen und Navajos. Um 1546 kamen als erste Weiße die spanischen Franziskanermönche Francisco Atanasiv Dominquez und Silvestre Velez de Escalante ins Land. Erst 1819 und später folgten ihnen vereinzelt Pelztierjäger und Fallensteller. Für die indianischen Ureinwohner begann damit die Endzeit ihrer Lebensart. Zunehmend folgten in Richtung der Pazifikgebiete Kalifornien und Oregon ziehende Siedlertrecks. Geldgier wie pure Mordlust der weißen Eindringlinge dezimierten die vormals riesigen Büffelherden. Verträge zwischen dem »weißen Vater« in Washington und den Führern der indianischen Volksgruppen wurden ständig, meist bereits kurz nach Unterzeichnung durch die Siedler und die sie schützende US-Kavallerie gebrochen. Fernab der Glorifizierung in Hollywood-Filmen vollzog sich die Eroberung des amerikanischen Westens in Wirklichkeit in Formen brutaler Vertreibung und Unterdrückung der Indianer bis hart an die Grenze ihrer Ausrottung.

Die bedrängten Volksgruppen wehrten sich, so gut es ihre Unterlegenheit zuließ, ohne dauerhaft erfolgreich Widerstand leisten zu können. So erlitten denn die Siedlertrecks durch Indianerüberfälle weit geringere Verluste als durch die Gefahren des unwegsamen Geländes und der Witterungsbedingungen. Auch von den 15 000 Mormonen, die unter Brigham Young von Illinois quer durch Iowa und Nebraska in eine ungewisse Zukunft aufbrachen, starben die meisten an Krankheiten, Entbehrungen und Erschöpfung. Allein im Winterquartier

1846/47 nahe des heutigen Omaha in Nebraska verhungerten 600 Gemeinde-
mitglieder. Nur sehr lückenhafte Aufzeichnungen schildern die Leiden des
Mormonentrecks, der auf seinem schier endlosen Weg nur höchstens 160 Kilometer im Monat vorankam.

Mit einer Vorhut von 143 Männern, drei Frauen und zwei Kindern erreichte
Brigham Young am 24. Juli 1848 nach vier Jahren unvorstellbarer Strapazen den
Großen Salzsee. Mit den berühmten Worten »That is the place« soll er die trost-
lose Gegend zur neuen Heimstatt der Mormonen bestimmt haben – nicht wie
in der Geschichte Moses als Gelobtes Land, sondern als Platz der Hoffnung und
des Gottvertrauens. In kurzer Zeit folgten weitere 3000 Teilnehmer des Mormon Trails und gründeten den Gottesstaat »State of Desert« und die Stadt Salt
Lake City. Mit unerhörtem Fleiß und strenger Disziplin verwandelten die Heiligen der Letzten Tage die öde Wüste in blühendes Land – geprägt von Moralge-
setzen, die allein gläubigen Mormonen den Einzug in das himmlische Reich
versprechen. Gottesfürchtigkeit und Nächstenliebe freilich hinderten nicht an
gelegentlichen Schandtaten: 1857 überfielen Mormonen nahe Mountain Mea-
dow im Südwesten Utahs gemeinsam mit einheimischen Indianern einen Sied-
lertreck von Nicht-Mormonen und töteten alle Erwachsene. Nur 17 Kinder
blieben verschont. Als Antwort auf das Massaker besetzten Unionstruppen Salt
Lake City.

1869 lebten in Utah bereits 60 000 Mormonen. Am 10. Mai jenes Jahres roll-
ten in Promofory Point nahe des nördlichen Endes des Großen Salzsees die Lo-
komotiven »Jupiter« der Central Pacific und »119« der Union Pacific aufeinander zu und vollendeten damit die erste transkontinentale Eisenbahnstrecke
Nordamerikas. Salt Lake City wandelte sich vom Platz der Hoffnung zu einem
beredten Zeugnis der Gnade Gottes. Das daraus begründete Selbstverständnis
gilt bis heute: »Unser Wohlstand ist die Belohnung Gottes für Rechtschaffen-
heit.« Inzwischen von 1,5 Millionen Mormonen bevölkert, gilt Utah gegenwärtig als einer der am stärksten florierenden US-Bundesstaaten mit der höchsten
Geburtenrate und der längsten Lebenserwartung der USA. Zu Recht rühmt sich
Salt Lake City, die sauberste und sicherste Hauptstadt aller fünfzig US-Bundesstaaten zu sein.

Ihr Gründer Brigham Young starb am 19. August 1877. Er hinterließ eine au-
ßergewöhnlich zahlreiche Nachkommenschaft: Mit 27 Frauen hatte er 56 Kinder gezeugt. Hauptsächlich wegen dieser in der Mormonenlehre verbrieften
Polygamie wurden drei Anträge des ursprünglich zu Mexiko gehörenden Terri-
toriums Utah auf Anerkennung als US-Bundesstaat vom Kongress in Washington abgelehnt. Erst dreizehn Jahre nach dem Tod Brigham Youngs annullierte
die Kirchenführung formal das Recht auf Mehrehen und verkündete für Utah
Glaubensfreiheit und die Trennung von Kirche und Staat. Im Gegenzug erhielt
das Territorium den Status eines Bundesstaates. Dies geschah am 4. Januar
1896.

*19. November 2001, Olympia,
Griechenland:*

*81 Tage vor Beginn der Olympischen
Winterspiele wird im griechischen
Olympia das Olympische Feuer ent-
zündet. Die Erste Priesterin Thaleia
Prokopion überreicht dem ersten
Fackelläufer, dem griechischen Ski-
läufer Lefteris Fafalis, die Flamme.*

*3. Dezember 2001, Athen,
Griechenland:*

*Übergabe der Olympischen Flamme
durch Griechenlands NOK-Präsident
Lambis Nikolaou an den Cheforgani-
sator der Winterspiele von Salt Lake
City, Mitt Romney, in Athen. In einer
Schale erreicht die Flamme die USA –
eingeflogen an Bord einer Boeing der
Delta Airlines mit dem Namen »Soa-
ring Spirit II« (Schwebender Geist).*

Bonnie Blair

*4. Dezember 2001, Atlanta,
Georgia:*

*Muhammad Ali ist der erste Fackel-
träger der Olympischen Flamme in
den USA auf dem Weg nach Salt Lake
City – 66 Tage vor Beginn der Spiele.
Um 8.50 Uhr Ortszeit übergibt er die
Fackel unter dem Beifall von rund
tausend Zuschauern im Centennial
Park von Atlanta an Peggy Flem-
ming, die Eiskunstlauf-Olympiasie-
gerin von 1968.*

New York,
23. Dezember

Rudolph Giuliani

Auch der zweite, wie Brigham Young im Zusammenhang mit Utah in der Liste »Berühmte Persönlichkeiten des Südwestens der USA« genannte Robert LeRoy Parker entstammte einer streng religiösen Mormonenfamilie. Am 13. April 1866 in Beaver nahe dem heutigen Fishlake National Forest geboren, erwarb er später unter dem Namen Butch Cassidy den berüchtigten Ruhm des letzten großen Banditen der an Banditen reichen US-Geschichte. Datum und Ort seines Todes sind unbekannt; er soll sich 1909 in Bolivien, von Pinkerton-Detektiven gestellt, selbst umgebracht haben oder 1911 bei einem Bankraub in Uruguay von Soldaten erschossen oder aber 1937 irgendwo im Nordwesten der USA unerkannt gestorben sein. Seine Verbrecherkarriere wurde durch Hollywood-Verfilmungen mit Paul Newman und Robert Redford zur Legende des »Gentleman-Outlaws« verklärt. Sie stimmt wenig mit den Realitäten der Bank- und Raubüberfälle seiner »Wild Bunch«-Bande überein, die ab 1896 das Land in Angst und Schrecken versetzte.

Etwa zur gleichen Zeit, als Butch Cassidys Raubzüge zur Landplage ausarteten, fanden in Athen vom 6. bis 15. April 1896 die ersten Olympischen Spiele der Neuzeit statt. Unter den 262 Wettkämpfern aus 13 Mannschaften befanden sich auch 14 US-Amerikaner. Athleten aus Utah waren nicht am Start. Wie in der Liste »Berühmte Persönlichkeiten des Südwestens der USA« ist der Mormonenstaat auch in den Annalen des US-amerikanischen und erst recht des internationalen Spitzensports unterrepräsentiert. In den Profiligen der Middlewest- bzw. Western-Division spielen nur die Basketballer von Utah Jazz eine achtunggebietende Rolle. Der Klub war ehedem in New Orleans beheimatet; 1979 erfolgte die Übersiedlung in das damalige Basketball-Niemandsland Utah. Überragender Star der Mannschaft ist der nunmehr schon 38-jährige Karl Malone, der seit 1985 für Utah Jazz fast 1300 Spiele bestritt. 1992 zählte Karl Malone neben Michael Jordan und »Magic« Johnson zum »Dream Team«; vier Jahre später errang er als Mitglied des »Dream Team II« in Atlanta erneut olympisches Gold. Zum Leidwesen vieler Einheimischen aber gehört der farbige Südstaatler nicht der Mormonen-Kirche an. Die Mannschaften Utah Starzz (Frauen Basketball), Salt Lake Stingers (Baseball), Utah Grizzlies (Eishockey) und Utah Blitzz und Utah Freezz (beide Fußball) kommen über regionale Mittelmäßigkeit nicht hinaus. In der obersten Football-Liga ist Utah nicht vertreten. Immerhin weist die olympische Chronik zwei aus Utah stammende Mormonen als Goldmedaillengewinner aus: Den Schwimmer Ambrose (»Rowdy«) Gaines, 1984 in Los Angeles Gold über 100 m Freistil und in der 4 x 100 m Freistil- und der 4 x 100 m Lagenstaffel, der 1998 zum Mormonentum konvertierte, und den Superschwergewichtler Rulan Gardner, der 2000 in Sydney im Klassischen Ringkampf die Sensation schaffte, den als unbesiegbar geltenden Russen Alexander Karelin auf den Silberrang zu verweisen. Ansonsten verführt Außensicht zu der Vermutung, dass sich die auf Verinnerlichung und Gottesfürchtigkeit zielende Mormonenlehre und die oft egozentrischen, rigoros siegorientierten Gesetzmäßigkeiten des modernen Hochleistungssports nur schwerlich miteinander vereinbaren lassen.

Umso erstaunlicher, dass sich in Salt Lake City im letzten Drittel des 20. Jahrhunderts Ambitionen zur Ausrichtung Olympischer Winterspiele entwickelten. Motive wie finanzielles Gewinnstreben oder erstrebte Zugehörigkeit zum Kreis international renommierter Wintersportzentren scheiden bei näherem Hinsehen aus. Da liegt die Vermutung näher, zusätzlich zum zweijährigen Missionsdienst aller männlichen Mormonen im Ausland die Vorzüge der Heiligen der Letzten Tage und ihrer Hauptstadt als Gastgeber olympischer Wettkämpfe vorzuführen.

Erstmals kandidierte Salt Lake City für die Olympischen Winterspiele 1972. Aber bei der 65. Session des Internationalen Olympischen Komitees in Rom, die München die Sommerspiele 1972 zusprach, landete am 26. April 1966 Salt Lake City mit nur sieben Stimmen weit abgeschlagen hinter dem japanischen Sapporo mit 32 Stimmen. Den zweiten Anlauf unternahm Salt Lake City, als Denver im benachbarten US-Bundesstaat Colorado aus Kostengründen die Olympischen Winterspiele 1976 zurückgab. Doch die IOC-Mehrheit bevorzugte in Würdigung des Erfolgs von 1964 als Ersatz-Gastgeber Innsbruck. Für 1980 scheiterte die Mormonenstadt bei der nationalen US-Nominierung an Lake Placid. Wiederum rund zehn Jahre später fixierte Salt Lake City seine Olympiahoffnungen auf die Winterspiele 1998. Deren Vergabe erfolgte bei der 97. IOC-Session vom 12. bis 16. Juni 1991 im englischen Birmingham.

Spötter meinten damals, Birmingham sei vor allem zum Austragungsort der Session gewählt worden, weil in den privaten Fotoalben des damaligen IOC-Präsidenten Juan Antonio Samaranch noch ein gemeinsames Bild mit der britischen Königin fehlte. Elf Jahre nach seiner Wahl 1980 in Moskau dokumentierten die internationalen Fernseh- und Bildarchive den Spanier Seite an Seite mit nahezu allen konstanten und auch unbeständigen Größen dieser Zeit: mit Papst Johannes Paul II, mit Leonid Breschnew, Ronald Reagan und dessen Nachfolger George Bush, mit Indira Gandhi, Richard von Weizsäcker, François Mitterand und Kaiser Akihito, mit Fidel Castro, Erich Honecker und Roh Tae-Woo, mit Spaniens König Juan Carlos I. selbstverständlich und dessen skandinavischer Kollegenschaft, alles in allem an die 150 Majestäten, Staatsoberhäupter und Regierungschefs. Nach der Sessionseröffnung am 12. Juni im International Convention Centre stand nun auch Queen Elizabeth in der langen Reihe derjenigen, die der in Juan Antonio Samaranch unnachahmlich personifizierten Olympischen Bewegung Tribut zollten.

Aus deutscher Sicht bot Birmingham zwei bedeutsame Erlebnisse: Willi Daume verließ die internationale Bühne im Wissen, alle nach wirklichkeitsnäher Einschätzung erreichbaren Höhen erklommen zu haben. In Birmingham machte er seine wiederholte Ankündigung des Ausscheidens aus dem Internationalen Olympischen Komitee wahr, obwohl ihn auch diesmal Samaranch zum

New York, 24. Dezember

Day 21: 26. Dezember 2001
New Haven, Conn., Hartford, Conn.
Providence, R.I.
Day 22: 27. Dezember 2001
Boston
Day 23: 28. Dezember 2001
Kittery, Maine, Lebanon, N.H.
Day 24: 29. Dezember 2001
Burlington, Vt., Lake Placid, N.Y.
Day 25: 30. Dezember 2001
Albany, N.Y., Syracuse, N.Y.
Day 26: 31. Dezember 2001
Rochester, N.Y., Buffalo, N.Y.
Day 27: 1. Januar 2002
Erie, Pa., Cleveland
Day 28: 2. Januar 2002
Columbus, Ohio
Day 29: 3. Januar 2002
Dayton, Ohio, Fort Wayne, Ind.
Day 30: 4. Januar 2002
Gary, Ind., Chicago
Day 31: 5. Januar 2002
Milwaukee
Day 32: 6. Januar 2002
Lansing, Mich., Flint, Mich.
Detroit, Mich.
Day 33: 7. Januar 2002
Indianapolis
Day 34: 8. Januar 2002
Terre Haute, Ind., St. Louis
Day 35: 9. Januar 2002
Kansas City, Mo.
Day 36: 10. Januar 2002
Council Bluffs, Iowa, Omaha, Neb.
Day 37: 11. Januar 2002
Wichita, Kan., Oklahoma City
Day 38: 12. Januar 2002
Amarillo, Texas, Santa Fe, N.M.
Albuquerque, N.M.
Day 39: 13. Januar 2002
Tucson, Ariz., Phoenix

Verbleiben zu überreden suchte. Die Hartnäckigkeit des deutschen NOK-Präsidenten realisierte sein finales Hauptziel: Dr. Thomas Bach wurde als zweites deutsches Mitglied neben Walther Tröger in das IOC berufen; Daume und der vormalige NOK-Vizepräsident der DDR, Dr. Günther Heinze, erhielten die lOC-Ehrenmitgliedschaft. In der artigen Abschiedsrede Willi Daumes vor dem Plenum fehlte der Satz, den er zu den aus Birmingham berichtenden deutschen Journalisten sagte: »Das IOC, das ich geliebt habe, das gibt es schon lange nicht mehr.«

Zur Zeit der 97. IOC-Session zählte die Kirche Jesu Christi der Heiligen der Letzten Tage weltweit etwa zehn Millionen Gläubige – zu wenig, um gegen Unwissenheit und Vorurteile gegenüber einer Minderheit gefeit zu sein. So kursierte im und rund um das International Convention Centre die Fama, in Salt Lake City seien gegebenenfalls auch für Olympiateilnehmer und olympische Touristen Alkohol, Tabak, Kaffee und Empfängnisverhütungsmittel verboten. Das allein allerdings erklärt nicht, warum Salt Lake City als Mitfavorit bereits in der ersten Abstimmungsrunde am Rand des Knockouts stand: Die brillante Präsentation fand nur 15 Parteigänger, nicht mehr als die eher bieder operierenden Bewerber aus dem italienischen Aosta. Erst eine Stichwahl sicherte Salt Lake City das Verbleiben in der Konkurrenz, bis dann beim Finale im vierten Wahlgang das japanische Nagano mit 46:42 Stimmen triumphierte.

Nagano erhielt den Zuschlag, obwohl es zum Abstimmungszeitpunkt verbriefte Erwerbsrechte an für Eisschnelllauf, Eiskunstlauf, Eishockey, Eröffnungs- und Schlussfeier sowie das Pressezentrum benötigten Grundstücken nicht vorlegen konnte. Schlimmer noch: Offenbar wurde die japanische Delegation nach den Unwägbarkeiten um die erforderlichen Bauflächen gar nicht gefragt. Nachdem das Thema erst bei der Pressekonferenz nach Vergabe der Winterspiele 1998 aufkam, verbreitete Nagano eine schriftliche Erklärung mit in der Tat bemerkenswertem Inhalt: »If the IOC has considered our documentation carefully they will have been aware that we have to produce the land.« Dies besagte: Dem IOC war bekannt, worauf es sich einließ – vorausgesetzt, die Bewerbungsunterlagen wurden sorgfältig geprüft. Von dieser Stunde an wussten die Leute aus Salt Lake City, dass mit Qualität der Bewerbung und Hilfe des Engels Moroni allein IOC-Abstimmungen nicht zu gewinnen sind.

So ging denn Salt Lake City vier Jahre später besser gerüstet in das Abstimmungsprozedere der vom 14. bis 18. Juni 1995 in Budapest veranstalteten 104. IOC-Session. Die Wahl des Austragungsortes der Olympischen Winterspiele 2002 als eigentliches Hauptereignis wurde durch das Gerangel um Juan Antonio Samaranchs weitere Präsidentschaft und um das Alterslimit für IOC-Mitglieder in den Hintergrund gedrängt. Der Abstimmungsvorgang am 16. Juni bot dann keinerlei Spannung: Salt Lake City, nach der ungerechtfertigten Bevorzugung Naganos 1991 bereits durch den Bericht der Bewertungskommission unter Leitung von Dr. Thomas Bach in die Favoritenrolle gerückt, gewann im ersten Wahlgang bei 89 gültigen von 92 abgegebenen Stimmen mit

13. Januar 2002 in Scottsdale, Arizona:

George Freestone ist der älteste Teilnehmer am Fackellauf – kurz vor seinem 104. Geburtstag. Zehn Tage zuvor war schon Sarah McClelland in Moraine, Ohio, mit der Fackel unterwegs – im Alter von 102 Jahren und 11 Monaten.

der absoluten Mehrheit von 54 Stimmen gegen je 14 für Östersund und Sion und sieben für Québec.

Die Brisanz des Geschehens in Budapest offenbarte sich erst nach dreieinhalb Jahren: Der örtliche Fernsehsender KTVX präsentierte in seinem Abendprogramm vom 24. November 1998 erstmals ein Dokument, das konkret auf Korruptionsvorgänge bei der Vergabe der Olympischen Winterspiele 2002 hinwies. Einen Tag nach einer Krisensitzung bis dato geheimen Inhalts des IOC-Exekutivkomitees erhob das 80-jährige Präsidiumsmitglied Marc Hodler am 12. Dezember 1998 in Lausanne in aller Öffentlichkeit schwerwiegende Bestechungsvorwürfe gegen Salt Lake City und etwa ein Dutzend IOC-Mitglieder. Der Schweizer, 47 Jahre lang Präsident des Internationalen Skiverbandes und seit 1963 IOC-Mitglied, eine imposante Erscheinung ohne Furcht und Tadel, verdächtigte fünf bis sieben Prozent der damals 115 IOC-Mitglieder der Korruption – praktiziert bei der Vergabe Olympischer Spiele seit mindestens zehn Jahren.

Den unrühmlichen Höhepunkt dieser das Ansehen des IOC pulverisierenden Skandalserie bot die Vergabe der XIX. Winterspiele durch die Session in Budapest. Namens der Mormonen-Hauptstadt waren aus einem privat finanzierten Fonds für »humanitäre Hilfe« 393 871 US-Dollar in Form von Stipendien und sonstigen Beihilfen an Verwandte von mindestens sechs IOC-Mitgliedern geflossen, parallel dazu weitere Gelder in nie exakt geklärter Höhe, schätzungsweise etwa 600 000 US-Dollar, als Preis für weitere Stimmenkäufe. Die Enthüllungen manövrierten die Olympische Bewegung bis hart an die Grenze der Selbstvernichtung: Salt Lake City – Platz der Hoffnung und der Gnade; jetzt auch Platz des schlimmsten Sündenfalls der über hundertjährigen IOC-Geschichte.

Er verstehe überhaupt nicht, warum das damals verantwortliche Bewerbungskomitee zu solch unlauteren Methoden gegriffen haben könnte, sagte der Präsident des inzwischen federführenden Organisationskomitees SLOC, Frank Joklik. Tatsächlich gab es für diese unfeine Art des »corrigez vous la fortune« angesicht der überlegenen Vorzensuren keinerlei plausible Veranlassung – eine latente Angst vor einer Wiederholung des Birmingham-Debakels ausgenommen. So belegt denn der die olympische Welt ebenso wie das moralische Selbstverständnis Salt Lake Citys erschütternde Vorgang lediglich einmal mehr, wie dumm und sinnlos sich im Nachhinein manche Sünden erweisen.

Es zählt zu den zumeist überzeugenden Beweisen seiner Führungsqualitäten, wie entschlossen, unnachgiebig und unverzüglich Präsident Juan Antonio Samaranch und in seinem Gefolge die weit überwiegende Mehrheit der IOC-Mitglieder die lückenlose Aufklärung des Geschehens und die Bestrafung der Schuldigen betrieben. Drei Monate nach dem durch die Enthüllungen Marc Hodlers erzwungenen Beginn der Selbstreinigung zog die am 17./18.März 1999 in Lausanne tagende außerordentliche 108. IOC-Session die Konsequenzen des Skandals. Ausgeschlossen wurden die sechs Mitglieder Agustin C. Arroyo (Ekua-

Day 40: 14. Januar 2002
Chula Vista, San Diego, Calif.
Day 41: 15. Januar 2002
Los Angeles
Day 42: 16. Januar 2002
Santa Barbara, San Luis Obispo, Calif.
Day 43: 17. Januar 2002
Monterey, Calif.
Day 44: 18. Januar 2002
San Jose, Oakland, San Francisco, Calif.
Day 45: 19. Januar 2002
Sacramento, Calif.
Day 46: 20. Januar 2002
Squaw Valley, South Lake Tahoe, Calif.
Day 47: 21. Januar 2002
Reno, Nev.
Day 48: 22. Januar 2002
Klamath Falls, Eugene, Salem, Portland, Oregon
Day 49: 23. Januar 2002
Olympia, Tacoma, Seattle, Wa.
Day 50: 24. Januar 2002
Verschiedene Orte in Alaska, Spokane, Wa.
Day 51: 25. Januar 2002
Kennewick, Wa., Boise, Idaho
Day 52: 26. Januar 2002
Twin Falls, Pocatello, Idaho Falls, Idaho
Day 53: 27. Januar 2002
Bozeman, Montana
Day 54: 28. Januar 2002
Billings, Montana

20. Januar 2002, Squaw Valley, Kalifornien:
Die Fackel auf olympischen Spuren der Vergangenheit – Osvaldo Ancinas trägt sie auf Skiern über die Hänge von Squaw Valley, Austragungsort der Olympischen Winterspiele 1960. Ancinas gehörte damals zum argentinischen alpine Ski-Team.

Jackie Joyner-Kersee

Ina Kyoko

Alle Fackelträger der Stadt Reno, Nevada, am 21. Januar 2002
Micheon Aguilar, Rebecca Allen, Bryce Alves, Joseph Arrascada, Donna Artz, Danny Aslin, Matthew Baily, William Ballinter, Steven Bamberger, Lisa Bartuska, Chris Beattie, Terry Berger, Randall Burns, Rhonda Cain, Thomas Carnahan, Christina Carter, Nicole Castillo, Heather Cloutler, Jacquelyn Cobb, Marisa Coffey, Jeffrey Collins, Linda Cook, John Cook, Chelsea Cornwall, Jason Corroll, Karen Cuninghame, Michael Curtis, Eugene Cushing, Albert

dor), Zein El Abdin A. Gadir (Sudan), Jean-Claude Ganga (Kongo), Lamine Keita (Mali), Sergio Santander (Chile) und Paul Wallwork (Samoa). Rene Essomba (Kamerun), ebenfalls stark belastet, starb während der Untersuchungen. Bashir Mohamed Attarabulsi (Libyen), Pirjo Häggman (Finnland), Charles Mukora (Kenia) und David Sikhulumi Sibandze (Swaziland) entzogen sich ihrer Verurteilungen durch Rücktritte. Kim Un-Yong (Korea) und Phil Coles (Australien) wurden »schwer getadelt«; weitere acht Mitglieder wurden »ernstlich verwarnt« oder »verwarnt«. Im Zuge der nunmehr verschärften internen Untersuchungen traten fünf Monate später, am 8. August 1999, SLOC-Präsident Frank Joklik und sein stark belasteter 1. Vizepräsident Dave Johnson zurück. Der IOC-Pressedienst beeilte sich mitzuteilen, IOC-Präsident Samaranch habe am gleichen Tag in einem Telefonat mit dem Governeur Utahs, Mike Leavitt, Salt Lake City seines Vertrauens versichert. Mitte Juli 2001 wurde der für den 30. Juli terminierte Prozess gegen die beiden 1995 Hauptverantwortlichen des Bewerbungskomitees von Salt Lake City, Tom Welsh und Dave Johnson, auf unbestimmte Zeit verschoben: Der oberste Bundesrichter des Staates Utah, David Sam, hatte vier Hauptanklagepunkte gegen die von der Staatsanwaltschaft der Bestechung, des Betrugs, der Konspiration und der Steuerhinterziehung beschuldigten Welsh und Johnson abgewiesen. Ein Distriktgericht befand kurz vor Beginn des olympischen Jahres 2002 die beiden Funktionäre auch in den übrigen Anklagepunkten für unschuldig. Zwar kündigte das US-Justizministerium dagegen Berufung an, doch niemand weiß, ob, wie und wann eine Fortsetzung der Gerichtsverfahren stattfindet.

Jedenfalls schien ein halbes Dutzend Jahre nach der manipulierten Abstimmung in Budapest für die Olympiamacher Utahs die Welt wieder in Ordnung. Das IOC hatte durch den Kraftakt der Selbstreinigung mit den Gründungen einer hochkarätig besetzten Ethik-Kommission und einer Reform-Kommission seine Glaubwürdigkeit weitgehend zurückgewonnen. Hinter der glänzenden Arbeit des termingetreu und kooperativ operierenden SLOC unter seinem neuen, dynamischen Präsidenten Mitt Romney, Bischof der Mormonen und republikanischer Politiker, verblasste das Kainsmal des Sündenfalls. Der deutsche NOK-Präsident Walther Tröger als Mitglied der IOC-Kommission Salt Lake City und sein Generalsekretär Heiner Henze als Quartiermacher der deutschen Olympiamannschaft 2002 kehrten von ihren mehrfachen Inspektionsreisen jeweils voll des Lobes zurück. Lediglich notorische Nörgler ignorierten die während der Bewährungsfrist erbrachten Leistungen und erinnerten von Zeit zu Zeit hämisch an Budapest 1995. Ende August 2001 verkündete SLOC-Präsident Mitt Romney, bis zur Eröffnungsfeier am 8. Februar 2002 seien nur noch Detailprobleme zu klären. Salt Lake City war für eine ungetrübte vorolympische Wintersaison 2001/2002 bereit, als die furchtbaren Terroranschläge vom 11. September wie nahezu die ganze Menschheit auch die olympische Familie in Entsetzen und Angst stürzten.

Am 7. Oktober begann der US-amerikanische Gegenschlag mit Luftangriffen auf Afghanistan, der vermuteten zentralen Operationsbasis des Terroristenchefs Osama Bin Laden, und das dort herrschende Unterdrückungsregime der Taliban. Damit befanden sich die USA den Bekundungen ihrer politischen Führung zufolge im Krieg. Auf den Bevölkerungen der meisten Industriestaaten und insbesondere der USA lastete die Furcht vor weiteren mörderischen Aktionen des unsichtbaren Feindes. Naheliegend, dass dabei ein Ereignis mit der Ausstrahlungskraft der auf US-amerikanischem Territorium stattfindenden Olympischen Winterspiele 2002 mit in den Vordergrund der Befürchtungen rückte.

Es erscheint wie eine Ironie des Schicksals, dass die Bedrohung der ersten olympischen Wettkämpfe im dritten Jahrtausend auf amerikanischem Boden den gleichen Namen trägt, wie der Anlass der politisch motivierten Beschädigung der Olympischen Spiele 1980 in Moskau. Als im September 1979 die seit langem andauernden Machtkämpfe um Kabul zum landesweiten Bürgerkrieg eskalierten, entschloss sich die Sowjetunion, offenbar um die Stabilität an ihrer Südgrenze besorgt, am 29. Dezember 1979 zum militärischen Eingreifen. Als Antwort auf diese sowjetische Intervention verkündete der damalige US-Präsident James E. Carter am 4. Januar 1980 eine Reihe von Strafmaßnahmen gegen die UdSSR, darunter auch den Boykott der Olympischen Spiele in Moskau 1980. Politische Solidaritätseinforderungen und wirtschaftlicher Druck der USA führten dazu, dass schließlich die Nationalen Olympischen Komitees von insgesamt 66 Ländern den Moskauer Spielen fernblieben, darunter auch das bundesdeutsche NOK. Auf die Weltpolitik hatte der Olympia-Boykott keinerlei Einfluss. Das militärische Engagement der UdSSR in Afghanistan endete erst Anfang 1989 unter Michail Gorbatschow. Die sowjetischen Truppen hatten während der fast zehnjährigen Kampfhandlungen nahezu 15 000 Tote zu beklagen. Nach dem sowjetischen Rückzug fiel die Macht schließlich an die zuvor von den USA unterstützten Taliban, gut zehn Jahre später Kerntruppe des gegen die zivilisierte Welt gerichteten Terrorismus.

Vor der furchteinflößenden Szenerie der Kämpfe in Afghanistan und einhelliger internationaler Verurteilung terroristischer Attentate wagte kaum jemand, die Frage nach der Vereinbarkeit der Gleichzeitigkeit von Kriegsführung und Friedenspflicht eines olympischen Gastgebers zu stellen. Erstmals 1984 hatte das Internationale Olympische Komitee einen Aufruf zu weltweiter Waffenruhe anlässlich Olympischer Spiele erlassen. Es konnte sich dabei auf seinen Gründer Pierre de Coubertin berufen, der rund neunzig Jahre vorher mit Bezug auf die griechische Antike erklärte, er würde es »begrüßen, wenn mitten im Krieg die gegnerischen Armeen die Kämpfe unterbrächen, um Spiele der Muskelkraft auf loyale und ritterliche Weise zu begehen«. Coubertins Illusion blieb erwartungsgemäß unerfüllt, doch gelang es seinem fünften Nachfolger, Juan Antonio Samaranch, gut einhundert Jahre nach den ersten Olympischen Spielen der Neuzeit 1896 in Athen, die Generalversammlung der Vereinten Nationen und

Dalton, John Dalton, Mark Damico, Brent L. Danner, JeffreyDowns, Enelyn Dungey, Allen Ebens, Richard Fender, Maria Figueroa, Mary T. Flynn, Patricia Fox, Howard Guinan, Duff Halterman, Don Harina, Perry Hayden, Robert Hostler, Keith Humble, Susan Jamerson, David Jones, Lynn Marie Keller, Helen Kolbe, Charles Lafleur, Richard Lammay, Mills Lane, Kim Larkin, Barron Lauderbaugh, Ron Lee, Brett Leonard, Kathleen Leonard, Glenn Lucky, J. Petrina McCarty-Pugh, Fred McGrew, Scott Meyer, Lillian Michel, Carol Monroe, Jody Moorhous, Rebecca Morrison, Ann Murdock, Ron Nageotte, Michelle Neff, Charles Nemitz, Daryl Nourse, Sherilyn Ostrander, Peter Papadokos, Jessica Parker, Wanita Paul, Shanel Pistorrius, Glenn Plake, Vern Prentice, Clarence Price, Susi Radtke, Virginia Reese, Ken Rieger, Harold Riley, Richard Riley, Chris Ritz, John Sanderson, Charles Sass, Phil Satre, Patty Sheehan, Roberta Simon, Douglas Smith, Valerie Smith, Joanne Spydell, Robert Stover, Darlene Turner, David Van Cleave, James Vincent, William Wagner, Aicia Whitney, Malaynia Wick, Angela Wilcox, Janice Williams, Nicole Williams, Matthew Wilson, Wayne Wong, Luke Woydziak, Shelley Wright, Jessica Young, Pam Zunini

31. Januar 2002 in Littleton, Colorado:

Fackelträger John Tomlin, Student Patrick Ireland und Frank Angelis, Rektor der Colombine High School, begleiten die Fackel durch Littleton – in Erinnerung an ein von zwei Mitstudenten verübtes Blutbad 1999, bei dem 13 Menschen ums Leben kamen.

den Papst zu Friedensappellen für die Zeiten Olympischer Spiele zu gewinnen. Tatsächlicher »Frieden auf Zeit« wurde auch dadurch nicht erreicht. Und mit dem erbittert umkämpften Sarajevo zerstörte der ab 1992 im ehemaligen Bosnien-Herzegowina tobende Krieg der Volksgruppen ausgerechnet die Stadt der Olympischen Winterspiele 1984 – dem Jahr des ersten Friedensaufrufs des IOC. Ein am 24. Januar 1994 in Lausanne von Juan Antonio Samaranch mit Zustimmung der UN-Vertreter Bosnien-Herzegowinas, Kroatiens und Rest-Jugoslawiens formulierter Appell zur Waffenruhe für die Zeit vom 5. Februar bis 6. März, also vor, während und unmittelbar nach den Olympischen Winterspielen 1994 in Lillehammer, wurde wegen eines Massakers auf dem Marktplatz von Sarajevo nicht verwirklicht.

Zweimal in der olympischen Geschichte haben Nationale Olympische Komitees Krieg führender Staaten auf ihnen übertragene Olympische Spiele verzichtet. Beide Fälle betreffen olympische Wettkämpfe des Jahres 1940. Weil im Verlauf des 1937 begonnenen Krieges Japan weite Gebiete Chinas besetzte, verlangte der damalige US-Präsident Franklin D. Roosevelt, den Aggressor mit einer »Quarantäne« zu bestrafen. Nach anfänglichem Widerstand gab das japanische NOK am 16. Juli 1938 die für 1940 anstehenden V. Olympischen Winterspiele (Sapporo) und Spiele der XII. Olympiade (Tokio) an das IOC zurück. Von der Durchführung der daraufhin nach Garmisch-Partenkirchen verlegten V. Winterspiele trat der Deutsche Olympische Ausschuss mit Schreiben von 22. November 1939 zurück, weil »deutsche Vorschläge auf Herbeiführung eines Weltfriedens … von der englischen und französischen Regierung abgelehnt wurden«. Die von Tokio nach Helsinki verlagerten XII. Olympischen Spiele retournierte Finnland am 23. April 1940 während der kurzen Kampfpause zwischen dem sowjetisch-finnischen Winterkrieg 1939/40 und der Allianz Finnlands mit den Deutschen beim Angriff auf die Sowjetunion 1941.

Im Gegensatz zu anderslautenden Darstellungen enthält die »Olympische Charta« keinen Passus über eine wie auch immer geartete »Friedenspflicht« für Olympiaveranstalter. Allerdings befindet sich im sogenannten »Hostings Contract«, der jeweils zwischen dem Internationalen Olympischen Komitee und den staatlichen und sportlichen Repräsentanten des Ausrichters Olympischer Spiele zu schließenden rechtsgültigen Vereinbarung, unter Punkt 5 eine entsprechende Passage: »Sollte sich das Land, in der sich die Stadt befindet, zu irgendeinem Zeitpunkt vor der Eröffnung der Spiele im Kriegszustand oder in einer Situation befinden, die offiziell als Krieg führend gilt, ist das IOC berechtigt, mit einfacher schriftlicher Mitteilung an das COJO (Organisationskomitee, d. Red.) und das NOK, dieser Stadt die Spiele zu entziehen.«

Als einziges IOC-Mitglied erinnerte der Norweger Gerhard Heiberg, Organisationschef der Winterspiele 1994 in Lillehammer, an diese bisher vom IOC noch nie wahrgenommene Berechtigung: »Ein Land, das sich im Krieg befindet, kann nicht die Olympischen Spiele ausrichten«, sagte er im Dezember 2001 mit Blick auf die USA. Geradezu entgegengesetzt argumentierte das deutsche IOC-Mitglied Dr. Roland Baar. Er empfahl, die am Terrorismus beteiligten oder ihn unterstützenden Länder von der Teilnahme an Olympischen Spielen auszuschließen. Heiberg wurde seitens der IOC-Führung einer offiziellen Antwort nicht gewürdigt. Baar provozierte den Widerspruch des Exekutivboard-Mitglieds Sergej Bubka: »Es geht nicht an, Athleten für die Untaten anderer zu bestrafen.« Der Ukrainer, im Stabhochsprung mit allen erdenklichen Titeln dekoriert, erinnerte daran, selbst einmal Boykott-Opfer gewesen zu sein, »1984, als ich in Los Angeles erstmals die Chance gehabt hätte, Gold zu gewinnen«.

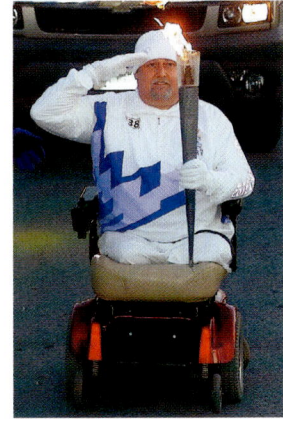

Der durch die Gewalttaten des 11. September 2001 ausgelöste Schock lähmte das IOC nur wenige Tage. Das erstmals unter seinem am 16. Juli 2001 in Moskau als Samaranch-Nachfolger gewählten neuen Präsidenten Dr. Jacques Rogge (Belgien) tagende Exekutivkomitee demonstrierte bereits bei seiner Sitzung vom 17. bis 20. September in Lausanne seine feste Entschlossenheit zur termingerechten Durchführung der Olympischen Winterspiele 2002 in Salt Lake City – gleich unter welchen politischen Aspekten. Die IOC-Athletenkommission, der Olympische Rat Asiens, die Internationalen Olympischen Fachverbände und die Nationalen Olympischen Komitees folgten nahezu einhellig der Parole, mit den olympischen Wettkämpfen dem Terrorismus ein Symbol des Friedens und der Freundschaft entgegen zu setzen. Vor dem US-amerikanischen Presseklub in Washington sagte Rogge am 27. November: »Die Olympische Bewegung hegt keine grandiosen Visionen, dass wir die Welt ändern können; aber dass wir zu ihrer Verbesserung beitragen können, diese Hoffnung erhalten wir uns.«

Dass selbst diesen Bemühungen Grenzen gesetzt sind, erfuhr der IOC-Präsident noch am gleichen Tag beim Treffen mit US-Präsident George W. Bush im Weißen Haus. Rogge fand für seine Vorstellung eines gemeinsamen Aufrufs zu »olympischem Frieden« keine Gegenliebe; eine Waffenruhe in Afghanistan während der Winterspiele in Salt Lake City lehnte der US-Präsident ab. Der deutsche NOK-Präsident Walther Tröger zeigte sich vom kühlen Verhalten der US-Amerikaner nicht überrascht: »Es ist doch reine Utopie, zum jetzigen Zeitpunkt eine Festlegung der USA bezüglich ihrer Strategie bei der Bekämpfung des Terrors zu erwarten. Zudem weiß heute noch niemand, wie sich in drei Monaten die globalpolitische Lage darstellt.« In der auf Antrag der USA am 11. Dezember 2001 von der 56. Session der Vereinten Nationen einstimmig verabschiedeten Resolution zur »Schaffung einer friedlichen und besseren Welt durch Sport und die olympischen Ideale« bleibt der Begriff »olympischer Frieden« unerwähnt.

Ungeachtet der Fortführung der Bombardements einzelner verbliebener Widerstandsnester und dem weiterhin erbitterten Kampf um die Bergfestung Tora Bora endete die Herrschaft der Taliban praktisch am 7. Dezember mit der Eroberung der Stadt Kandahar, die vormalige Hauptstadt Afghanistans im

Die Liste der fünfzig Fackelträger in einer Gegend von Ohio
Ronnie Barnes, Lebanon; Christina Bayley, Kettering; Clark Beck, Dayton; Jodi Borges, Minster; Jack Camery, Dayton; Priya Clifton, Dayton; Kimberly Craft, West Alexandria; Margene Craft, St. Marys; Roxanna Craft, Sandusky; Dale Creamer, Brookville; Heather Creek, Oakwood; Jeffrey Cross, Springfield; Leslie Droll, Liberty Center; Joe Hessell, Dayton; Allan Howard, Dayton; Karen Janney, Huber Heights; Robert Johns, Lima; Elizabeth Kobeszka, Findlay; David Lauback, Perrysburg; James Lewellyn, Kettering; Beth Malafa, Baltimore; Jane Malafa, Tipp City; Sarah McClelland, Xenia; Amy McDaniel, Urbana; Darren Scott, Alger; Beverly Stamper, Franklin; Rod Varner, Verona; Daniel Watson, Sabina; Danielle Bishop, Dayton; Amy Boatman, Kettering; Joseph Bojarski, Perrysburg; Thomas Byrd, Centerville; Patricia Conley, Dayton; W. Edward Cox, Saint Paris; Maggie Dailey, Beavercreek; Peggy Eitzman, Napoleon; Ashley Fenton, Elida; John Heron, Springboro; Laci Hiatt, Palestine; Stephen Johnson, Dayton; Nancy Kessler, Carey; Kevin Leonard, Dayton; Marco Marmolejo, Dayton; Earl McDaniel, Kettering; Emily Myers, Oregonia; Tim Reichard, Clayton; Jeffrey Rueth, Kettering; Jeffery Sallee, Walter Schaller, Oakwood; Xenia; Ty Welker, Troy

Serena Williams

Ervin »Magic« Johnson, Erin
Brockovich (das Original),
Evelyn Ashford, Martin Sheen,
Goldie Hawn (von oben)

Südosten des Landes. Kandahar? Den meisten Wintersport-Interessierten war der Name bis dahin eher als Begriff des alpinen Skisports bekannt. Er erinnert an den britischen »Earl of Kandahar«, Sir Arnold Lunn, der 1924 den ersten Kandahar-Club zur Ausbreitung des alpinen Rennsports gründete. 1928 fand in St. Anton am Arlberg das erste Kandahar-Rennen für Damen und Herren statt, eine Gesamtwertung der Einzeldisziplinen Abfahrt, Slalom, Riesenslalom. Mit der Einführung des Ski-Weltcups 1967 verloren die Kandahar-Wettbewerbe ihre Bedeutung und werden nunmehr nur noch gelegentlich in Chamonix, St. Anton und Garmisch-Partenkirchen veranstaltet.

Juan Antonio Samaranch war nie in Kandahar. In der Schlussphase seiner 21-jährigen IOC-Präsidentschaft reiste er zu Blitzbesuchen nach Kenia, auf die Komoren, nach Burundi, Ruanda und Eritrea und hatte damit allen 199 während seiner Präsidentschaft anerkannten Nationalen Olympischen Komitees seine Reverenz erwiesen. Nach dem Rückzug der sowjetischen Truppen 1989 aus Afghanistan erwog er eine Informationsreise nach Kabul, verzichtete aber schließlich doch nach Kenntnisnahme ihm unterbreiteter Dossiers verschiedener Geheimdienste auf das unkalkulierbare Abenteuer. Wegen Missachtung der Olympischen Charta, speziell der religiösen Doktrinierung des Sports und des generellen Sportverbots für Frauen, wurde das Nationale Olympische Komitee des Taliban-beherrschten Afghanistan 1999 vom IOC suspendiert. Nach Sturz des Regimes sandte IOC-Präsident Jacques Rogge den Äthiopier Fekrou Kidane, unter Samaranch dessen angesehener Kabinettchef, zu Sondierungen nach Kabul. Danach wurde in Aussicht gestellt, ein Nationales Olympisches Komitee des befreiten Afghanistan könne anlässlich der Olympischen Spiele 2004 in Athen in die olympische Familie zurückkehren. Eine Teilnahme an den Winterspielen in Salt Lake City lehnte das IOC indes ab: »Wir befürworten keine Alibi-Politik und wollen nicht ein oder zwei Athleten nur um der Symbolik willen nach Salt Lake City schicken«, sagte Rogge. »Athleten müssen trainiert sein und ein ordentliches Niveau aufweisen. Das ist natürlich zur Zeit in Afghanistan nicht möglich.«

Nach anfänglichem Zögern unmittelbar nach dem 11. September erschienen dagegen die Sponsoren in unverminderter Kapitalstärke, kaum dass die Durchführung der Wettkämpfe feststand. Schon lange vorher hatten die im Sport engagierten Wirtschaftsgiganten und Medienunternehmen die Erinnerung an die Imageverluste durch den Bestechungsskandal von 1995 verdrängt und Salt Lake City ein werbewirksam ideales Umfeld bescheinigt. Das Ergebnis der darauf aufbauenden größten olympischen Akquirierungskampagne aller Zeiten veröffentlichte das Internationale Olympische Komitee in seinem Marketing-Report vom 11. Januar 2002, genau vier Wochen vor der Eröffnungsfeier. Es war eine Bilanz der Superlative und Rekordzahlen. Im Rahmen des Salt-Lake-Sponsorenprogramms zahlten 53 regionale Unternehmen als Lizenzgebühr für die kommunikative Nutzung der Winterspiele 850 Millionen US-Dollar, 28-mal (!)

so viel, wie die letzten Winterspiele auf US-amerikanischem Boden 1980 in Lake Placid eingebracht hatten. Das Top-Ten-Programm »Olympische Partner« des IOC wuchs für den Olympiadezeitraum 2001 bis 2004 – Salt Lake City und Athen – auf 4,5 Milliarden US-Dollar gegenüber 3,6 Milliarden für 1997 bis 2000. Zusammen mit weiteren Einkünften aus verschiedenartigen Werbeverträgen und dem Eintrittskartenverkauf erreichte Salt Lake City mit Gesamteinnahmen von zwei Milliarden US-Dollar die Höchstmarke aller bisherigen Winterspiele. Entsprechend auch der Rekord des Verkaufs der Fernsehrechte: 738 Millionen US-Dollar für die TV-Übertragungen aus Salt Lake City gegenüber 513,5 Millionen vor vier Jahren in Nagano. Das alles summierte sich zu einer Gewinnerwartung des Organisationskomitees SLOC von mindestens 40 Millionen US-Dollar, den Wert der Zugewinne der städtischen Infrastruktur nicht gerechnet.

Arnold Schwarzenegger

Allerdings: Rekordzahlen kennzeichneten auch die Kehrseite der olympischen Vorfreude. Mit einem zweiseitigen Report an alle IOC-Mitglieder, die Nationalen Olympischen Komitees, Internationalen Olympischen Verbände und Partnerorganisationen informierten IOC-Präsident Dr. Jacques Rogge und SLOC-Präsident Mitt Romney am 31. Oktober gemeinsam über die vereinten Anstrengungen des Staates und des Sports zum Schutz der Winterspiele. »Die Sicherheit der Athleten und aller übrigen Teilnehmer besitzt in jeder Hinsicht erste Priorität«, besagte das Schreiben, in dem auch um Verständnis für die Strenge der Sicherheitsmaßnahmen gebeten wurde. Am Rand eines Ministertreffens der Europäischen Union Anfang Januar in Brüssel erklärte Bundesinnenminister Otto Schily: »National wie international werden wir alles tun, dass die kommenden Olympischen Winterspiele in Salt Lake City unter optimalen Sicherheitsbedingungen stattfinden. Europa wird dabei alle Sicherheitsbemühungen der USA durch enge Kooperation, und intensiven Informationsaustausch unterstützen.« Anfang Januar versicherte der deutsche IOC-Vizepräsident Dr. Thomas Bach: »Salt Lake City wird während der Spiele einer der sichersten Orte der Welt sein.« In der Februar-Ausgabe des *NOK-Reports* schrieb der deutsche NOK-Präsident Prof. Walther Tröger: »Bedenken und Angst, im Zusammenhang mit den Ereignissen des 11. September verständlich, sind weitgehend der Zuversicht gewichen, dass die Wettkämpfe erfolgreich, stimmungsvoll und reibungslos ablaufen werden.«

Dan Marino, Lance Armstrong, Mark Spitz, Christopher Reeve – und mit dem Sternenbanner der Fackel entgegen (von oben)

Tatsächlich übertrafen Umfang und Intensität der Sicherheitsmaßnahmen für die Wettkämpfe in Salt Lake City die aller früheren Olympischen Spiele. Die Gesamtkosten der allumfassenden Schutzmaßnahmen beliefen sich auf 310 Millionen US-Dollar, mehr als das Dreifache der weit größeren Sommerspiele 1996 in Atlanta. Im Einsatz rund um die Uhr befanden sich 7000 Sicherheitskräfte, zusammengesetzt aus FBI, Secret Service, Nationalgarde, örtlicher Polizei und Feuerwehr, dazu noch etwa 8000 Angehörige ziviler Sicherheitsdienste. Dieses Szenarium in einem anderen Land als den USA und ohne die Warnzei-

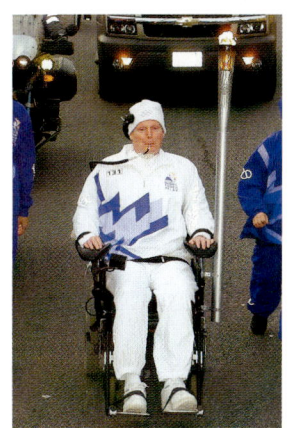

chen der Bedrohung durch einen besonders heimtückischen, weil unsichtbaren Feind hätte – wie schon mehrfach in der olympischen Geschichte – das Schlagwort von »Polizeispielen« provoziert.

Anders im Fall Salt Lake City. Selbst in den schwärzesten Stunden kurz nach den Terrorakten des 11. September hatten nur fünf Prozent der dortigen Bevölkerung für eine Absage der olympischen Wettkämpfe plädiert. Die weit überwiegende Mehrheit stand fest und treu in der patriotischen Front der von Küste zu Küste gültigen Losung des »Jetzt erst recht«. Ständig durch politische Repräsentanten und insbesondere durch Reden ihres Präsidenten George W. Bush wie dessen Bericht zur Lage der Nation am 30. Januar zu vaterländischem Denken, Fühlen und Handeln neu inspiriert, formierte sich die breite Öffentlichkeit bereitwillig zu einer das olympische Fest in Salt Lake City einschließenden Phalanx: America strikes back.

Mancherorts bereiteten die Drohgebärden Unbehagen bis hin zur Ablehnung. Die Demokratische Volksrepublik Korea verzichtete, im Gegensatz zu 1998 in Nagano, auf die Teilnahme; das nordkoreanische IOC-Mitglied Ung Chang fehlte bei der 113. IOC-Session wegen »Erkrankung«. US-Präsident Bush hatte fünf Tage vor der Absage Nordkorea der »Achse des Bösen« zugeordnet, »die den Weltfrieden bedroht«. 77 andere NOKs dagegen ignorierten die angespannte Weltlage und entsandten Mannschaften, was gegenüber den 72 teilnehmenden Ländern 1998 einen neuen Rekord markierte.

Latente Bangigkeit gänzlich übertönen konnten die lauten Parolen der Entschlossenheit und Kampfesbereitschaft freilich nicht. Im Hamburger Magazin *Max* offenbarte Anni Friesinger aus Bad Reichenhall, Weltmeisterin im Eisschnelllauf-Mehrkampf und eine der Mitfavoritinnen: »Es ist schön, wenn die meisten Athleten sagen, sie hätten keine Bedenken wegen möglicher Terroranschläge während der Spiele. Ich jedenfalls habe totale Angst.« Kaum hatte der reibungslose Ablauf der Eröffnungsfeier die Sorgen gemindert, da provozierte das FBI am vierten Wettkampftag erneute Furcht mit der Warnung, neue Terroranschläge in den USA oder auf US-Einrichtungen im Ausland stünden unmittelbar bevor. Erst als IOC-Präsident Dr. Jacques Rogge am 24. Februar die Fahne mit den fünf Ringen an die Repräsentanten Turins als dem Gastgeber der Winterspiele 2006 übergab und im Rice-Eccles Olympic Stadium das olympische Feuer erlosch, folgte der Beklemmung das erlösende Gefühl: Wir sind noch mal davongekommen.

Gleiches hatten viele Menschen auch schon Ende der achtziger Jahre des vorigen Jahrhunderts empfunden, als der 40-jährige Kalte Krieg endete. Doch die Auflösung des einen der beiden Blöcke brachte weltweit nicht den ersehnten Frieden, weder generell noch wenigstens auf Zeit. Die politischen, militärischen und sozialen Krisen wurden nicht überwunden, sie wandelten sich lediglich in ihren Erscheinungsweisen, ohne dass sich damit auch ihre ursächlichen Gründe veränderten. Wer den auf Mobilisierung unbeugsamer Standfestigkeit zielenden Thesen des US-amerikanischen Präsidenten glaubt, sieht sich von neuen Schreckensbildern umringt. George W. Bush am 30. Januar vor dem US-Kongress wörtlich : »Die zivilisierte Welt steht vor beispiellosen Gefahren«, bedroht von »Zehntausenden gefährlicher Mörder.«

Und die Olympische Bewegung mittendrin. Plausible Erklärungen fallen schwer, warum in Zeiten lebensbedrohender Turbulenzen ein Fest friedlichen Miteinanders überhaupt machbar und für Millionen und Abermillionen Sportenthusiasten in allen Erdteilen annähernd vorbehaltlos annehmbar ist. Vielleicht steht dahinter nicht mehr als die simple Erfahrung: Je schlimmer die Wirklichkeit, umso freudiger die Hingabe an Illusionen.

So geriet denn die hinsichtlich ihrer Dramaturgie und künstlerischen Ausgestaltung faszinierende Eröffnungsfeier am Abend des 8. Februar im Rice-Eccles Stadium inhaltlich zum Kontrast-Programm – ein Balanceakt zwischen Wagenburg-Mentalität und Weltoffenheit, patriotischer Pose und unbeschwerter Willkommensfreude, zwischen unbeirrbarer Selbstgefälligkeit und der Anerkenntnis vormaliger Frevel an den indianischen Ureinwohnern. Chormusik und die Fluggeräusche der acht wie ein Schutzschild den Himmel über dem Stadion sichernden Hubschrauber als hörbarer Widerspruch der von schmerzlicher Ergriffenheit bis hin zu stürmischem Jubel pendelnden Empfindungen. Die von der Atemlosigkeit verstummter Zuschauertribünen begleitete Fahne aus den Trümmern des World Trade Centers, eskortiert von New Yorker Polizisten und Feuerwehrmännern, gehörte dazu, und als Gegenstück der Beifall eines geradezu unamerikanisch jede der einmarschierenden Delegationen der 77 Nationalen Olympischen Komitees stürmisch begrüßenden Publikums. Als einzige ausländische Mannschaft personalisierte die deutsche politische Symbolik: Vor der Fahnenträgerin Hilde Gerg schritt, das Schild »Germany« tragend, der 80-jährige Gail Halvorsen, als Farmer im südlichen Utah lebend, während der sowjetischen Blockade Berlins 1948/49 Luftbrücken-Pilot der US Air Force mit 126 Flügen in die eingekesselte Stadt. Ohne Aufhebens dagegen die fünf Delegationsmitglieder des Nationalen Olympischen Komitees der Islamischen Republik Iran, einem Land, das US-Präsident George W. Bush der »Achse des Bösen« zuordnet.

Mit Kofi Annan nahm erstmals ein Generalsekretär der Vereinten Nationen an einer olympischen Eröffnungsfeier teil. 56 000 Zuschauer im Stadion und schätzungsweise über drei Milliarden weltweit an Fernsehschirmen erlebten ein grandioses Schauspiel, dessen Beurteilung, je nach Standort des Betrachters, von einem »Gefühl der Einheit der Welt« bis zur »Vortäuschung des Friedens in einer Zeit des wirklichen Krieges« reicht. Uneingeschränktes Lob ernteten die Veranstalter dort, wo, wie ansonsten bei Spielen in Amerika häufig, das olympische Alphabet nicht mit USA statt mit IOC deklamiert wurde. Beispiel in diesem Sinne olympischer Universalität die Träger der olympischen Fahne bei deren Einzug ins Stadion: Senator John R. Glenn, der als erster Astronaut am

Die letzten Fackelträger des Bundesstaates Utah am 7. und 8. Februar 2002

Evan Allred, Amanda Andrus, Pete Aperges, John Assel, Alice Averett, Corinne Bambridge, Peter Bambridge, Tiffany Barnes, Brandon Beardall-Jones, Brian Bell, Holly Bell, Brian Benedict, Brett Bevan, LaDell Bishop, Eliza Buie, Ida Jane Buie, Steven Bullock, Benjamin Burrup, Robert Bussen, Leslie Campbell, Mid Clark, Stacey Clark, Andrew Clark, Philip Thomas Cofield, Robert Cole, Brandy Cook, Kent Cravens, Nicole Cushing, Carol DeSpain, Pam Dibblee, Pat Dorigatti, Claire Drake, Hank Duffy, Ken Duke, Tony Elggren, David Ellis, Richard Ensign, Judy Erickson, Debra Erickson, Brian Erickson, John Fahrner-Vitehlic, Christy Felton, John David Ference, David Figge, Karen Ann Fisher, John Fitzgerald, Charese Fleming, Timothy Fleming, Cheri Fowlks, Robert Freestone, Kim Gardner, E.J. Garn, Aspen Gillespie, Earl Gillmore, Kristina Gray, Marianne Green, Susan Greenwell, Richard Gregoire, Jay Dee Haidenthaller, Pat Hales, Spring Hall, Scott Hansen, Mary Hanson, Eric Harris, Karla Harrison, Steve Hatch, Robert Hawkes, David R Heaps, Linda Herrera, Daks Hodges, Kim Holding, Keith Homer, Laura Huff, Dale Hull, Randy Hunter, Jon Huntsman, Sr., Carol Inman, Bret Jenkins, Tyler Jensen, Brent Jensen, Perris Jensen, Calvin Johnson, Terri Johnson, Courtney Johnson, Richard Jones, Derek Jones, Sherri Jones, Scott Kiser, Frans Kohlschein, Dain LaRoche, Dennis Lee, John Lipsey, Lindsay Lofgren, Fred Lowry, Ken Luke, Kent Lundquist, Donald Maruji, James McClellan, Bill Mead, James Meidell, Brad Middleton, Sabino Milner, Arthur Miyazaki, Marie Montoya, Skip Morgan, Traci Morris, Kim Mosoff, Lisa Mulcock, Rachael Murphy, Monica Myrick-Martinez, Beth Naley-

Prinz Albert von Monaco

20. Februar 1962 die Erde umkreiste, und dies gleich dreimal; Lech Walesa, vormals als polnischer Gewerkschaftsführer Inbegriff des Widerstandes gegen Diktatur und später Präsident Polens; Cathy Freeman, als Nachkomme australischer Ureinwohner durch ihren Olympiasieg 2000 in Sydney im 400-m-Lauf Synonym für Emanzipation; Erzbischof Desmond Tutu, südafrikanischer Friedens-Nobelpreisträger; Steven Spielberg, US-amerikanischer Filmregisseur von Weltgeltung; Kazuyoshi Funaki, japanischer Olympiasieger in Nagano 1998 im Skisprung von der Großschanze; Jean-Claude Killy, dreifacher Goldmedaillengewinner bei den Olympischen Winterspielen in Grenoble 1968 und französisches IOC-Mitglied; Jean-Michel Cousteau, wie sein berühmter Vater französischer Tiefseeforscher und renommierter Umweltschützer. Doch kurz nach dem Einzug dieser internationalen Elite verfiel der US-Präsident wieder amerikanischer Denkart, als er die XIX. Winterspiele nicht mit der vorgeschriebenen protokollarischen Formel, sondern »namens einer stolzen, entschlossenen und dankbaren Nation« eröffnete. Die Kritik an dem Fauxpas hielt sich in Grenzen; denn nach den jüngsten Reden Bushs hätte es schlimmer kommen können.

Während der deutsche NOK-Präsident Walther Tröger die Eigenmächtigkeit Bushs und Dr. Roland Baar als weiteres deutsches IOC-Mitglied die Politisierung durch den Einzug der »Ground Zero«-Flagge generell kritisierten, gehörte Präsident Dr. Jacques Rogge zu denjenigen, die für die Extravaganzen der Gastgeber öffentlich Verständnis äußerten. Schon in seiner Eröffnungsansprache hatte sich der Belgier in die Gemütslage der Amerikaner versetzt: »Ihre Nation muss eine schreckliche Tragödie verarbeiten. Wir stehen Seite an Seite mit Ihnen bei der Verwirklichung gemeinsamer Ideale und der Hoffnung auf Weltfrieden.« Einfühlsamer hätte es auch sein stets diplomatischer Vorgänger nicht formulieren können. Bei der den Wettkämpfen vorgeschalteten 113. Session hatte Rogge bereits unübersehbar Annäherung an die USA betrieben: Mit seiner Beihilfe wurden James L. Easton zum Vizepräsidenten gewählt und dessen Landsmännin Sandra Baldwin als IOC-Mitglied berufen, obwohl das Nationale Olympische Komitee der USA in jüngster Vergangenheit wegen lascher Anti-Doping-Praxis der olympischen Familie weitaus mehr Ärger als Freude bereitete.

Auch wenn es nicht den Anschein hat: Rogge ist als ausgeprägter Verstandsmensch zuerst einmal Pragmatiker durch und durch. Von seiner sportlichen Herkunft und seinem Werdegang her ist der am 2. Mai 1942 in Gent geborene Doktor der Medizin für das Amt des Präsidenten des Internationalen Olympischen Komitees nahezu maßgeschneidert. Als Segler Weltmeister und zweimal Vizeweltmeister sowie Teilnehmer der Olympischen Spiele 1968 in Mexiko (25.), 1972 in Kiel (14.) und 1976 in Montreal (22., jeweils Finn-Dinghi) und als Rugby-Nationalspieler blickt er auf langjährige Wettkampferfahrung zurück, vermittelt den Aktiven Stallgeruch und genießt bei den Medien den Respekt des Sachkenners. Er ist verheiratet, zwei Kinder, zuletzt Chef der chirurgischen Klinik Gent und spricht neben Flämisch Französisch, Englisch, Deutsch und

Spanisch. Seine Karriere als Sportfunktionär begann 1976 als Chef de Mission der belgischen Mannschaft bei den Olympischen Winterspielen in Innsbruck. 1980 ignorierte er den Boykott-Appell seiner Regierung und führte als Chef de Mission die belgische Mannschaft zu den Olympischen Spielen in Moskau. 1991, Samaranch war bereits elf Jahre im Amt, erlangte er die Mitgliedschaft im Internationalen Olympischen Komitee.

Seit den Spielen 1968 in Mexiko war Salt Lake City Jacques Rogges 15. olympische Station und gleichzeitig die erste, bei der er als Vormann des IOC fungierte. Wenngleich nicht routinierter Selbstdarsteller wie sein Vorgänger, besitzt er doch Gespür für beifallsheischende Coups: Unmittelbar nach Ende der 113. IOC-Session am 6. Februar zog er vom luxuriösen Tagungshotel »Little America« in eines der Zimmer des Olympischen Dorfes – eine von vielen Medien wohlwollend registrierte Demonstration der Tuchfühlung mit den Aktiven. Walther Tröger bescheinigt dem neuen IOC-Präsidenten die Denkart einer »ausgleichenden Kombination vom Bewahren des Bewährten und dem Einbringen neuer Ideen; eine sinnvolle Anpassung an Entwicklungen innerhalb und außerhalb des Sports als permanenter Vorgang«. Wenn Rogge selbst über künftige Entwicklungen und aktuell über die von ihm für den November dieses Jahres in Mexiko einberufene außerordentliche Reform-Session II spricht, scheint es, als verkörpere er den Leitspruch der jüngsten Winterspiele: »Light the fire within.« Pragmatismus schützt vor Emotionen nicht. In der Tat wird Jacques Rogge zur Bewältigung der olympischen Zukunft neben seinem Verstand auch viel inneres Feuer benötigen; ein Blick zurück auf die Amtszeit Juan Antonio Samaranchs und insbesondere das Kapitel Salt Lake City geben dafür genügend Hinweise.

Das Jahrzehnt zwischen der Benachteiligung Salt Lake Citys bei der IOC-Session 1991 in Birmingham und den Wettkämpfen der XIX. Winterspiele jedenfalls zählt zu den dramatischsten Epochen der olympischen Geschichte – eine dichte Folge von Höhen und Tiefen der Olympischen Bewegung wie der sie umgebenden Welt. Gleichwohl werden spätere Chronisten die positiven Geschehnisse in den Vordergrund ihrer Aufzeichnungen rücken: die Gastfreundschaft und die stimmungsvolle Begeisterung, mit denen die Stadt am Großen Salzsee den Bestechungsskandal von 1995 vergessen zu machen suchte; die Entschlossenheit, mit der das IOC die der Korruption Schuldigen in seinen Reihen bestrafte und dadurch seine Existenzgefährdung abwendete; die großartigen Wettkampfleistungen, mit denen neue Heroen des olympischen Wintersports die alltäglichen Hiobsbotschaften von Krieg und Elend in der Welt überstrahlten. Alles in allem weist dieser extreme Spannungsbogen Salt Lake City in den olympischen Annalen einen außergewöhnlichen Rang zu. Oder im Anklang an die Worte Brigham Youngs vor 154 Jahren: That is the place. Salt Lake City – Platz der Hoffnung, Platz der Gnade, Platz des Sündenfalls und zum guten Ende schließlich Platz der Vergebung.

Eröffnungsfeier der Olympischen Winterspiele, Rice-Eccles Stadium, 8. Februar 2002

Das Sternenbanner von Ground Zero wird von acht US-Olympia-Athleten und New Yorker Feuerwehrmännern ins Stadion getragen.
Mike Eruzione, Kapitän jener US-Eishockeymannschaft, die 1980 sensationell Gold gewann, entzündet gemeinsam mit dem Team von damals das Olympische Feuer.
56 000 Menschen im Stadion und 72 Millionen US-Amerikaner an den TV-Geräten verfolgen die Zeremonie. NBC, der übertragende Sender, verzeichnet damit eine um 57 Prozent höhere Einschaltquote gegenüber der Eröffnungsfeier von Sydney 2000.

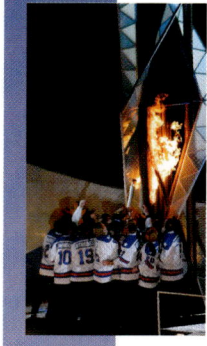

TEAMGEIST UND UNBEUGSAMER SIEGESWILLE

PROF. WALTHER TRÖGER*

Es gibt drei gute Gründe, im Hochgefühl uneingeschränkter Zufriedenheit auf die XIX. Olympischen Winterspiele zurückzublicken. Wir sind glücklich, dass sich die durchaus berechtigten Sorgen wegen weltweiter Gefährdung durch terroristische Anschläge nicht bewahrheiteten. Nach den schrecklichen Geschehnissen des 11. September blieb dem Internationalen Olympischen Komitee nur die Wahl, entweder vor der generellen Bedrohung der zivilisierten Welt zurückzuweichen, oder aber dieser Bedrohung im Sinne der olympischen Prinzipien des Friedens, der Freundschaft und der Menschlichkeit entgegenzutreten. Es war richtig, der unsichtbaren Gefahr zu trotzen. Dass nach meiner Meinung seitens der USA und deren politischer Führung die Demonstration nationaler Entschlossenheit hin und wieder überspitzt wurde, ändert nichts an der Richtigkeit des gemeinsamen Bestrebens, gerade angesichts latenter Bedrängnisse die Olympische Bewegung in die Front gegen Terror und Unmenschlichkeit einzureihen. In diesem Zusammenhang ist dem Organisationskomitee Salt Lake City und den mit ihm kooperierenden staatlichen Stellen Anerkennung und Lob wegen des hohen Standards der allumfassenden Sicherheitsmaßnahmen auszudrücken. Jedermann weiß, dass es absolut lückenlosen Schutz gegen Terrorismus nicht gibt. Die während der XIX. Olympischen Winterspiele praktizierte Verbrechensvorbeugung bereitete zwar allen Beteiligten manche Erschwernisse und Verdießlichkeiten, vermittelte dafür jedoch das beruhigende Gefühl der Geborgenheit.

Neben den Aktiven hatten vor allem die Zuschauer in und an den Wettkampfstätten die Unerfreulichkeiten penibler Sicherheitsvorkehrungen zu tragen. Sie erduldeten dies durchweg, ohne sich Freude und Begeisterung am Wettkampfgeschehen mindern zu lassen. So gehören denn auch das faire Verhalten des Publikums und dessen Anerkennung für Sieger und Einfühlsamkeit für Unterlegene zu den vielen lobenswerten Eigenschaften dieser Winterspiele, deren hohe Qualität durch eine nahezu perfekte Organisation komplettiert wurde, Salt Lake City erwies sich in jeder Hinsicht als großartiger Gastgeber. In den Dank für allerorts spürbare Herzlichkeit und Hilfsbereitschaft ist vor allem auch das Heer der »Assistants« einzuschließen, die schier unübersehbare Schar freiwilliger Helfer und Mitwirkenden, deren Engagement für den reibungslosen Ablauf mitentscheidend war.

Der zweite Grund zu Zufriedenheit betrifft das sportliche Abschneiden unserer Mannschaft. Ihr Siegeswille und ihre kämpferischen Qualitäten übertrafen selbst kühnste Erwartungen. In einem dramatischen Dreikampf mit den in allen Voraussagen unterschätzten Norwegern und der wie voraussehbar starken Mannschaft des Gastgebers USA markierten unsere Athleten und Athletinnen einen neuen Rekord: 35 Medaillen, davon zwölfmal Gold; mehr Medaillen, als jemals vorher eine andere Mannschaft erkämpfte und mehr auch, als die insgesamt 33 Medaillen, die 1988 zusammengerechnet von den damals zwei deutschen Mannschaften der DDR und der Bundesrepublik errungen wurden. Dazu noch zehn sehr ehrenwerte vierte Plätze und weitere insgesamt 35 Platzierungen von Rang vier bis acht.

Natürlich gab es für uns neben vielen hoch erfreulichen Ergebnissen auch das eine oder andere nicht ganz befriedigende Resultat – manchmal vorwiegend eine schmerz-

*Präsident des Nationalen Olympischen Komitees für Deutschland

liche Ernüchterung nach durch Vorleistungen geweckte Erwartungen. Alles in allem jedoch dokumentiert die Gesamtbilanz die Vielseitigkeit und leistungssportliche Ausgeglichenheit wenn schon nicht in allen, so doch in zahlreichen Sportarten und Disziplinen. Unser Nominierungsgrundsatz der berechtigten Aussicht auf eine Endkampfchance hat sich erneut bewährt. Die Ergebnisse vieler Sportarten räumen die in der Vergangenheit mancherorts geäußerte Befürchtung aus, mit dem unaufhaltsamen Generationswechsel würde der durch die Vereinigung 1990 erfolgte leistungssportliche Zugewinn verbraucht sein. Die Medaillenstatistik belegt die Konstanz der Erfolge seit den Olympischen Winterspielen 1992 und dies, obwohl sich die internationale Konkurrenzsituation immer weiter verschärft. Noch bevor die detaillierte Auswertung und damit eine genaue Analyse der Wettkampfergebnisse aller Diszipinen vorliegt, darf festgestellt werden, dass sich das seit Jahren in der Gemeinsamkeit der Spitzenverbände, des Bereichs Leistungssport des Deutschen Sportbundes, des Nationalen Olympischen Komitees und der Stiftung Deutsche Sporthilfe praktizierte Förderungssystem erneut bewährt hat. Daran haben insbesondere auch die Bundeswehr, der Bundesgrenzschutz und der Zoll enormen Anteil.

Der dritte Grund zu Zufriedenheit resultiert aus dem Erscheinungsbild unserer Sportlerinnen und Sportler innerhalb und außerhalb der Wettkampfstätten. Oft genug und oft genug vergebens wird darauf hingewiesen, dass sich Olympismus nicht in Medaillengewinnen und Rekorden erschöpft, sondern gleichermaßen faire Handlungsweisen, humanitäres Verhalten und Redlichkeit des Denkens und Wirkens verlangt. Unsere Mannschaft hat durch ihr tadelloses, die Herzlichkeit der Gastgeber reflektierendes und stets verbindliches Auftreten viele Sympathien gewonnen und diente damit unserem guten Ansehen sowohl in der amerikanischen Öffentlichkeit als insbesondere in der olympischen Familie. Dies ist über den Tag hinaus fruchtbar und hilfreich, wenn sich in drei Jahren eine deutsche Stadt um die Ausrichtung der Olympischen Spiele 2012 bewirbt.

NOMINIERT FÜR DEUTSCHLAND IN SALT LAKE 2002

Tobias Abstreiter
06.07.1970 Landshut
1,78 m 85 kg
Eishockey-Profi
Kassel Huskies
Eishockey
Salt Lake 2002:
8. Platz

Ronny Ackermann
16.05.1977
Bad Salzungen
1,84 m 69 kg
Sportsoldat
WSV Oberhof
Nordische Kombination
Salt Lake 2002: 7,5 km
Sprint + 4x5 km Staffel:
Silber; 15 km: 4. Platz

Karsten Albert
13.10.1968
Friedrichsroda
1,86 m 84 kg
Elektroinstallateur
WSV Oberhof
Rodeln
Salt Lake 2002:
Einsitzer: 6. Platz

Tobias Angerer
12.04.1977 Traunstein
1,79 m 72 kg
Sportsoldat
SC Vachendorf
Langlauf
Salt Lake 2002: 4x10 km
Staffel: Bronze; Sprint:
7. Platz; 10 km: 24. Platz;
30 km: 34. Platz

Daniela Anschütz
20.11.1974 Erfurt
1,65 m 60 kg
Rechtsanwaltsgehilfin
ESC Erfurt
Eisschnelllauf
Salt Lake 2002:
3.000 m + 5.000 m:
12. Platz

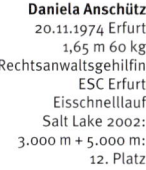

Katrin Apel
04.05.1973 Erfurt
1,72 m 60 kg
Sportsoldatin
WSV Oberhof 05
Biathlon
Salt Lake 2002:
4x7,5 km Staffel: Gold;
10 km: 7. Platz; 7,5 km
Sprint: 12. Platz;
15 km: 18. Platz

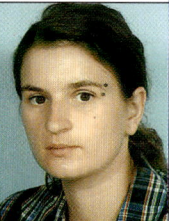

Stefan Barucha
03.04.1977
Hennigsdorf
1,84 m 90 kg
Student
SC Riesa
Bobsport
Salt Lake 2002: Vierer:
Aufgabe nach 2. Lauf

Viola Bauer
13.12.1976 Annaberg-B.
1,67 m 61 kg
Sportsoldatin
Oberwiesenthaler SV
Langlauf
Salt Lake 2002: 4x5 km
Staffel: Gold; 5 km:
5. Platz; 10 km klassisch:
12. Platz; 30 km klassisch: 6. Platz

Maritta Becker
11.03.1981 Heilbronn
1,68 m 68 kg
Sportsoldatin
DHC Lyss (SUI)
Eishockey
Salt Lake 2002:
6. Platz

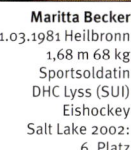

Mathias Behounek
25.06.1975 Rosenheim
1,86 m 95 kg
Sportsoldat
SC Rosenheim
Snowboard
Salt Lake 2002:
Parallel-Riesenslalom:
In der Qualifikation
ausgeschieden

Sabine Belkofer
27.11.1967 Hamburg
1,70 m 62 kg
Rechtsanwaltsfachangestellte
Curling Club Hamburg
Curling
Salt Lake 2002:
5. Platz

Jan Benda
28.04.1972 Reet (BEL)
1,92 m 96 kg
Eishockey-Profi
AK Bars Kazan (RUS)
Eishockey
Salt Lake 2002:
8. Platz

Monika Bergmann
17.04.1978 Neukirchen/
Heiligenblut
1,76 m 74 kg
Zolloberwachtmeisterin
SPVGG Lam
Ski alpin
Salt Lake 2002:
Slalom: 6. Platz;
Riesenslalom: ausge-
schieden

Jens Boden
29.08.1978 Dresden
1,84 m 69 kg
Sportsoldat
EC Dresden
Eisschnelllauf
Salt Lake 2002:
5.000 m: Bronze;
10.000 m: 5. Platz

Sibylle Brauner
16.03.1975 Raubling
1,70 m 67 kg
Sanitätssoldatin
SC Aising-Pang
Ski alpin
Salt Lake 2002:
Abfahrt: 26. Platz

Christian Breuer
03.11.1976 Krefeld
1,80 m 75 kg
BGS-Beamter
EC Grefrath
Eisschnelllauf
Salt Lake 2002:
500 m: 26. Platz;
1.000 m: 30. Platz;
1.500 m: ausgeschieden

Christof Duffner
16.12.1971 Schönwald
1,84 m 66 kg
Sportsoldat
SC Schönwald
Skispringen
Salt Lake 2002: Normal-
schanze: 17. Platz

Markus Eberle
02.02.1969 Riezlern
1,83 m 80 kg
Zollbeamter
SV Kleinwalsertal
Ski alpin
Salt Lake 2002:
Slalom + Riesenslalom:
ausgeschieden

Markus Ebner
09.11.1970 Ingolstadt
1,84 m 83 kg
Elektroniker
TV Ingolstadt
Snowboard
Salt Lake 2002:
Parallel-Riesenslalom:
In der Qualifikation
ausgeschieden

Christian Ehrhoff
06.07.1982 Moers
1,88 m 88 kg
Eishockey-Profi
Krefeld Pinguine
Eishockey
Salt Lake 2002:
8. Platz

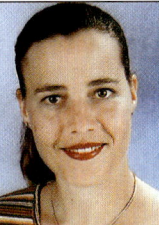

Jens Filbrich
13.03.1979 Suhl
1,77 m 70 kg
Sportsoldat
WSV Oberhof
Langlauf
Salt Lake 2002:
4x10 km Staffel: Bronze;
50 km klassisch:
21. Platz; 15 km klas-
sisch: 33. Platz

Karin Fischer
07.01.1972 Füssen
1,65 m 60 kg
Diplom-Betriebswirtin
CC Füssen
Curling
Salt Lake 2002: 5. Platz

Sven Fischer
16.04.1971 Schmalkalden
1,85 m 85 kg
Angestellter
WSV Oberhof 05
Biathlon
Salt Lake 2002:
10 km Sprint: Silber;
4x7,5 km Staffel: Silber;
12,5 km: 12. Platz;
20 km: 29. Platz

Anni Friesinger
11.01.1977
Bad Reichenhall
1,70 m 60 kg
Profi-Sportlerin
DEC Frillensee
Eisschnelllauf
Salt Lake 2002: 1.500 m:
Gold; 3.000 m: 4. Platz;
1.000 m: 5. Platz;
5.000 m: 6. Platz

**Monique Garbrecht-
Enfeldt**
11.12.1968 Potsdam
1,68 m 63 kg
Profi-Sportlerin
EHC Berlin
Eisschnelllauf
Salt Lake 2002:
500 m: Silber;
1.000 m: 6. Platz

Denis Geppert
24.01.1976
Lichtenstein
1,80 m 80 kg
Zollbeamter
Oberwiesenthaler SV
Rodeln
Salt Lake 2002:
Einsitzer: 7. Platz

Annemarie Gerg
14.06.1975 Lenggries
1,74 m 68 kg
Polizeimeisterin
beim BGS
SC Lenggries
Ski alpin
Salt Lake 2002:
Riesenslalom: 22. Platz

Hilde Gerg
19.10.1975 Bad Tölz
1,72 m 70 kg
Sportsoldatin
SC Lenggries
Ski alpin
Salt Lake 2002:
Abfahrt: 4. Platz;
Super-G: 5. Platz;
Kombination + Slalom:
ausgeschieden

Ricco Groß
22.08.1970 Schlema
1,78 m 75 kg
Sportsoldat
SC Ruhpolding
Biathlon
Salt Lake 2002:
4x7,5 km Staffel: Silber;
12,5 km: Bronze;
10 km Sprint: 4. Platz;
20 km: 4. Platz

Claudia Grundmann
22.04.1976 Berlin
1,77 m 69 kg
Sportsoldatin
OSC Berlin-Schöneberg
Eishockey
Salt Lake 2002:
6. Platz

Georg Hackl
09.09.1966
Berchtesgaden
1,72 m 80 kg
Sportsoldat
RC Berchtesgaden
Rodeln
Salt Lake 2002:
Einsitzer: Silber

Petra Haltmayr
16.09.1975 Kempten
1,67 m 68 kg
Sportsoldatin
SC Rettenberg
Ski alpin
Salt Lake 2002:
Super-G: 23. Platz;
Abfahrt + Kombination
+ Riesenslalom: ausge-
schieden

Regina Häusl
17.12.1973
Schneizlreuth
1,67 m 62 kg
Polizeiobermeisterin
beim BGS
SK Bad Reichenhall
Ski alpin
Salt Lake 2002: Abfahrt:
10. Platz; Super-G: aus-
geschieden

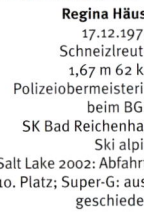

Jochen Hecht
21.06.1977 Mannheim
1,87 m 80 kg
Eishockey-Profi
Edmonton Oilers (CAN)
Eishockey
Salt Lake 2002:
8. Platz

Andrea Henkel
10.12.1977 Ilmenau
1,58 m 49 kg
Sportsoldatin
WSV Oberhof 05
Biathlon
Salt Lake 2002: 15 km:
Gold; 4x7,5 km Staffel:
Gold; 10 km: 13. Platz;
7,5 km Sprint: 25. Platz

Manuela Henkel
04.12.1974 Neuhaus
1,68 m 56 kg
Sportsoldatin
WSV Oberhof
Langlauf
Salt Lake 2002: 4x5 km
Staffel: Gold; 10 km
klassisch: 20. Platz;
5 km: 22. Platz; Sprint,
30 km: ausgeschieden

Stephan Hocke
20.10.1983 Suhl
1,77 m 57 kg
Abiturient
WSV Oberhof
Skispringen
Salt Lake 2002:
Mannschaft: Gold;
Großschanze: 12. Platz

Patrick Hoffmann
25.07.1974 München
1,84 m 77 kg
Student
EC Oberstdorf
Curling
Salt Lake 2002:
6. Platz

Xaver Hoffmann
22.11.1974 München
1,80 m 80 kg
Einzelhandelskaufmann
ratiopharm Snowboard
Team
Snowboard
Salt Lake 2002:
Halfpipe: In der Qualifi-
kation ausgeschieden

Marcel Höhlig
14.04.1979 Rodewisch
1,73 m 64 kg
Koch
WSV Oberhof
Nordische Kombination
Salt Lake 2002:
4x5 km Staffel: Silber;
7,5 km Sprint: 25. Platz

Klaus Kathan
07.01.1977 Bad Tölz
1,81 m 83 kg
Eishockey-Profi
Kassel Huskies
Eishockey
Salt Lake 2002:
8. Platz

Mariana Kautz
23.07.1980 Berlin
1,55 m 49 kg
Sportsoldatin
SC Berlin
Eiskunstlauf
Salt Lake 2002:
Paarlauf: 14. Platz

Sandra Kinza
01.08.1969 Unna
1,82 m 65 kg
Technische Zeichnerin
OSC Berlin-Schöneberg
Eishockey
Salt Lake 2002:
6. Platz

Björn Kircheisen
06.08.1983 Erlabrunn
1,83 m 60 kg
Sportsoldat
WSV Oberhof
Nordische Kombination
Salt Lake 2002:
4x5 km Staffel: Silber;
15 km: 5. Platz;
7,5 km Sprint: 9. Platz

Thomas Daffner
01.09.1971 Landshut
1,90 m 96 kg
Eishockey-Profi
Kassel Huskies
Eishockey
Salt Lake 2002:
8. Platz

Anne Dietrich
14.08.1980 Zwickau
1,79 m 69 kg
Studentin
BSL Oberhof
Bobsport
Salt Lake 2002:
Ersatz

Uschi Disl
15.11.1970 Bad Tölz
1,63 m 57 kg
Polizeiobermeisterin
beim BGS
SC Moosham
Biathlon
Salt Lake 2002: 4x7,5 km
Staffel: Gold; 7,5 km
Sprint: Silber; 10 km:
9. Platz; 15 km: 12. Platz

Frank Dittrich
23.12.1967 Leipzig
1,88 m 80 kg
Bankkaufmann
EC Chemnitz
Eisschnelllauf
Salt Lake 2002:
5.000 m: 9. Platz;
10.000 m: 10. Platz;
1.500 m: 43. Platz

Carsten Embach
12.10.1968 Stralsund
1,89 m 93 kg
Sportsoldat
BSR Rennsteig Oberhof
Bobsport
Salt Lake 2002:
Vierer: Gold

Susi Erdmann
29.01.1968
Blankenburg/Harz
1,87 m 74 kg
Berufssoldatin
WSV Königssee
Bobsport
Salt Lake 2002:
Zweier: Bronze

Martina Ertl
12.09.1973 Bad Tölz
1,62 m 60 kg
Polizeiobermeisterin
beim BGS
SC Lenggries
Ski alpin
Salt Lake 2002: Kombi-
nation: Bronze; Slalom:
5. Platz; Super-G: 11.
Platz; Riesenslalom:
ausgeschieden

Bettina Evers
17.08.1981 Hannover
1,68 m 63 kg
Fachabitur
TV Kornwestheim
Eishockey
Salt Lake 2002:
6. Platz

Jan Friesinger
20.11.1980
Bad Reichenhall
1,79 m 78 kg
BGS-Beamter
DEC Frillensee
Eisschnelllauf
Salt Lake 2002:
1.000 m: 34. Platz;
1.500 m: 41. Platz;
500 m: ausgeschieden

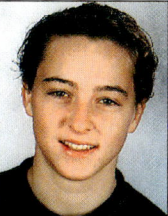

Stephanie Frühwirt
22.07.1980
Wolfratshausen
1,66 m 67 kg
Sport- und Gymnastik-
lehrerin
TV Kornwestheim
Eishockey
Salt Lake 2002:
6. Platz

Jens Gaiser
15.08.1978
Freudenstadt
1,86 m 73 kg
Profi-Sportler
WSV Oberhof
Nordische Kombination
Salt Lake 2002: 7,5 km
Sprint: 19. Platz

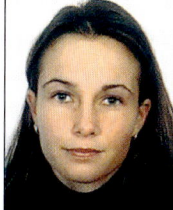

Nina Gall
20.04.1983 Hannover
1,60 m 53 kg
Sportsoldatin
EC Bergkamen
Eishockey
Salt Lake 2002:
6. Platz

Martina Glagow
21.09.1979 Garmisch-
Partenkirchen
1,58 m 50 kg
Polizeimeisterin beim
BGS
SC Mittenwald
Biathlon
Salt Lake 2002:
15 km: 7. Platz

Marcel Goc
24.08.1983 Calw
1,84 m 87 kg
Eishockey-Profi
Schwenninger ERC
Wild Wings
Eishockey
Salt Lake 2002:
8. Platz

Erich Goldmann
07.04.1976 Dingolfing
1,91 m 95 kg
Eishockey-Profi
Moskitos Essen
Eishockey
Salt Lake 2002:
8. Platz

Michael Greis
18.08.1976 Füssen
1,77 m 73 kg
Sportsoldat
SK Nesselwang
Biathlon
Salt Lake 2002:
10 km Sprint: 15. Platz;
12,5 km: 16. Platz

Sven Hannawald
09.11.1974 Erlabrunn
1,84 m 64 kg
Skispringer
SC Hinterzarten
Skispringen
Salt Lake 2002:
Mannschaft: Gold;
Normalschanze: Silber;
Großschanze: 4. Platz

Steffi Hanzlik
30.12.1975
Schmalkalden
1,69 m 63 kg
Sportsoldatin
BSR Rennsteig Oberhof
Skeleton
Salt Lake 2002: 7. Platz

André Hartwig
14.03.1983 Rostock
1,80 m 73 kg
Schüler
Energiesportverein
Turbine Rostock
Short Track
Salt Lake 2002:
1.500 m: Im Halbfinale
ausgeschieden

Sebastian Haseney
27.08.1978 Suhl
1,72 m 65 kg
BGS-Beamter
WSV Oberhof
Nordische Kombination
Salt Lake 2002:
15 km: 21. Platz

Daniel Herberg
07.03.1974 Oberstdorf
1,79 m 71 kg
Sportsoldat
EC Oberstdorf
Curling
Salt Lake 2002:
6. Platz

Nicole Herschmann
27.10.1975 Rudolfstadt
1,78 m 72 kg
Studentin
BSC Winterberg/
OSC Berlin
Bobsport
Salt Lake 2002:
Zweier: Bronze

Georg Hettich
12.10.1978 Furtwangen
1,78 m 63 kg
Student
WSV Oberhof
Nordische Kombination
Salt Lake 2002:
4x5 km Staffel: Silber;
15 km: 34. Platz

Katharina Himmler
06.06.1975 München
1,80 m 68 kg
Studentin
Team T-Mobile Snow-
board
Snowboard
Salt Lake 2002:
Parallel-Riesenslalom:
In der Qualifikation
ausgeschieden

Ulrike Holzner
18.09.1968 Mainz
1,81 m 68 kg
Studentin
WSV Oberaudorf
Bobsport
Salt Lake 2002:
Zweier: Silber

Wayne Hynes
29.05.1969
Montreal (CAN)
1,82 m 93 kg
Eishockey-Profi
Adler Mannheim
Eishockey
Salt Lake 2002:
8. Platz

Marco Jakobs
30.05.1974 Unna
2,00 m 113 kg
Student
BSC Winterberg
Bobsport
Salt Lake 2002:
verletzt

Norman Jeschke
02.03.1979 Berlin
1,79 m 75 kg
Sportsoldat
SC Berlin
Eiskunstlauf
Salt Lake 2002:
Paarlauf: 14. Platz

Frank Kleber
11.02.1981 Gräfelfing
1,84 m 76 kg
Fliesenleger
BSC München
Skeleton
Salt Lake 2002:
11. Platz

Aika Klein
26.11.1982 Rostock
1,69 m 60 kg
Abiturientin
Energiesportverein
Turbine Rostock
Short Track
Salt Lake 2002:
3.000 m Staffel: 8. Platz

Stephan Knoll
16.03.1973 Oberstdorf
1,86 m 86 kg
Lehrer
EC Oberstdorf
Curling
Salt Lake 2002:
6. Platz

Olaf Kölzig
06.04.1970
Johannesburg (RSA)
1,90 m 101 kg
Eishockey-Profi
Washington Capitals
(USA)
Eishockey
Salt Lake 2002:
8. Platz

Silke Kraushaar
10.10.1970 Sonneberg
1,74 m 65 kg
Sportsoldatin
BSR Rennsteig Oberhof
Rodeln
Salt Lake 2002:
Einsitzer: Bronze

Daniel Kreutzer
23.10.1979 Düsseldorf
1,78 m 86 kg
Eishockey-Profi
Kassel Huskies
Eishockey
Salt Lake 2002:
8. Platz

Sabrina Kruck
03.11.1981 Starnberg
1,67 m 61 kg
Groß- und Außen-
handelskauffrau
SC Riessersee
Eishockey
Salt Lake 2002:
6. Platz

Enrico Kühn
10.03.1977
Bad Langensalza
1,83 m 102 kg
Sportsoldat
BSR Rennsteig Oberhof
Bobsport
Salt Lake 2002:
Vierer: Gold

Claudia Künzel
01.02.1978 Zschopau
1,68 m 58 kg
Sportsoldatin
Oberwiesenthaler SV
Langlauf
Salt Lake 2002:
Sprint: 4. Platz;
15 km: 27. Platz;
4x5km Staffel: Gold

Michael Künzel
24.05.1973 Plauen
1,87 m 85 kg
Sportsoldat
EHC Berlin
Eisschnelllauf
Salt Lake 2002:
500 m: 19. Platz;
1.000 m: 24. Platz

Kevin Kuske
04.01.1979 Potsdam
1,94 m 102 kg
Sportsoldat
SC Riesa
Bobsport
Salt Lake 2002:
Vierer: Gold

André Lange
28.06.1973 Ilmenau
1,89 m 92 kg
Sportsoldat
BSR Rennsteig Oberhof
Bobsport
Salt Lake 2002:
Vierer: Gold

Nina Linde
10.06.1980 München
1,66 m 58 kg
Sportsoldatin
TV Kornwestheim
Eishockey
Salt Lake 2002:
6. Platz

René Lohse
23.09.1973 Berlin
1,83 m 75 kg
Sportsoldat
SC Berlin
Eiskunstlauf
Salt Lake 2002:
Eistanz: 8. Platz

Andreas Loth
26.02.1972 Schongau
1,83 m 89 kg
Eishockey-Profi
Kassel Huskies
Eishockey
Salt Lake 2002:
8. Platz

Frank Luck
05.12.1967
Schmalkalden
1,79 m 76 kg
Sportsoldat
WSV Oberhof 05
Biathlon
Salt Lake 2002: 20 km:
Silber; 4x7,5 km Staffel:
Silber; 12,5 km: 11. Platz;
10 km Sprint: 29. Platz

Jan Michaelis
15.01.1978 Hamburg
1,86 m 65 kg
Profi-Sportler
ratiopharm Snowboard
Team
Snowboard
Salt Lake 2002:
Halfpipe: 12. Platz

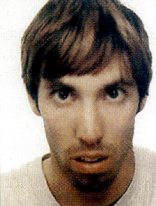

Andreas Morczinietz
11.03.1978
Wolfratshausen
1,86 m 80 kg
Eishockey-Profi
Augsburger Panther
Eishockey
Salt Lake 2002:
8. Platz

Robert Müller
25.06.1980 Rosenheim
1,72 m 78 kg
Eishockey-Profi
Adler Mannheim
Eishockey
Salt Lake 2002:
8. Platz

Arian Nachbar
06.01.1977 Rostock
1,73 m 73 kg
Sportsoldat
Energiesportverein
Turbine Rostock
Short Track
Salt Lake 2002: 500 m:
Im Viertelfinale ausge-
schieden; 1.000 m: Im
Vorlauf ausgeschieden

Claudia Pechstein
22.02.1972 Berlin
1,64 m 58 kg
Polizeimeisterin
beim BGS
EHC Berlin
Eisschnelllauf
Salt Lake 2002:
3.000 m + 5.000 m:
Gold; 1.500 m: 6. Platz

Nadine Pfrundschuh
10.11.1975 Düsseldorf
1,74 m 76 kg
Hausfrau
Mannheimer ERC
Eishockey
Salt Lake 2002:
6. Platz

Thomas Platzer
16.10.1969 München
1,96 m 102 kg
Berufssoldat
BC Unterhaching
Bobsport
Salt Lake 2002:
Ersatzmann

Christin Priebst
18.09.1983 Dresden
1,68 m 57 kg
Schülerin
ESC Dresden
Short Track
Salt Lake 2002: 3.000 m
Staffel: 8. Platz; 1.500 m:
9. Platz; 1.000 m: Im
Viertelfinale ausge-
schieden

Franziska Reindl
16.09.1982 Garmisch-
Partenkirchen
1,68 m 70 kg
Auszubildende
SC Riessersee
Eishockey
Salt Lake 2002:
6. Platz

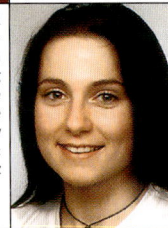

Heidi Renoth
28.02.1978
Berchtesgaden
1,76 m 62 kg
Sportsoldatin
SC Rosenheim
Snowboard
Salt Lake 2002:
Parallel-Riesenslalom:
In der Qualifikation
ausgeschieden

Andreas Renz
12.06.1977 Villingen-
Schwenningen
1,83 m 90 kg
Eishockey-Profi
Kölner Haie
Eishockey
Salt Lake 2002:
8. Platz

Alexander Resch
05.04.1979
Berchtesgaden
1,79 m 72 kg
Sportsoldat
RC Berchtesgaden
Rodeln
Salt Lake 2002:
Doppelsitzer: Gold

Jürgen Rumrich
20.03.1968 Miesbach
1,81 m 85 kg
Eishockey-Profi
Nürnberg Ice Tigers
Eishockey
Salt Lake 2002:
8. Platz

Evi Sachenbacher
27.11.1980 Traunstein
1,62 m 52 kg
Sportsoldatin
WSV Reit im Winkl
Langlauf
Salt Lake 2002: 4x5 km
Staffel: Gold; Sprint:
Silber; 15 km: 13. Platz;
5 km: 20. Platz

Franz Sagmeister
21.10.1974 Garmisch-
Partenkirchen
1,91 m 110 kg
BGS-Beamter
BSC Winterberg
Bobsport
Salt Lake 2002:
Zweier: 6. Platz; Vierer:
Aufgabe nach 2. Lauf

Diana Sartor
23.11.1970
Dippoldiswalde
1,78 m 64 kg
Augenoptikerin
SSV Altenberg
Skeleton
Salt Lake 2002: 4. Platz

Wilfried Schneider
12.03.1963 Mediasch
1,73 m 80 kg
Technischer Zeichner
WSV Königssee
Skeleton
Salt Lake 2002:
9. Platz

Jana Schreckenbach
08.07.1982 Chemnitz
1,72 m 69 kg
Schülerin
Mannheimer ERC
Eishockey
Salt Lake 2002:
6. Platz

Christoph Schubert
05.02.1982 München
1,90 m 90 kg
Eishockey-Profi
München Barons
Eishockey
Salt Lake 2002:
8. Platz

Dennis Seidenberg
18.07.1981 Villingen-
Schwenningen
1,83 m 84 kg
Eishockey-Profi
Adler Mannheim
Eishockey
Salt Lake 2002:
8. Platz

Sonja Kuisle
27.01.1978
Immenstadt
1,63 m 59 kg
Kommissioniererin
ERC Sonthofen
Eishockey
Salt Lake 2002:
6. Platz

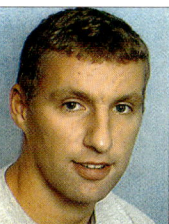

Christian Künast
07.03.1971 Landshut
1,80 m 84 kg
Eishockey-Profi
München Barons
Eishockey
Salt Lake 2002:
8. Platz

Daniel Kunce
17.07.1971
Sumperk (CZE)
1,86 m 93 kg
Eishockey-Profi
Krefeld Pinguine
Eishockey
Salt Lake 2002:
8. Platz

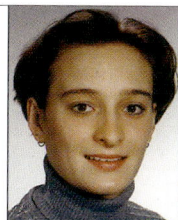

Yvonne Kunze
05.01.1978 Radebeul
1,55 m 48 kg
Polizistin beim BGS
ESC Dresden
Short Track
Salt Lake 2002: 3.000 m
Staffel: 8. Platz; 500 m
+ 1.000 m: Im Viertel-
finale ausgeschieden;
1.500 m: ausgeschieden

Christoph Langen
27.03.1962 Köln
1,88 m 98 kg
Sportsoldat
BC Unterhaching
Bobsport
Salt Lake 2002:
Zweier: Gold; Vierer:
Aufgabe nach 2. Lauf

Michaela Lanzl
21.02.1983 Starnberg
1,58 m 48 kg
Schülerin
Wanderers Germering
Eishockey
Salt Lake 2002:
6. Platz

Ulrike Lehmann
11.06.1982 Rostock
1,70 m 69 kg
Schülerin
Energiesportverein
Turbine Rostock
Short Track
Salt Lake 2002:
3.000 m Staffel:
8. Platz

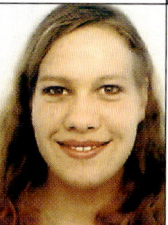

Patric-Fritz Leitner
23.02.1977
Berchtesgaden
1,89 m 83 kg
Sportsoldat
WSV Königssee
Rodeln
Salt Lake 2002:
Doppelsitzer: Gold

Mirko Lüdemann
15.12.1973 Weißwasser
1,80 m 83 kg
Eishockey-Profi
Kölner Haie
Eishockey
Salt Lake 2002:
8. Platz

Mark Mackay
28.05.1964
Brandon (CAN)
1,73 m 82 kg
Eishockey-Profi
Schwenninger ERC
Wild Wings
Eishockey
Salt Lake 2002:
8. Platz

Jörg Mayr
03.01.1970 Füssen
1,77 m 76 kg
Eishockey-Profi
Kölner Haie
Eishockey
Salt Lake 2002:
8. Platz

Markus Messenzehl
20.06.1972 Oberstdorf
1,83 m 83 kg
Lehrer
EC Oberstdorf
Curling
Salt Lake 2002:
6. Platz

Natalie Nessler
08.06.1976 Bensheim
1,71 m 68 kg
Diplom-Kauffrau
SC Riessersee
Curling
Salt Lake 2002: 5. Platz

Barbara Niedernhuber
06.06.1974
Berchtesgaden
1,74 m 69 kg
BGS-Beamtin
WSV Königssee
Rodeln
Salt Lake 2002:
Einsitzer: Silber

Christina Oswald
26.07.1973 Garmisch-
Partenkirchen
1,72 m 73 kg
Kaufmännische
Assistentin
SC Riessersee
Eishockey
Salt Lake 2002:
6. Platz

Sylke Otto
07.07.1969 Chemnitz
1,70 m 70 kg
Sportsoldatin
Oberwiesenthaler SV
Rodeln
Salt Lake 2002:
Einsitzer: Gold

Sandra Prokoff
04.01.1975 Dresden
1,81 m 79 kg
Sportsoldatin
BSC Winterberg
Bobsport
Salt Lake 2002:
Zweier: Silber

Nico Pyka
22.07.1977 Berlin
1,88 m 88 kg
Eishockey-Profi
EHC Eisbären Berlin
Eishockey
Salt Lake 2002:
8. Platz

Max Rauffer
08.05.1972
Kolbermoor
1,85 m 94 kg
Sportsoldat
SC Leitzachtal
Ski alpin
Salt Lake 2002:
Super-G: 22. Platz;
Abfahrt: 34. Platz

Martin Reichel
07.11.1973
Brüx/Most (CZE)
1,87 m 90 kg
Eishockey-Profi
Nürnberg Ice Tigers
Eishockey
Salt Lake 2002:
8. Platz

Anke Reschwamm
08.12.1972 Bautzen
1,57 m 53 kg
BGS-Beamtin
SC Willingen
Langlauf
Salt Lake 2002:
15 km: 36. Platz;
Sprint: Im Viertelfinale
ausgeschieden

Nina Ritter
26.01.1981 Hamburg
1,67 m 62 kg
Sportsoldatin
SC Riessersee
Eishockey
Salt Lake 2002:
6. Platz

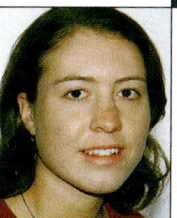

Sabine Rückauer
13.04.1977 Düsseldorf
1,73 m 63 kg
Kauffrau
TV Kornwestheim
Eishockey
Salt Lake 2002:
6. Platz

Susanne Rudolph
10.02.1981 Wuppertal
1,67 m 50 kg
Mitarbeiterin
bei der DESG
EHC Klostersee Grafing
Short Track
Salt Lake 2002:
500 m: Im Vorlauf
ausgeschieden

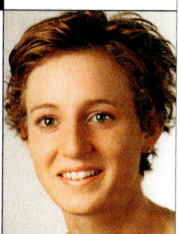

Anja Scheytt
05.12.1980 Mannheim
1,74 m 71 kg
Sportsoldatin
Mannheimer ERC
Eishockey
Salt Lake 2002:
6. Platz

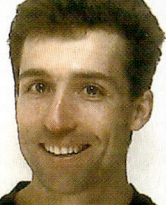

Peter Schlickenrieder
16.02.1970 Tegernsee
1,72 m 69 kg
Sportsoldat
SC Monte Kaolino
Hirschau
Langlauf
Salt Lake 2002:
Sprint: Silber; 15 km
klassisch: 55. Platz

Andreas Schlütter
17.08.1972 Suhl
1,85 m 94 kg
Sportsoldat
WSV Oberhof
Langlauf
Salt Lake 2002: 4x10 km
Staffel: Bronze; 50 km
klassisch: 4. Platz; 15 km
klassisch: 15. Platz;
10 km: 18. Platz

Martin Schmitt
29.01.1978 Villingen-
Schwenningen
1,81 m 64 kg
Skispringer
SC Furtwangen
Skispringen
Salt Lake 2002: Mann-
schaft: Gold; Normal-
schanze: 7. Platz; Groß-
schanze: 10. Platz

Marc Seliger
01.05.1974 Iserlohn
1,80 m 82 kg
Eishockey-Profi
Nürnberg Ice Tigers
Eishockey
Salt Lake 2002:
8. Platz

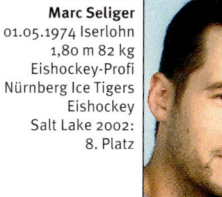

Peter Sendel
06.03.1972 Ilmenau
1,80 m 73 kg
Sportsoldat
WSV Oberhof 05
Biathlon
Salt Lake 2002:
4x7,5 km Staffel: Silber

Steffen Skel
14.06.1972
Bad Salzungen
1,88 m 95 kg
Sportsoldat
BSC Winterberg
Rodeln
Salt Lake 2002:
Doppelsitzer: 4. Platz

Leonard Soccio
28.05.1967
St. Catherines (CAN)
1,81 m 85 kg
Eishockey-Profi
Hannover Scorpions
Eishockey
Salt Lake 2002:
8. Platz

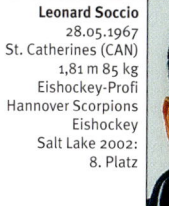

René Sommerfeldt
02.10.1974 Zittau
1,75 m 65 kg
Sportsoldat
Oberwiesenthaler SV
Langlauf
Salt Lake 2002: 4x10 km
Staffel: Bronze; 10 km:
11. Platz; 30 km: 17. Platz;
Sprint: In der Qualifika-
tion ausgeschieden

Georg Späth
24.02.1981 Oberstdorf
1,87 m 68 kg
Sportsoldat
SC Oberstdorf
Skispringen
Salt Lake 2002:
Nicht eingesetzt

René Spies
05.07.1973 Winterberg
1,85 m 90 kg
Sportsoldat
BSC Winterberg
Bobsport
Salt Lake 2002:
Zweier: 6. Platz

Andrea Stock
28.11.1980
Caracas (VEN)
1,73 m 70 kg
Studentin
SC Riessersee
Curling
Salt Lake 2002: 5. Platz

Sebastian Stock
15.11.1977 Immenstadt
1,83 m 72 kg
Student
EC Oberstdorf
Curling
Salt Lake 2002:
6. Platz

Marco Sturm
08.09.1978 Dingolfing
1,80 m 90 kg
Eishockey-Profi
San Jose Sharks (USA)
Eishockey
Salt Lake 2002:
8. Platz

René Taubenrauch
31.01.1974 Erfurt
1,99 m 93 kg
Sportsoldat
ESC Erfurt
Eisschnelllauf
Salt Lake 2002:
5.000 m: 32. Platz

Axel Teichmann
14.07.1979 Ebersdorf
1,86 m 80 kg
Sportsoldat
WSV Lobenstein
Langlauf
Salt Lake 2002: 15 km
klassisch: 14. Platz; 30
km: 20. Platz; 10 km:
39. Platz; Sprint: aus-
geschieden

Nicola Thost
03.05.1979 Pforzheim
1,63 m 63 kg
Snowboardprofi
Team T-Mobile Snow-
board
Snowboard
Salt Lake 2002:
Halfpipe: 11. Platz

Esther Thyssen
31.07.1976 Krefeld
1,68 m 60 kg
Orthopädie-Mechani-
kerin
Grefrather EC
Eishockey
Salt Lake 2002:
6. Platz

Daniel Tyrkas
16.06.1975 Erlangen
1,85 m 82 kg
Student
Erlangen
Snowboard
Salt Lake 2002:
Halfpipe: In der Qualifi-
kation ausgeschieden

Michael Uhrmann
16.09.1978 Wegscheid
1,81 m 64 kg
BGS-Beamter
WSV Rastbüchl
Skispringen
Salt Lake 2002:
Mannschaft: Gold;
Normalschanze: 8. Platz;
Großschanze: 16. Platz

Stefan Ustorf
03.01.1974 Kaufbeuren
1,81 m 86 kg
Eishockey-Profi
Adler Mannheim
Eishockey
Salt Lake 2002:
8. Platz

Maren Valenti
15.10.1976 Freiburg
1,75 m 69 kg
Mediengestalterin
Mannheimer ERC
Eishockey
Salt Lake 2002:
6. Platz

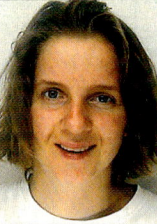

Sabine Völker
11.05.1971 Erfurt
1,62 m 58 kg
Diplom-Betriebswirtin
ESC Erfurt
Eisschnelllauf
Salt Lake 2002:
1.000 m + 1.500 m:
Silber; 500 m: Bronze

**Stephanie Wartosch-
Kürten**
12.11.1978 Düsseldorf
1.72 m 65 kg
Sportsoldatin
TV Kornwestheim
Eishockey
Salt Lake 2002:
6. Platz

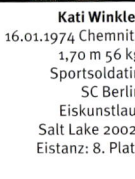

Sabine Wehr-Hasler
07.08.1971
Offenbach/Main
1,64 m 59 kg
Sportwissenschaftlerin
Verein für Skisport im
HSV
Snowboard
Salt Lake 2002: Half-
pipe: In der Qualifika-
tion ausgeschieden

Heike Wieländer
24.07.1968 Villingen-
Schwenningen
1,66 m 57 kg
Schnitttechnikerin
CC Schwenningen
Curling
Salt Lake 2002: 5. Platz

Julia Wierscher
10.05.1971 Hannover
1,68 m 66 kg
Studentin
EC Bergkamen
Eishockey
Salt Lake 2002:
6. Platz

Kati Wilhelm
02.08.1976
Schmalkalden
1,73 m 59 kg
Sportsoldatin
SCM Zella-Mehlis
Biathlon
Salt Lake 2002:
7,5 km Sprint: Gold;
4x7,5 km Staffel: Gold;
10 km: Silber

Kati Winkler
16.01.1974 Chemnitz
1,70 m 56 kg
Sportsoldatin
SC Berlin
Eiskunstlauf
Salt Lake 2002:
Eistanz: 8. Platz

Marion Wohlrab
08.06.1974
Pfaffenhofen
1,61 m 57 kg
BGS-Beamtin
EC Pfaffenhofen
Eisschnelllauf
Salt Lake 2002:
500 m: 19. Platz;
1.000 m: 21. Platz;
1.500 m: 22. Platz

Alexander Wolf
21.12.1978
Schmalkalden
1,91 m 85 kg
Polizeimeister-
Anwärter beim BGS
WSV Oberhof 05
Biathlon
Salt Lake 2002:
20 km: 34. Platz

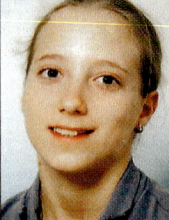

Jenny Wolf
31.01.1979 Berlin
1,73 m 72 kg
Studentin
SC Berlin
Eisschnelllauf
Salt Lake 2002:
500 m: 15. Platz

Raffaela Wolf
20.06.1978 Dinslaken
1,77 m 68 kg
Studentin
University of Maine
(USA)
Eishockey
Salt Lake 2002:
6. Platz

Steffen Wöller
10.09.1972 Erfurt
1,75 m 73 kg
Sportsoldat
BSC Winterberg
Rodeln
Salt Lake 2002:
Doppelsitzer: 4. Platz

Martina Zellner
26.02.1974 Traunstein
1,69 m 58 kg
Polizeiobermeisterin
beim BGS
SC Hammer
Biathlon
Salt Lake 2002:
nicht eingesetzt

Nina Ziegenhals
23.05.1982 Bonn
1,66 m 55 kg
Sportsoldatin
TV Kornwestheim
Eishockey
Salt Lake 2002:
6. Platz

Markus Zimmermann
04.09.1964
Berchtesgaden
1,91 m 105 kg
Bauingenieur
BC Unterhaching
Bobsport
Salt Lake 2002:
Zweier: Gold; Vierer:
Aufgabe nach 2. Lauf

Nicht dabei, aber dennoch mittendrin »Während Olympia möchte ich ganz weit weg sein. An einem Platz, an dem es weit und breit keinen Fernseher gibt, nur Sonne, Sand und Meer.« Hat Hermann Maier gesagt, den ein Motorradunfall im Sommer 2001 um seinen Auftritt in Salt Lake City gebracht hat. Ich wette, das hat er nie und nimmer durchgestanden. Ich jedenfalls habe es ganz anders gehalten als der Maier – und kaum eine Minute vom olympischen Geschehen verpasst. Von der Nordischen Kombination sowieso nicht. Auch wenn ich daheim vorm Fernseher immer wieder zwischen zwei Gefühlsextremen lebte. Da die Traurigkeit, nicht selbst dabei sein zu können. Dort die Faszination am harten Wettkampf der Weltbesten, an tollen Leistungen, an Spannung und Dramatik. Olympia ist das Größte, übertrifft alles. Lillehammer 1994 waren die ersten Spiele, die ich richtig bewusst erlebt habe. Von da an wusste ich, warum ich Sport treibe. Von da an wusste ich, da musst du hin. Am 20. November aber schien mein olympischer Traum für alle Ewigkeit ausgeträumt. Der Sturz auf der Schanze in Rukka sah erst aus wie ein Allerweltsvorfall. Aber die irren Schmerzen, die immer schlimmer wurden, signalisierten Arges. Die Ultraschall-Untersuchung diagnostizierte Blut im Bauchraum, ein Rettungshubschrauber flog mich in die nahe Uniklinik. Schmerzmittel durfte ich nicht bekommen, ehe kein exakter Befund vorlag. Ich habe unseren Physiotherapeuten an der Hand gehalten, so fest, dass der wohl denken musste, ich wolle ihm die Finger brechen. Dann ging es in die Röhre zur Computertomographie, und von da an war ich »weg«. Als ich erwachte, hatte ich die Operation hinter mir, eine Niere weniger und keine Milz mehr. Endlich war der Schmerz vorbei, eine Befreiung. Auch wenn mir in diesem Moment klar war, dass zugleich alles im Eimer war – Olympia, die Weltcups, die ganze Saison. Als mein Vater von Ruhla aus nach Finnland kam, soll ich zu ihm gesagt haben: »Das war's! Ich werde nie wieder Sport machen.«

Kurioserweise kann ich mich daran nicht erinnern, nur daran, dass ich mich unendlich kraftlos und müde fühlte. Von Tag zu Tag aber ging es mir besser. Nach drei Wochen konnte ich eine halbe Stunde spazieren gehen. Ich fing mit kleinen Gewichten an, dann mit vorsichtigem Joggen. Am zweiten Weihnachtsfeiertag stand ich zu Hause erstmals wieder auf Skiern. Nach vier, fünf Kilometern Skaten habe ich mich gefreut wie ein kleines Kind, dass die Muskeln tierisch weh taten. Ich musste und muss Geduld haben, einen Schritt nach dem anderen machen. Immer öfter aber kamen die Gedanken an den Sport zurück. Erst leise und schleichend, dann immer lauter und bestimmter. Von den Schwestern hatte ich mir einen Fernseher auf die Intensivstation stellen lassen, um den Weltcup-Auftakt in Kuopio vom Bett aus verfolgen zu können. So war ich zwar nicht dabei, aber dennoch mittendrin. Die Jungs, die Trainer und Betreuer haben mich besucht, auch später oft angerufen. Ich habe gemerkt, wie sehr manche in solchen Situationen menschlich wachsen. Ronny Ackermann zum Beispiel, der früher viel mit sich selbst zu tun hatte, jetzt aber der war, der sich am häufigsten bei mir meldete. Das hätte ich

MARKO BAACKE
10.02.1980 in Ruhla
Sportsoldat
WSC 07 Ruhla
2001 Sprint-Weltmeister in der Nordischen Kombination und damit Olympia-Favorit, stürzte am 20. November 2001 beim Sprungtraining in Finnland schwer. In einer Notoperation mussten ihm eine Niere und die Milz entfernt werden.

nie von ihm erwartet. Als ich das Team zum Trip nach Salt Lake City auf den Flughafen begleitete, musste ich richtig schlucken. Von drüben aber erhielt ich schnell mehrere Mails, auch Olympia fand so mit Marko Baacke statt.

Verdrängen, trauern, ärgern – das ist nicht mein Ding. Angst vor dem Comeback habe ich keine. Wenn es Bilder von dem Sturz gäbe, würde ich sie mir ansehen, um daraus zu lernen. Ich weiß, dass es mein Fehler war, und Fehler kann man abstellen. Probleme, über das Ganze zu reden, habe ich nicht. Im Gegenteil. Ich halte das für besser, als wenn man alles in sich hineinfrisst. Deshalb habe ich mich in Finnland schon von den Ärzten und Schwestern genau unterrichten lassen, was in meinem Körper vorging. Das hat mich zum Experten gemacht. Ich finde es spannend, wie unser Organismus arbeitet, ein Rädchen ins andere greift. Wenn einer wissen will, wofür die Milz da ist, wie das Immunsystem arbeitet, welche Bakterien gefährlich sind – Baacke fragen!

Ich denke oft an den Vergleich zwischen dem Optimisten und Pessimisten. Für den einen ist das Glas halb voll, für den anderen halb leer. Meins ist mindestens halb voll. Ich habe den Sturz so überstanden, dass ich meinen Sport weiter betreiben kann – ist das nicht ein wunderbares Glück? 2003 steht in Val di Fiemme die nächste WM auf dem Programm. Dort will ich antreten und meinen Titel verteidigen. Und 2006, daran glaube ich fest, werde ich mir den Traum von Olympia erfüllen – in Turin wäre ich 27 und im besten Sportleralter. Darauf schon jetzt mal anzustoßen, dazu bin ich sofort bereit. Natürlich mit einem vollen Glas. Olympia, ich komme!

SKI ALPIN

DISZIPLINEN　　　　ABFAHRT, SLALOM, RIESENSLALOM, SUPER G,
　　　　　　　　　　　KOMBINATION
　　　　　　　　　　　(JEWEILS FRAUEN UND MÄNNER)

ENTSCHEIDUNGEN: 10

ABGEFAHREN

JANICA KOSTELIC UND DER REST DER WELT

Die neue alpine Super-Macht ist nicht mehr in den Alpen zu finden, sie liegt am sonnigen Adria-Strand und heißt Kroatien. Dreimal Gold und einmal Silber eroberte Janica Kostelic – Chapeau! Schade nur, dass Janica weder Pressekonferenzen noch Interviews mag, weil sie Fragen nun mal nicht ausstehen kann und deshalb auch künftig ihren Vater antworten lässt. Mit ihrer Medaillensammlung überholte sie die beiden Alpenländerinnen Rosi Mittermaier und Hanni Wenzel. Die Bayerin (1976) und die Liechtensteinerin (1980) hatten es auf jeweils zweimal Gold und einmal Silber gebracht. Im alpi-nen Rennsport somit Rang eins für Kroatien. Auf Platz zwei folgt Österreich vor Norwegen, Italien, Frankreich, den USA, Schweden – dann erst Deutschland und die Schweiz, deren Teams mit jeweils einer Bronzemedaille gemeinsam auf dem achten und damit letzten Madaillen-Platz landeten. Die hochalpine Schweiz raste damit geradewegs in ein Debakel, zumal die einzige Medaille von der bereits 30-jährigen Seniorin Sonja Nef im Riesenslalom erkämpft wurde. Deutschland wiederum, vor vier Jahren in Nagano noch die führende Nation bei den Damen, startete diesmal nur mit einem Rumpfteam, in dem eigentlich Martina Ertl nur deshalb Bronze in der Kombination gewinnen konnte, weil dieser Wettbewerb – trotz Janica Kostelics Olympiasieg – zu den schwächer besetzten gehörte. Übrigens: Neben Janica Kostelic gab es in Salt Lake City auch noch andere Alpin-Helden. Da sei vor allem der zweimalige Goldmedaillengewinner Kjetil André Aamodt aus Norwegen genannt und der 32-jährige Stephan Eberharter. Er holte sich einen kompletten Medaillensatz und avancierte somit – trotz Hermann Maiers Schlagschatten – zum bislang erfolgreichsten österreichischen Alpin-Olympioniken.

So muss man sich ins Zeug legen, um bei Olympia eine gute Figur zu machen. Eine Kroatin tat es, die Norweger und die Österreicher auch. Die Schweizer und Deutschen weniger, die standen neben der Piste in Snowbasin und Deer Valley.

Business oder Beamter? Spätestens seit der olympischen Abfahrt hat es sich herumgesprochen: Der Strobl Fritz fährt schneller, als es die Polizei erlaubt. Und noch dazu als Gendarm! Obendrein auf Skibrettern! So wurde der 30-jährige Kärntner denn auch überraschend Schnellster auf der Herren-Abfahrt – der Königsdisziplin der alpinen Wettbewerbe. Was ihm auch Österreichs Verbandspräsident Peter Schröcksnadel attestierte: »Wenn man die Abfahrt gewinnt, hat man alles gewonnen.« Gleichzeitig empfahl Schröcksnadel dem Kommissar-Anwärter die Abkehr vom Beamtentum und die Hinwendung zur freien Marktwirtschaft: »Wenn er sich gescheit anstellt, kann er 2,5 Millionen Euro im Jahr verdienen.« Warum nicht? Strobl ist der erste österreichische Ski-Star, der auf einem französischen Ski-Produkt, auf Salomon, Olympiasieger wurde. Was auf diesem heiß umkämpften Markt ungeheuer viel zählt.

Gewonnen hat dieser Mann auf einer Strecke, die für ihn maßgeschneidert schien, mithin für einen Rennläufer, der einer Katze gleich über die Piste huschen kann. Was ihm auch die Wiener *Krone* bestätigte: »Fritz ›the cat‹ holte Gold«.

Und nun? Beamter oder Businessman? Der »rasende Fritz« (*VG*, Oslo), Vater zweier Söhne, liebt's eher beschaulich, jedenfalls fernab des Rennsports. Er kennt keine Affären und Skandale und lebt nun mal, wie es sich für den Schwiegersohn eines Bürgermeisters in der Provinz gehört. Griffige Klischees bedient er ebenfalls nicht. Vom Olympiasieg geträumt? »Ich bin doch der Sohn von einem Bauern – die Familie hat andere Sorgen gehabt, als dass ich mal Rennläufer werd'.«

So einer taugt wohl nicht zum Geschäftsmann, wenngleich es auf der Grizzly-Piste bei Park City nicht nur um Medaillen, sondern vor allem um Anteile am Ski- und Tourismusmarkt ging. Und dieser Kampf endete mit einem Waterloo für die einst so renommierten Schweizer Hangraser, für die ihr großer Landsmann Bernhard Russi (Abfahrtsilber 1976) eigens eine (zu) anspruchsvolle Piste konzipiert hatte. Als der schnellste Schweizer, Ambrosio Hoffmann, lediglich als Achter in den Ergebnislisten stand, sprach deren Cheftrainer Dieter Bartsch – ein Österreicher! – aus, was viele von Basel bis Lugano fühlten: »Am besten würde man die Schweizer Abfahrer nach Hawaii schicken.«

Fritz Strobl dagegen hielt's so, wie die Überraschungssieger vor ihm: »Einfach schnell fahren.« Das gelang 1980 seinem Landsmann Leonhard Stock, dem Riesentorlauf-Spezialisten, 1984 dem Kalifornier Bill Johnson und Tommy Moe aus Alaska, der 1994 in Lillehammer sogar die Norweger vor eigenem Publikum düpierte.

Stephan Eberharter (AUT)

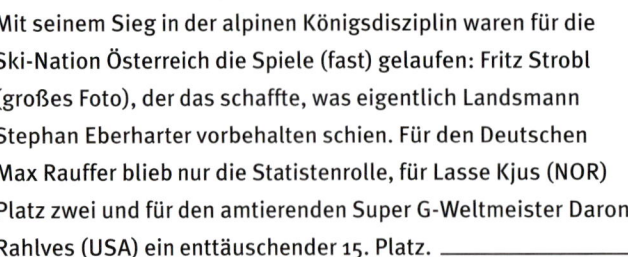
Mit seinem Sieg in der alpinen Königsdisziplin waren für die Ski-Nation Österreich die Spiele (fast) gelaufen: Fritz Strobl (großes Foto), der das schaffte, was eigentlich Landsmann Stephan Eberharter vorbehalten schien. Für den Deutschen Max Rauffer blieb nur die Statistenrolle, für Lasse Kjus (NOR) Platz zwei und für den amtierenden Super G-Weltmeister Daron Rahlves (USA) ein enttäuschender 15. Platz.

Max Rauffer (GER)

Lasse Kjus (NOR)

Daron Rahlves (USA)

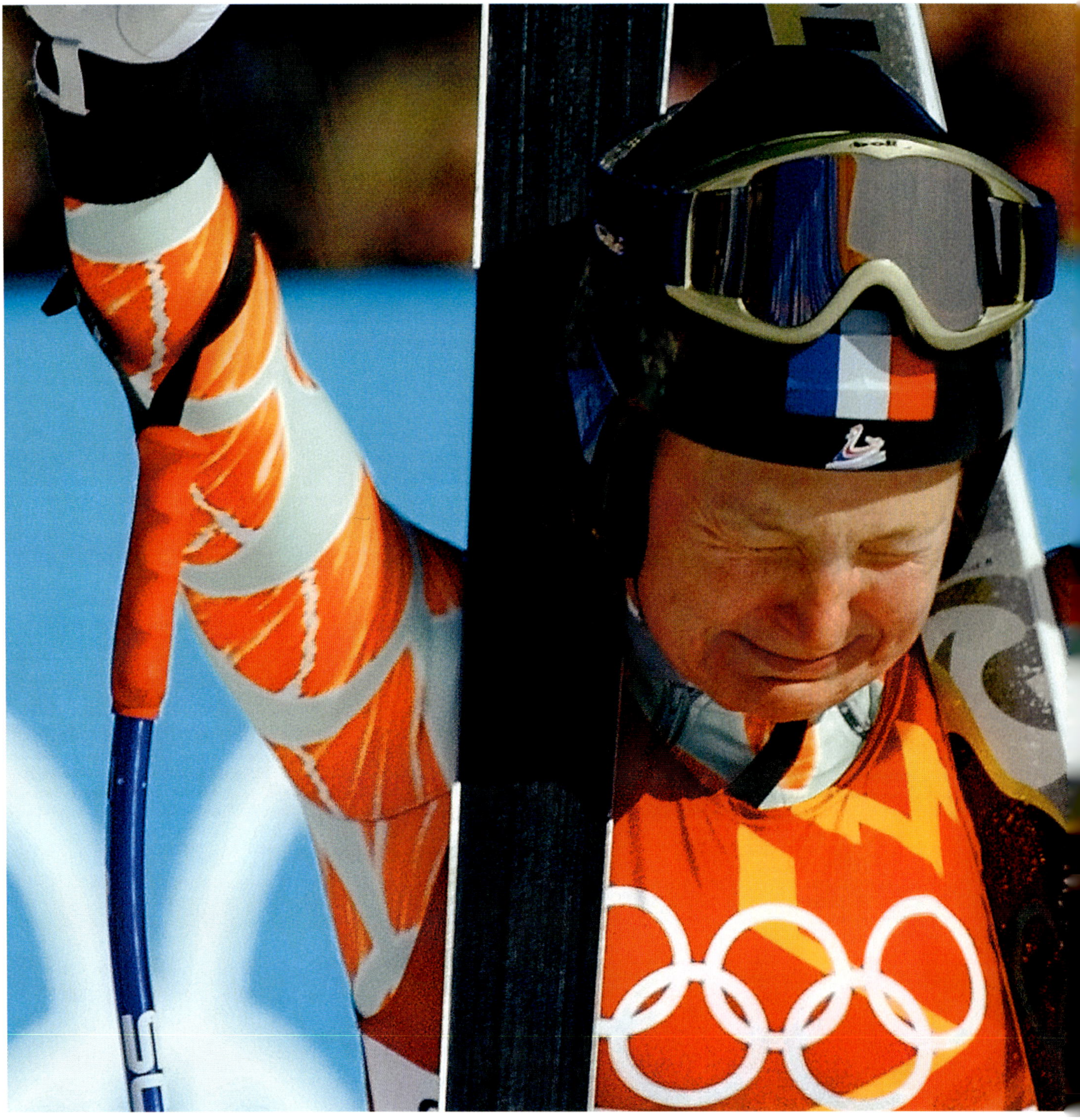

www.kjentfolk.no/idrettsutovere/burre (Hans Petter Buraas) · www.kilianalbrecht.com · www.ghedina.tiscali.com · www.stmoritz2003.com

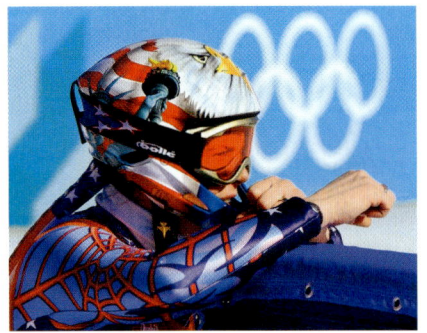

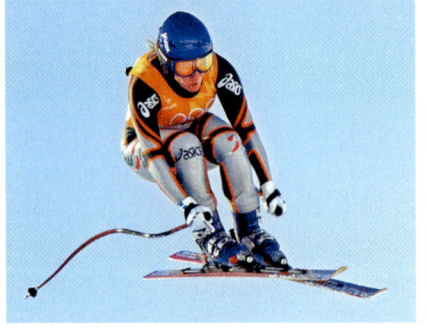

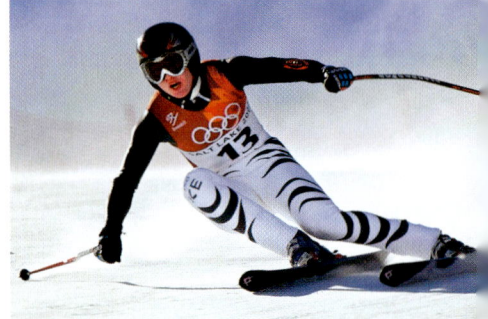

»Regine schaute mir bestimmt zu« Am Ende gab's statt lautem Jubel nur leise Worte. »In meinem Herzen«, hatte Carole Montillet gesagt, »sind Regine und ich jetzt das schiere Glück. Vielleicht saß sie heute auf meinem Ski oder sie schaute mir aus dem Himmel zu.« Leise Worte einer Abfahrts-Olympiasiegerin, der Französin Carole Montillet aus Villard-de-Lans. Leise Worte in einem Geschäft, in dem es sonst so aufdringlich, schrill und vorlaut zugeht. Eher zurückhaltend – und das vor dem heranrückenden Wahlkampf – hatte auch Frankreichs Premier Lionel Jospin gratuliert: »Sie haben«, schrieb der sozialistische Präsidentschaftskandidat, »die besten Abfahrerinnen der Welt dominiert und damit als Fahnenträgerin der französischen Mannschaft vorgegeben, wie man siegt.« Denn was »Montiti«, wie alle Welt sie ruft, auf der 2694 Meter extra langen und eisigen Abfahrtspiste von Park City gelang, stand am Ende einer langen Suche nach dem eigenen Ich: »Ich war dabei, meine Identität zu verlieren. Egal, was ich machte, ich wurde nur noch auf Regine angesprochen.« In einer Talk-Runde des französischen Fernsehens hatte sie sich vor Olympia beschwert, allerorten »als Medium für Regine« herhalten zu müssen.

Was seinen Grund hatte. Der Tod ihrer Teamkollegin, der Super G-Weltmeisterin Regine Cavagnoud, war ihr äußerst nahe gegangen. Im letzten Herbst, im Training am Tag nach ihrem dritten Platz zum Saisonauftakt beim Riesenslalom in Sölden, war Regine Cavagnoud mit dem deutschen Europacup-Trainer Markus Anwander zusammengeprallt und zwei Tage später an den Folgen dieses Unfalls verstorben. Nicht nur »Montiti« wusste, die Freundin hätte zu den ganz großen Favoritinnen der olympischen Abfahrt gehört.

Seit zehn Jahren zwar Rivalinnen, hatten die beiden eine sehr enge, freundschaftliche Beziehung zu einander gefunden, deren tragisches Ende Carole beinahe aus der Bahn geworfen hätte. Nicht nur auf der Skipiste. Gemeinsam hatten sie ihre sportliche Karriere begonnen, gemeinsam hatten sie Verletzungen ausgestanden, gemeinsam hatten sie sich wieder aufgerichtet. Aber hat sich die 28-Jährige nach ihrem Olympiasieg wirklich von ihrer Rolle als Medium Regine Cavagnouds verabschieden können? Denn den französischen Reportern sagte sie: »Regine ist gegangen. Aber ich weiß, dass sie mir zum Sieg verholfen hat. Sie war heute bei mir.« Was indes fest steht: Carole Montillet holte für Frankreich den ersten Olympiasieg in der Frauen-Abfahrt. Ihr gelang, was all ihren großen Vorgängerinnen versagt blieb: der überragenden Marielle Goitschel, der kämpferischen Carole Merle, sogar der eleganten Isabelle Mir, die 1968 in Grenoble Silber gewann. Übrigens, damals hatte es mit Marielle Goitschels Slalom-Triumph zugleich den vorläufig letzten Olympiasieg einer französischen Rennläuferin gegeben. Eine lange Pause – bis »Montiti« auf der Wild-Flower-Piste von Salt Lake eine so enge Linie fuhr, wie sie niemand für möglich gehalten hatte. Ausgerechnet Carole Montillet, die zuvor noch nie eine Abfahrt gewonnen hatte. »Was für ein wundervoller Tag für Carole, was für ein wundervoller Tag für Frankreich, und was für ein schöner Anlass für alle, an Regine Cavagnoud zu denken. Sie hätte gewinnen können, und es ist toll, dass es nun Carole gemacht hat.« Das sagte keine Französin, das sagte die US-Amerikanerin Picabo Street – eine der unterlegenen Favoritinnen.

Carole Montillet aus Frankreich.
Ihr Abfahrtssieg war auch ein Sieg für
die verunglückte Regine Cavagnoud.

Mit sportlicher Größe im Feld der Unterlegenen:
Picabo Street (USA) freut sich über die Goldene
für Carole Montillet. Deren Überlegenheit
mussten auch Renate Götschl und Hilde Gerg
anerkennen (von links).

KJETIL ANDRÉ AAMODT

SIEBENMAL EDELMETALL
ERFOLGREICHSTER ALPINER DER OLYMPIA-GESCHICHTE

Gold	Kombination
Gold	Super G
4. Platz	Abfahrt
7. Platz	Riesenslalom
7. Platz	Slalom

Der Mann ist ein Phänomen: Kjetil André Aamodt aus Norwegen, alpiner Skirennläufer der Extraklasse. Einer, über den der deutsche Cheftrainer Martin Oßwald sagt: »Er ist das Genie auf den Skibrettern. Für mich ist er der Größte und wird er der Größte bleiben.« Was alles andere als blauäugige Schwärmerei ist, sondern vielmehr als fundiertes Urteil eines erfahrenen Erfolgscoaches gilt, der einst – als umjubelter Cheftrainer der Norweger – Kjetil André Aamodt in die Weltspitze führte und dort erfolgreich betreute.

In Salt Lake brachte es der 30-jährige Osloer sogar fertig, binnen 72 Stunden zweimal Gold zu gewinnen: erst in der Kombination, dann im Super G, der zweitschnellsten Disziplin im alpinen Rennsport. Mit insgesamt dreimal Gold, zweimal Silber und zweimal Bronze avancierte Aamodt zum erfolgreichsten alpinen Olympioniken der Sportgeschichte. Mit 17 Medaillen bei alpinen Großereignissen wie Weltmeisterschaften und Olympia hält er einen einsamen Rekord. Wobei der Triumph im Super G von Snowbasin ganz besondere Beachtung verdient. Zum einen war Aamodt in dieser Disziplin zehn Jahre zuvor der erste Olympiasieg geglückt, zum anderen hatte er vor seinem Start in Utah fünf Jahre lang keinen Super G gewonnen. Deshalb hatte eigentlich jeder auf einen Erfolg der Österreicher Eberharter oder Strobl gesetzt, Insider auf einen Sieg des Schweizers Didier Cuche, weil dessen Coach den Kurs auf der Grizzly-Piste setzen musste. Fritz Zügler steckte diesen mit vielen Richtungswechseln und zudem sehr eng. Doch die Besten der Besten meisterten diese Passagen meisterhaft. Erst im Zielhang, ebenso romantisch wie unpassend Rendezvous genannt, passierte das Unfassbare. Die Favoriten schieden reihenweise aus oder patzten: der Amerikaner Rahlves, Eberharter und Strobl, auch Cuche. Was ausgerechnet diese Stelle so schwierig machte? »Es war hängendes Gelände«, erklärte Zügler im Nachhinein kurz und bündig. Aamodt durchraste dabei ein bestimmtes kniffliges Teilstück so meisterhaft, als sei seine Fahrt für einen Lehrfilm gedacht – und das auf dem steilsten Zielhang, den der Rennsport kennt.

War es tatsächlich Können oder doch nur Glück, das dem vielseitigen Kjetil André Aamodt ausgerechnet zur Goldmedaille auf dieser kreuzgefährlichen Piste verhalf? Darüber rätselte der Norweger selbst. »Eine höhere Macht meinte es gut mit mir«, vermutete er, befürchtete aber zugleich, für seinen verwegenen Höllenritt irgendwann einmal abgestraft zu werden: »Ich habe so viel Glück gehabt, hoffentlich passiert mir jetzt nichts Schlimmes im Leben.«

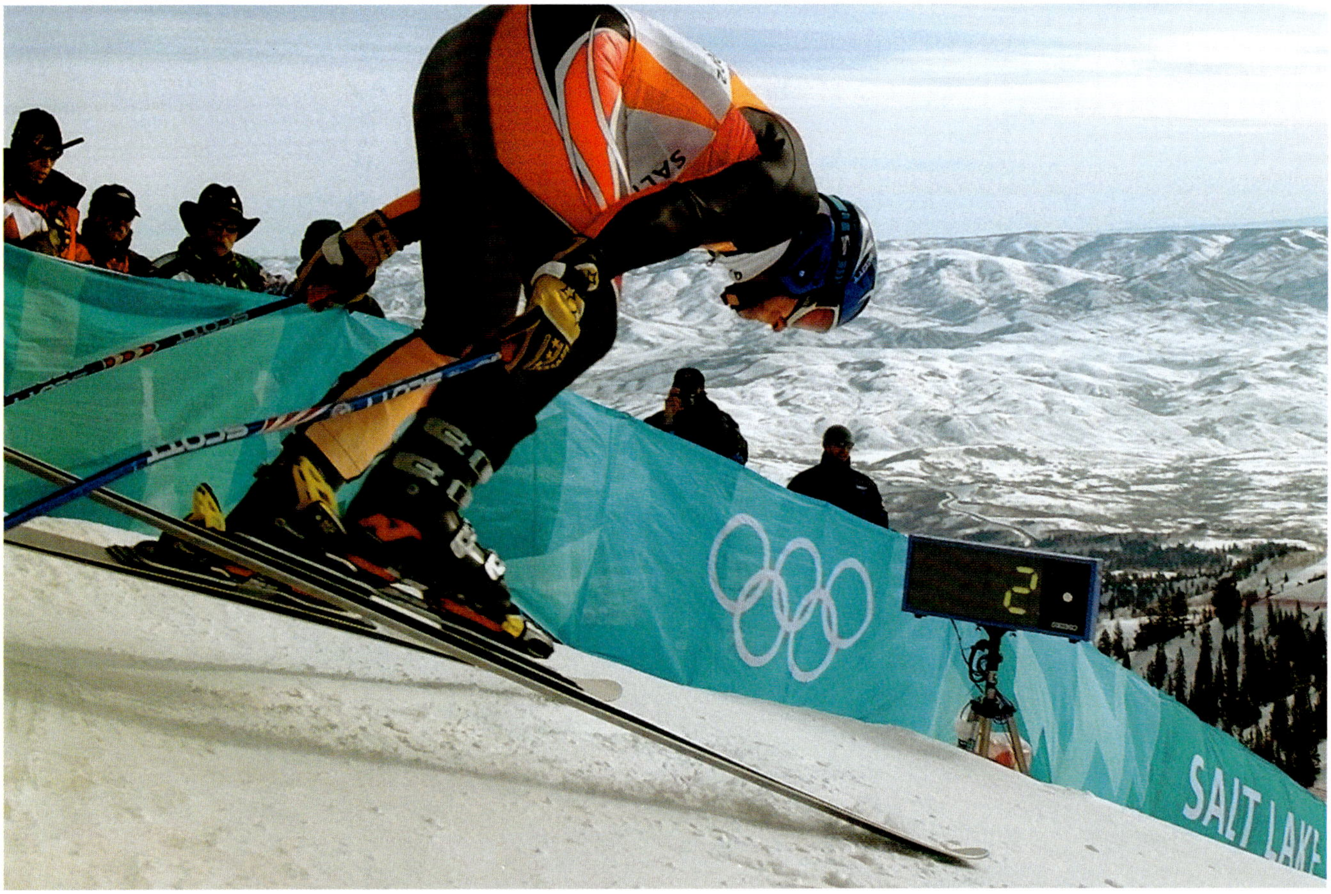
SALT LAKE

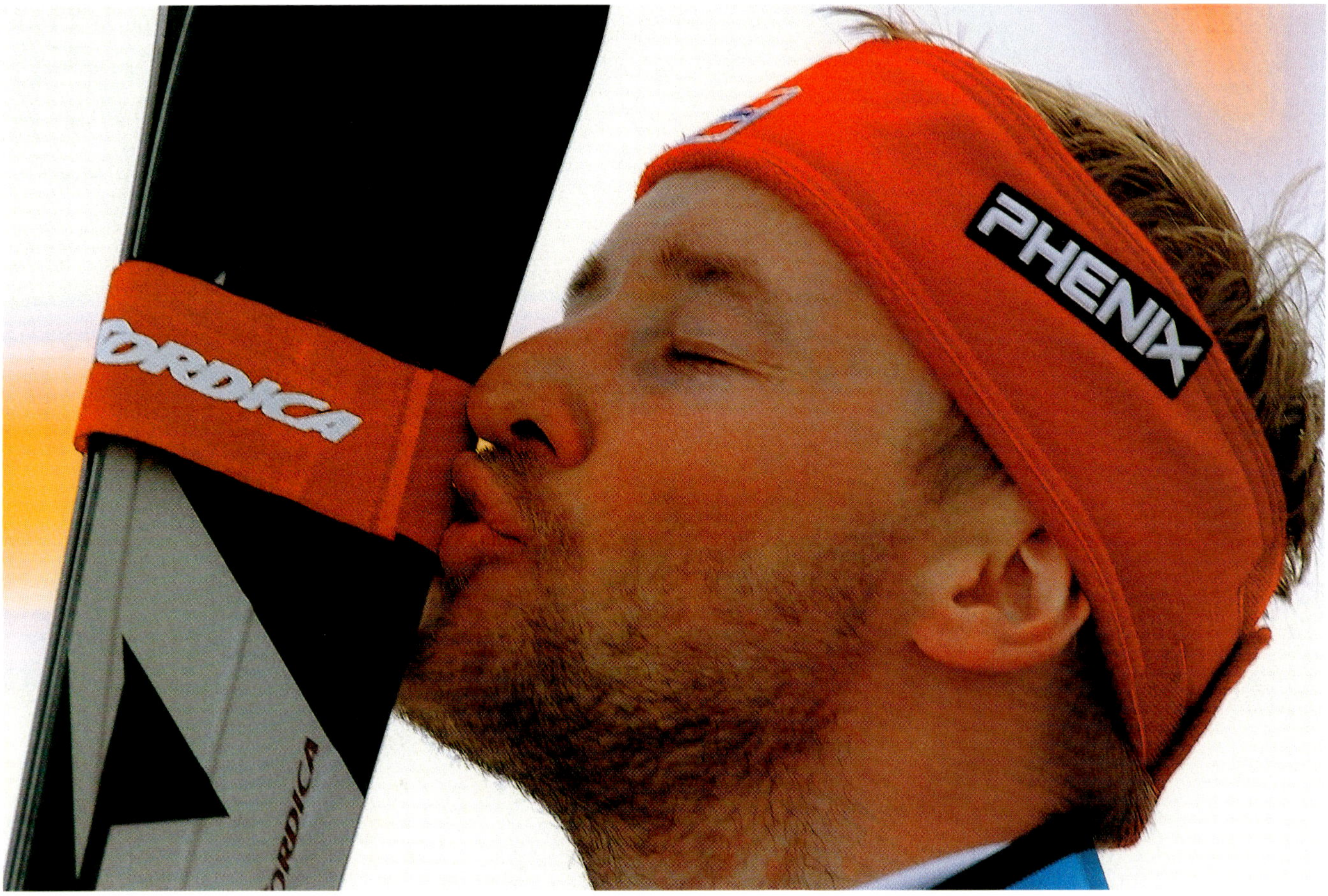
PHENIX
NORDICA

Montillet (FRA), links, Götschl (AUT)

Martina Ertl (GER)

Janica Kostelic (CRO)

Daniela Ceccarelli (ITA)

Hilde Gerg (GER

Michaela Dorfmeister (AUT)

Daniela Ceccarelli (ITA)

nica Kostelic (CRO)

Janica - wie weiland Killy und Sailer Im Deer Valley Resort, dort wo die Alpinen sich tummelten, redeten sie viel über die Familie Kostelic. Vater, Tochter, Sohn – ein wahrer Segen für die olympische Familie: Süße zwanzig, gerade noch zum dritten Mal am Knie operiert, gewinnt Janica Kostelic am 14. Februar Gold in der Kombination, sechs Tage darauf Gold im Slalom, zwischendurch schnell mal Silber im Super G, schließlich das dritte Gold im Riesenslalom. Erstmals ist einer Frau das geglückt, was bis dato nur zwei Herren der Schöpfung namens Toni Sailer (1956) und Jean-Claude Killy (1968) vorbehalten war: das Gold-Triple an einem Olympia-Ort.

Zuvor schon hatte Vater Ante, einst Handball-Profi in Cannes und später als Trainer der jugoslawischen Handball-Frauen bei Olympia in Moskau 1980 mit Silber belohnt, nur noch von der »Operation Gold« gesprochen. Das war so um den 25. November des vergangenen Jahres herum, als Janicas Bruder Ivica in Aspen seinen ersten Weltcup-Slalom gewonnen hatte. Noch nie war das einem Skiläufer mit einer solch hohen Startnummer – es war die 64 – in einem Weltcup-Slalom gelungen. »Ivica ist hoch talentiert und kann der beste Skifahrer der Welt werden.

nica Kostelic mit Vater Ante

Vielleicht sogar der Beste aller Zeiten. Er ist reifer geworden, er hat jetzt endlich die kindlichen Zeiten hinter sich«, freute sich damals der alte Kostelic. Viele glaubten, er prahle. Doch dann siegte Ivica auch in Wengen – und reiste als Weltcup-Erster im Slalom nach Salt Lake City. Dabei hatte ihn der Vater eigentlich noch gar nicht auf seiner Rechnung, was ungewöhnlich ist bei den Kostelics aus Zagreb in Kroatien, weil die sonst immer alles ganz präzise planen. Sein Trachten galt vielmehr den Sieg-Chancen des Töchterchens, der Weltcup-Gesamtsiegerin des letzten Winters. »In diesem Jahr«, orakelte Ante Kostelic, »müsste sie explodieren.« Ein ganzes Volk schmachtete förmlich danach. Und fieberte mit. Weil Janica nun mal die erste Weltcup-Siegerin aus ehedem kommunistischen Gefilden ist, dort selbst als Nationalheldin verehrt wird, ausgezeichnet mit dem Fürst-Branimir-Orden, belohnt mit einer eigenen Briefmarke. Janica, die alpine Rennläuferin aus einem typischen Bade-Land mit 1778 Kilometern Adriaküste und 1185 Inseln, in dem es nur einen einzigen Ski-Berg gibt, den 1032 Meter hohen Bärenhügel. Genau dort oben wollen sie jetzt Janica ein Denkmal bauen. Den Papa wird es freuen – die eigene Tochter auf dem Weg zur Unsterblichkeit.

Sie haben das Treiben auf der Piste verrückt gemacht: Jean-Pierre Vidal (oben) beendet eine 34-jährige französische Durststrecke und holt nach Jean-Claude Killy, dem Dreifach-Sieger von 1968, wieder eine olympische Goldmedaille im Spezialslalom. Österreichs Stephan Eberharter bringt aus Salt Lake City einen kompletten Medaillensatz mit nach Hause.

onne lacht, Silvia lacht, also nimmt Gatte Carl XIV Gustaf von Schweden Blende acht. Zoom auf Alan Baxter (GBR), Bode Miller (USA) arkus Eberle (GER), der schon nach 18 Slalom-Sekunden aus dem Bild fährt (oben von links); darunter der Zweit- und der Viertbeste im lalom, Sebastien Amiez (FRA) und Benjamin Reich (AUT).

Wenn der Hang zum Konkurrenten wird »Know you don't« stand auf einem Schild unterhalb des Berges. Ein amerikanisches Wortspiel, kaum zu übersetzen; also versuchen wir es mal – etwas frei – damit: »Auf dass du es weißt, es wird nicht gehen.« Trine Solbakken aus Norwegen, eine der Erfahrensten im Slalom-Stangenwald, fragte sich denn auch angesichts dieser Warnung laut, warum man trotzdem auf einem solchen Hang eine olympische Slalompiste ausgesteckt hat? Noch dazu, wo es gleich ums Eck doch so wunderschöne Berge gibt, auf denen immer schon wunderschöne Weltcup-Rennen gefahren wurden.

Trines Fragen scherten niemanden. Es kam, wie es kommen musste: Im Spezialslalom, teils auch im Riesentorlauf, wurde etwas geboten, das eher Überlebensübungen, nicht aber alpinen Ski-Rennen glich. Rund fünfzig Prozent der besten Slalom-Spezialistinnen der Welt flogen schon im ersten Durchgang von der Piste oder verloren so viel Zeit, dass sie im Finaldurchgang nur dann Chancen hatten, wenn einige der übrig gebliebenen Konkurrentinnen vorzeitig ausscherten. Zu jenen, für die der Olympia-Einsatz nach wenigen Sekunden beendet war, gehörten Christel Pascal-Saioni aus Frankreich, WM-Zweite und Nummer 5 im aktuellen Weltcup, die norwegische WM-Dritte Hedda Berntsen sowie die favorisierte US-Amerikanerin Kristina Koznick.

Beim Männer-Slalom hatte man hektoliterweise Wasser in den Hang gepumpt, um das Aufbrechen der Piste bei allzu geringer Luftfeuchtigkeit zu verhindern. Die Folge: Von den besten Zwanzig der Welt mussten der Österreicher Rainer Schönfelder, der Italiener Giorgia Rocca, der Finne Kalle Palander und auch Markus Eberle, der einzige deutsche Teilnehmer, alle Hoffnungen vor dem Ziel fahren lassen. Und Großbritannien, genauer gesagt Schottland, kam auf diese Weise in Gestalt von Alan Baxter zu seiner ersten alpinen Olympia-Medaille.

Baxter kam also durch, aber zu oft spielte der Hang mit den Protagonisten, nicht die Protagonisten mit dem Hang. Hakenschläger und Zickzack-Fahrer waren gefragt, Athletinnen und Athleten, die neben der eigentlichen Konkurrenz die Piste als sportlichen Gegner akzeptierten, um – wie die schwedische Olympia-Zweite Sonja Paerson – mit akrobatischem Können aggressiv zu attackieren. Oder wie Stephan Eberharter, der im Riesenslalom seine ganze Routine ausspielte und überlegen Gold gewann.

Kalle Palander auf Abwegen, und ein Streckenwächter begleitet ihn – was glimpflich ausgeht. Der ehemalige finnische Slalom-Weltmeister wird wie so viele Mitfavoriten ein Opfer der schwierigen Pistenbedingungen im Deer Valley Resort von Park City.

Meniskus raus, Medaille weg Verrücktes, schönes Winter-Olympia in Squaw Valley – als ich das 1960 als Teenager erlebte, habe ich mit offenen Augen und Ohren gestaunt über das größte sportliche Ereignis, bei dem ich bis dahin dabei sein durfte. Es war so, wie ich es zuvor gelesen hatte. So, wie es Sportler immer wieder antreibt und anzieht. Dass die Spiele für mich mit meinem Sieg im Abfahrtslauf noch schillernder wurden, war ein wunderbarer Glücksfall. Drei Tage vor der Entscheidung hatte ich Geburtstag, ging in eine kleine Kirche, in der ich einem jungen Pfarrer im radebrechenden Englisch zu erklären versuchte, welch ein besonderer Tag dies für mich ist. Er schenkte mir eine kleine Bibel, schrieb etwas hinein – ich sehe die Situation vor mir, als sei sie heute geschehen. Vielleicht hat es geholfen, denn dass ich auf dem Berg mit dem seltsamen Namen KT 22 mit einer Sekunde Vorsprung auf die US-Amerikanerin Penny Pitou gewann, kam keineswegs erwartet.

Denn eigentlich war ich eine Slalom-Spezialistin, doch in den beiden Disziplinen durch die Stangen brachte ich nichts zustande. Im Riesenslalom lag ich zwar in der Zwischenzeit eine Sekunde vorn, stürzte danach aber und kam abgeschlagen ins Ziel. Warum ich die Abfahrt gewonnen habe, keine Ahnung. Vermutlich lag es am guten Ski, den ich zur Verfügung hatte. Meine Bretter für die beiden Slalom-Disziplinen hatte ich einige Zeit vor den Spielen verkauft, weil ich etwas Geld für die Finanzierung meines Sports brauchte. Die neuen Ski, die ich vom Ausrüster bekam, liefen bei weitem nicht so gut, und so fand sich die Slalom-Spezialistin Heidi Biebl auf höchst ungewohnten Rängen wieder. War aber halb so schlimm, schließlich hatte ich mein Soll gleich zum Auftakt erfüllt. Dreißig Jahre später, 1990, bin ich mit einer fünfzig Mann starken Truppe noch einmal nach Squaw Valley gekommen. Es war hochinteressant, aber auf der Reise in die Vergangenheit konnte man die Zeit nicht mehr zurückdrehen. An meinem Gold-Berg war inzwischen alles anders, die kleine Kirche war verschwunden und vieles andere auch. Da, wo einst das Olympische Dorf gestanden hatte, fand sich nun ein riesiger Parkplatz. Die Erinnerungen kamen nur zögerlich. Zwar war man einerseits irgendwie zu einer guten, alten Bekannten zurückgekehrt, die aber andererseits kaum wiederzuer-

kennen war. 1960 hat alles gepasst – in Deutschland hat mein Sieg einigen Wirbel ausgelöst. Und auch in den USA selbst gab es um die »Heidi aus Deutschland« Riesenrummel. Von zu Hause habe ich jede Menge Post und Telegramme bekommen. Umgekehrt war die Verbindung schwieriger, Mutter hatte ja noch nicht mal Telefon. So blieb nur das Fernsehen als Bote für Grüße in die Heimat.

Vier Jahre später in Innsbruck blieb die öffentliche Aufmerksamkeit bescheidener – schon damals zählte für Presse und Fernsehen fast nur der Sieger. Aber trotz allem war es für mich keineswegs weniger aufregend.

HEIDI BIEBL
1960/1964

Geboren 1941, alpine Skirennläuferin, 1960 Olympiasiegerin in der Abfahrt, 21. im Slalom und 37. im Riesenslalom, 1964 Vierte in der Abfahrt und im Slalom. Heute Vermieterin von Ferienwohnungen in Oberstaufen.

Weil die Rennen relativ früh stattfanden, habe ich mich auf meine Weise darauf im Training vorbereiten wollen. Allein bin ich früh um halb sechs raus, ohne Trainer und Betreuer. Dumme Sache, dass mir nach einem Sturz der Meniskus raussprang – draußen auf dem Acker. Halb humpelnd, halb kriechend bin ich zurück ins Olympische Dorf, wo sich aber kein Arzt fand. Schließlich habe ich mir den Meniskus selbst wieder reingedrückt, später von einem Schweizer Masseur wenigstens Schmerztabletten erhalten. So gehandicapt ging ich in die Slalom-Entscheidung, war nach der Halbzeit dennoch Zweite. Den Finaldurchgang habe ich regelrecht verschlafen – die Pillen hatten mich offenbar müde gemacht. Am Ende sprang Platz vier heraus, die »lederne Medaille«. Zwei Tage später im Riesenslalom wollte ich es besser machen. Erst mit der zweitbesten Zwischenzeit unterwegs, hat es mich kurz vorm Ziel rausgewedelt. Doch noch blieb die Abfahrt als dritte Chance. Die lief passabel, aber am Ende war ich zum zweiten Male Vierte – da kam richtig Freude auf. Reichlich turbulente Umstände also insgesamt, die heute, wo jeder seinen eigenen Trainer, Physiotherapeuten, manchmal sogar Koch hat, kaum vorstellbar sind. Aber inzwischen wird ja auch längst nicht mehr nur um die Ehre, sondern um die Existenz als Berufssportler, um höhere Prämien und neue Geldgeber gefahren. Zu meinen Zeiten gab es die Begriffe Medien und Sponsoren überhaupt noch nicht. Das ist der Unterschied, der mir als erster einfällt, wenn ich nach dem Vergleich zwischen Damals und Heute gefragt werde. Was besser ist, darüber zu urteilen ist müßig. Die Welt ist, wie sie ist. Auch die des Spitzensports.

FREESTYLE

DISZIPLINEN

BUCKELPISTE, SPRUNG
(JEWEILS FRAUEN UND MÄNNER)

ENTSCHEIDUNGEN: 4

OBEN OHNE, UNTEN ALLES

BUCKELPISTENFAHREN IST AUCH LEBENSART

Freestyle auf der Buckelpiste! Irre. Einfach irre. Die Beine arbeiten wie Stoßdämpfer. In atemberaubendem Tempo. Der Oberkörper bleibt aufrecht, ruhig. Dann die erste Flugeinlage: ganze Drehung mit gekreuzten Skiern, hinter dem Rücken, versteht sich. Sicher landen – und schon geht es weiter: Die Beine arbeiten wie Stoßdämpfer, der Oberkörper bleibt aufrecht, ruhig. Wahnsinn. Schwerstarbeit. Eben Buckelpistefahren.

Jonny Moseley hat versucht, den Leuten das klar zu machen. Jonny Moseley aus Tibuar in Kalifornien, der immer so aussieht wie ein Pirat auf Winterurlaub, mit Kopftuch und Sonnenbrille, tags und nachts. Und das war ein großer Irrtum. Denn im Deer Valley Resort, dem olympischen Revier der wilden Wahnwitzigen, hatte Jonny mit seinen schwindelerregenden Tricksprüngen seine Fans bei neun Grad Kälte zum entblößten Veitstanz provoziert – die Kampfrichter jedoch zum kollektiven Daumensenken.

Jonnys weibliches Pendant, Kari Traa aus Norwegen, mag es auch am liebsten »ohne«. Deshalb hatte sie zuvor – »ultimativ!« – das Schokolade-Futtern aufgegeben und splitternackt für ein Ski-Magazin posiert: ein Schock-Shooting in Madonna-Pose. Die Kampfrichter im Deer Valley Resort kürten sie aber nicht deshalb zur Olympiasiegerin, sondern weil die kratzbuckelige Piste unter ihr zur Show-Bühne wurde.

Jonny Moseley wiederum, 1998 in Nagano Olympiasieger, wurde nur Vierter. Es siegte der Finne Janne Lahtela. Was zu erwarten war, weil Moseley eine Weltneuheit bei einem wichtigen Wettbewerb wagte, die sich Diner Roll nennt. Wobei er sich in zwanzig Meter Höhe waagerecht in die Luft legte, um sich dann um sich selbst zu drehen. Jonny hätte es besser wissen müssen: Kreativität verstört Kampfrichter.

Einst, so erzählen 30-jährige Uralt-

Wer wagt, gewinnt nicht immer. Das muss auch der Japaner Yugo Tsukita schmerzlich erfahren, als ihm einer der schwierigsten Sprünge auf der Buckelpiste, der Diner Roll, gründlich misslingt.

Pioniere der Buckelpiste, seien die Buckel die Heimat derer gewesen, die anders sein wollten. Die ihre Knie als Stoßdämpfer und die Skier als Flügel empfanden. Ach, ja, die guten alten Zeiten. An die denkt der 27-jährige Buckelpisten-Prediger Jonny Moseley oft. Wie er vor vier Jahren, nach seinem Olympiasieg, mit Mr. President Clinton telefonierte. Einem, der wisse, was San Francisco für die Blumenkinder bedeutet habe. Da sei es nur gut, wenn nun die Ära der Gleichförmigkeit beginne. Deren Protagonisten würden sich jetzt im Weißen Haus auch viel besser machen als er. Schließlich liebe er das Buckelpistenfahren noch immer – aber eben als Lebensart ohne Bodenhaftung.

Veronica Brenner (CAN)

Ales Valenta (CZE)

Mit Quirl und Schneebesen Zuerst fielen der Quirl auf, dann der Schaumlöffel und schließlich der Schneebesen. Mit diesen Küchenuten-silien hatte die Australierin Alisa Camplin ihre Anlaufspur hinauf zum Absprungpunkt der Schanze markiert. Nicht etwa mit kleinen bunten Fähnchen wie die Konkurrentinnen. So etwas sei ihr nun wirklich zu bunt und zu albern. Was noch auffiel, war ihr Nickname, ihr Spitzname: Ace! Wer sich so rufen lässt, fliegt allemal aller Welt um die Ohren. Vor allem als Ski-Akrobatin. Erst recht als Olympiasiegerin. Und das mit vergleichsweise einfachen Sprüngen, mit Zweifach-Salti und drei Schrauben. Für Leute wie Ace-Alisa die pure Routine. Ihre Schweizer Kon-kurrentin Evelyne Leu dagegen, die alle »Lady Full-full-full« wegen ihres nicht gestandenen, waghalsigen Traumsprungs rufen – als sei sie die Königin aller Barmixerinnen – hatte im Finale gleich zweimal eine saftige Bauchlandung hingelegt. Olympia hat es bewiesen: Ski-Akrobaten sollten fortan jegliche Waghalsigkeit und Kreativität meiden. Das bringt offensichtlich nur Komplikationen,/ und das hat auch Ace-Alisa aus Down under einst schmerzhaft erfahren müssen. Sie erinnert sich, im Verlaufe ihrer Karriere je einmal das Schlüsselbein, die Hand und

Hilde Synnove (NOR)

die Schulter gebrochen zu haben. »Vielleicht aber auch noch andere Sachen, keine Garantie.« Dazu kann sie in ihrer Krankenakte mit einer gerissenen Achillessehne und neun Gehirnerschütterungen aufwarten. Halbe Sachen gibt es für diese Athletinnen nicht. Das weiß auch Eve-lyne Leu, die gestürzte Favoritin aus der Schweiz, die im Jahr zuvor bei den sogenannten vorolympischen Wettbewerben so aufgetrumpft hatte. Noch in der Qualifikation zum Olympia-Finale vermochte sie Kampfrichtern und Konkurrentinnen gleichermaßen mit ihren Wahn-sinnssprüngen die Köpfe zu verdrehen. Wobei so etwas schon deshalb möglich ist, weil in der Ski-Akrobatik jeder Sprung zuvor der Jury an-gekündigt werden muss. Springen sie dann etwas anderes, weil es sich halt so ergibt oder weil sie sich vor schweren Sturzfolgen fürchten, gibt es keinen einzigen Punkt. Memmen werden halt abgestraft. Die 28-jährige Ace-Alisa, die angesichts ihres Olympia-Glücks fortwährend stöhnte »Oh my God, oh my god«, beugt dem im Training vor. Sie übe daheim – wie fast alle in diesem Sport – sommers auf einer Wasser-schanze. Der Teich, an dem die Schanze steht, sei derart mit Blutegeln bevölkert, dass sie es gar nicht wage, kopfüber hineinzustürzen.

S N O W B O A R D

DISZIPLINEN   PARALLEL-RIESENSLALOM, HALFPIPE
                               (JEWEILS FRAUEN UND MÄNNER)

OLYMPISCHE PREMIERE   PARALLEL-RIESENSLALOM

ENTSCHEIDUNGEN: 4

HANG LOOSE FÜR DROP-IN

US-AMERIKANER BEI DER PARTY AN DER HALFPIPE ALLEN ÜBERLEGEN

Mit einem triumphalen Dreifach-Sieg der US-Snowboarder endete der spektakuläre Wettbewerb in der Halfpipe. Drei Meter hoch flogen die Stars bei ihren gewagten Rotationen. Am höchsten stieg Ross Powers, seit fünf Jahren Star der internationalen Szene, er gewann vor seinen Landsleuten Danny Kass und Jarret Thomas. Die drei zelebrierten ihre atemberaubenden Rotationen und Überschläge in einer halben Schnee-Röhre, etwa 120 Meter lang und 18 Meter breit.

Zwanzigtausend Zuschauer unterzogen dabei die Stahlrohrtribünen einem aussagekräftigen Belastungstest. Party nicht nur in, sondern an der Halfpipe.

Einem besonderen Toleranztest waren dabei die Damen und Herren des Internationalen Olympischen Komitees (IOC) ausgesetzt. Einige von ihnen verfolgten das Treiben der Snowboarder mit gemischten Gefühlen,

was auch seine Gründe hatte. Denn ausgerechnet Olympiasieger Ross Powers hatte sich über eine Dopingsperre schon mal hinweg gesetzt, war bei Wettbewerben in Laax und Breckenridge dennoch gestartet. Der Grund der Sperre: Powers war beim Weltcup-Finale 98/99 im italienischen Asiago eine verbotene ephedrin-ähnliche Substanz nachgewiesen und daraufhin für drei Monate suspendiert worden.

Dass er auch noch wegen Marihuana-Gebrauchs ins Gerede kam, hat ihn ebenfalls nicht von Wettkämpfen und Jam-Sessions fern halten können, zumal neben dem Internationalen Ski-Verband (FIS) ein weiterer Verband (IFS) internationale Snowboard-Wettbewerbe durchführt.

Manche Snowboarder machen sich das zu Nutze, denn schließlich, so Powers, gehe es um nichts anderes als um das große Freiheitsgefühl – und nicht um kleinliche Regeln.

Fliegende Indianer in Utah – das passt. Glück für Heikki Sorsa, den Irokesen aus Finnland, dass die Snowboard-Regeln keinen Helm vorschreiben. _____

In Nagano – vor vier Jahren – stand das Snowboarden in der Halfpipe zum ersten Mal auf dem Olympischen Programm. Damals gewann Nicola Thost aus Pforzheim die Goldmedaille. In Park City reichte es nach zwei Stürzen gerade mal zum elften Platz – bei zwölf Starterinnen.

Es siegte die haushohe Favoritin Kelly Clark aus den USA, 18 Jahre jung und in der Halfpipe der ganz große Publiumsliebling.

Und Nicola Thost? Sie war zufrieden. Sie hat sogar Spaß gehabt. Es müsse doch nicht immer Gold sein.

Sebastien Vassoney (FRA)

Jan Michaelis (GER)

Giacomo Kratter (ITA)

Markku Koski (FIN)

Das ganz coole Feeling Ausgerechnet die eher zurückhaltende *Frankfurter Allgemeine* fragte kess: Wurde »die einstige ›Hanfpipe‹ … zur Wiege eines neuen Leistungsbewusstseins?« Nun mal langsam. Dass der amerikanische Olympiasieger Ross Powers, zuvor schon Olympia-Dritter in der Halfpipe von Nagano, noch vor seinen Auftritten in Salt Lake die Hasch-Pipe aus der Hand gelegt haben soll, gehörte schließlich zur Olympia-Vorbereitung. Ross' nicht minder erfolgreiche Landsmännin, Olympiasiegerin Kelly Clark, beschreibt Snowboarden eher philosophisch: Technisch-sportliche Perfektion sei nur dann erstrebenswert, wenn damit auch ein gewisses Lebensgefühl rüber kommt– das Snowboard-Feeling.   Kennen Sie nicht? Hier unser Schnellkurs: ERSTER MERKSATZ: Snowboarder sind so was von cool, also unglaublich, really! BEISPIEL: »Heaven is a Halfpipe«, was die amerikanische Punkband OPM bei Olympia fetzte, hörte sich wie die Snowboarder-Hymne an. ZWEITER MERKSATZ: Snowboarder fangen ihre Darbietung immer mit dem an, mit dem erwachsene Abfahrtssieger, wie der Strobl Fritz, aufhören: mit einer eindeutigen Jubelgeste. BEISPIEL: Kelly Clark reckte vor jedem Auftritt den johlenden Fans die gestreckte Faust entgegen, wo-

Nicola Thost (GER)

Doriane Vidal (FRA)

Natasza Zurek (CAN)

Mathieu Justafre (FRA)

Heikki Sorsa (FIN)

Kelly Clark (USA)

Daniel Franck (NOR)

bei sie allerdings Zeige- und kleinen Finger zur Boarder-Zeichensprache abspreizte: »Hang loose« – mach' dich locker. DRITTER MERKSATZ: Niemals ausssehen wie ein richtiger Sportler. BEISPIEL: Die Klamotten waren auch bei Olympia ein paar Nummern zu groß, Hosen mussten generell per breitem Hosenträger gehalten werden. Oder die Frisur: Der Finne Heikki Sorsa warf sich in Park City mit einer Irokesen-Bürste ins Finale. Müsste er einen Helm tragen, würde er die Sportart wechseln. Umgehend. VIERTER MERKSATZ: Extra coole Sprüche. BEISPIEL: Der amerikanische Olympiazweite in der Halfpipe, Danny Kass, auf die Frage, was er eigentlich bei Olympia wolle: »Beer and Babes«. FÜNFTER MERKSATZ: Wenn Reporter kommen – immer fach-chinesisch reden. BEISPIEL: »Das Shaping der Pipe war fett, trotzdem ist mir der erste Frontside-540-Tail-grab nach dem Drop-in gründlich in die Hose gegangen.« Übersetzen? Hat keinen Sinn. In vier Jahren spricht kein Boarder mehr so. SECHSTER MERKSATZ: Bei allem Ballyhoo – nie das Geschäft aus den Augen verlieren. BEISPIEL: Fabienne Reuteler, die Schweizer Bronzemedaillen-Gewinnerin in der Halfpipe, ließ sich zuvor in ihren Sponsorverträgen Sonderprämien festsetzen.

Verneigung vor dem Drittplatzierten Völlig überraschend stieg ein Schweizer Baumaschinen-Chauffeur namens Philipp Schoch im Utah Olympic Park zum König des olympische Premiere feiernden Parallel-Riesenslaloms auf. Ein krasser Außenseiter, der zuvor in Weltcup-Rennen noch nie auf dem Podest gestanden hatte. Aber dem 22-Jährigen, dem die Schweizer Presse Kränze flocht wie zuvor dem skispringenden Doppel-Olympiasieger Simon Ammann, gebührte bei Olympia nicht die ausschließliche Anerkennung.

Mit weit länger anhaltenden Ovationen überschütteten die Amerikaner ihren Landsmann Chris Klug aus Aspen. Was aber im Falle des 29-jährigen Olympia-Dritten niemand als übersteigerten Hurra-Patriotismus empfunden hat. Dafür rührte die Geschichte des Chris Klug allzu sehr die Herzen des gesamten Publikums. Noch im Sommer 1999 kämpfte nämlich Klug im Universitätskrankenhaus von Denver um sein Leben. Der Mann aus Aspen litt seit seiner Geburt an einer schweren Leber-Erkrankung. Im Sommer 2000 wurde endlich ein Organspender für ihn gefunden. Und so konnte ihm die Leber eines Mannes eingepflanzt werden, der zuvor bei einer Schießerei ums Leben gekommen war. Nur wenige Wochen nach dieser Operation begann Klug bereits mit der Rehabilitation. Zwölf Monate darauf qualifizierte er sich als einziger US-Amerikaner für den olympischen Snowboard-Riesenslalom.

Ein halbes Jahr später ließ er sich als Olympiadritter umjubeln wie ein Goldmedaillengewinner. In einem Wettbewerb, in dem die meisten Snowboarder wie Seiltänzer ohne Gleichgewichtsgefühl ausschauten. Und so wurde für viele von ihnen der Riesenslalom zu einer einzigen Rutschpartie und für die Zuschauer zu einem denkwürdigen Sturzfestival. Denn geraten Snowboarder auch nur ein einziges Mal ins Rutschen, gibt's kaum die Chance zur Korrektur, jeder Kanteneinsatz ist dann auch der letzte. Allein im ersten Lauf des Finales stürzten auf diese Weise vierzehn von 32 Startern .

Nicht aber der Schweizer Philipp Schoch, und nicht Chris Klug aus Aspen, dessen unglaublicher Kampf eigentlich auch eine Goldmedaille verdient hätte.

Bronze für den US-Amerikaner Chris Klug, der sich nach erfolgreicher Lebertransplantation mit einer wahren Energieleistung ins Leben und in den Spitzensport zurück kämpfte. Für die 18 000 Zuschauer an der Piste ist er der eigentliche Olympiasieger.

Philipp Schoch aus der Schweiz (Foto oben, links) auf Goldfahrt gegen den Österreicher Alexander Maier, Bruder des verletzungsbedingt abwesenden Ski-Olympiasiegers von 1998, Hermann Maier. Auch die Münchnerin Katharina Himmler (Foto unten) kann das insgesamt enttäuschende Abschneiden der deutschen Snowboarder in Salt Lake nicht aufwerten: Platz 11. Immerhin noch besser als die »Silberne« von 1998, Heidi Renoth, die schon in der Qualifikation Medaillen-Ambitionen begraben musste.

www.titoonic.dk/products/games/snowboard · www.wistlersnowboardcamps.com · www.snowboard-uk.co.uk · www.snowboarderreview.com · www.onthesnow.com

L A N G L A U F

KLASSISCH   5 KM, 10 KM, 30 KM, 4X5-KM-STAFFEL (FRAUEN)
10 KM, 15 KM, 50 KM, 4X10-KM-STAFFEL (MÄNNER)

FREISTIL   1,5 KM SPRINT, 10 KM JAGDRENNEN, 15 KM, 4X5-KM-STAFFEL (FRAUEN)
1,5 KM SPRINT, 15 KM JAGDRENNEN, 30 KM, 4X10-KM-STAFFEL (MÄNNER)

PREMIERE   MASSENSTART ÜBER 30 KM (MÄNNER) UND 15 KM (FRAUEN), SPRINT 1,5 KM

ENTSCHEIDUNGEN: 12

SAUBERES UND SCHMUTZIGES GOLD
DEUTSCHE LANGLÄUFER ALS KONTRASTPROGRAMM ZUR MOGELPACKUNG

Der Langlauf ist die Kernsportart der Winterspiele. Wie die Leichtathletik im Sommer. Ist es Zufall, dass den Loipen-Wettkampf längst eingeholt hat, was die anderen mit Ben Johnson, Katrin Krabbe oder Dieter Baumann schon vor Jahren ereilt und bis heute nicht verlassen hat? 12 Medaillensätze wurden in Soldier Hollow vergeben, drei Rennen waren direkt von Manipulationen beeinflusst, andere indirekt. Wahl-Spanier Johann Mühlegg, Erster über 50 km, musste seine Goldene ebenso zurückgeben wie die Russin Larissa Lazutina über 30 km, nachdem beiden Blutdoping nachgewiesen wurde. Schmutziges Gold, das aus Siegern Betrüger machte. Dass Lazutina bereits ihre Staffel zum Platzen brachte, dass auch Landsfrau Danilova erwischt wurde, ist nicht naiv, sondern charakterlos. Weil der zuschauenden Weltöffentlichkeit eine bisher einmalige Mogelpackung untergejubelt werden sollte. Die Siege der anderen, die ohne Betrug aufs Treppchen stiegen, wurden damit nur größer. Wie der der deutschen Frauen-Staffel, die sauberes Gold gewann – der größte Erfolg seit 1980. »Wer sich einem fairen Wettkampf stellt und gewinnt, der ist auch der Beste«, sagt Langlauf-Koordinator Jochen Behle. Die Bilanz war auch hinter dem Gold-Quartett glänzend: zwei Sprint-Silberne, Staffel-Bronze der Männer und weitere Top-Ten-Plätze bewiesen auf breiter Front die Rückkehr in die Loipen-Weltelite. Wenn man von Mühleggs zweifelhaftem Gold-Doppel zu Beginn der Spiele absieht, gab es in der Loipe keinen Zweifach-Sieger. Sechs Nationen stellten die Champions. Ein Zeichen für enorme Ausgeglichenheit in der Spitze. Die hätte der Königsdisziplin des Wintersports, schon bei der WM 2001 imagegeschädigt, einen Platz an der Olympiasonne bescheren können. Wären da nicht die Schattenmänner und -frauen gewesen.

Es geschehen noch Zeichen und Wunder: Evi Sachenbacher ist in den Wasatch Mountains auf Gold gestoßen – vor Anita Moen aus Norwegen.

Aus dem König wird ein Scheinheiliger »Rapido, rapido, rapido!« Wie simpel. Mit Tempo, Tempo, Tempo demütigt man die Weltklasse. Verkündete Johann Mühlegg jedenfalls nach seinem ersten Olympia-Auftritt im 30-Kilometer-Wettbewerb. Einsam und allein kam er mit 2:02,1 Minuten Vorsprung ins Ziel. Unglaublich, unfassbar. Auch das Verfolgungsrennen gewann der Spanier aus dem Allgäu. Und dann zu guter, nein zu schlechter Letzt schließlich noch die 50 Kilometer – »König Juanito« ließ sich mit der rot-gelben Fahne ablichten, pries die sportliche Wahlheimat und erklärte, wie man das schafft, als Perpetuum mobile auf Ski allen anderen davon zu laufen. Das klang gut und überzeugend. Dreieinhalb Monate sei er in der Höhe gewesen, habe so hart trainiert wie kein anderer. »Nicht nur bis an, sondern auch bis über die Schmerzgrenze«, erklärte er stolz, wie dort, wo sonst Sekunden entscheiden, Klassenunterschiede zustande kämen. »Nur, was weh tut, macht Sinn.« Jochen Behle, Ex-Teamkamerad, staunte: »Wie Johann die Konkurrenz sortiert hat, habe ich nicht für möglich gehalten. So etwas hat man im Langlauf lange, vielleicht überhaupt noch nicht gesehen.«

Doch noch vor dem Ende der Spiele wurde aus dem auf das von seiner portugiesischen Putzfrau Justina Agostinho (»die Gnade«) geweihte »heilige Wasser« schwörenden König der Langläufer ein Scheinheiliger. Zwei Tage vor dem 50-Kilometer-Rennen ergab ein unangemeldeter Trainingstest einen positiven Dopingbefund für den 31-Jährigen. Zwar lief Mühlegg noch, ließ sich auf dem Medals Plaza als Sieger feiern, aber dann wurde bestätigt, dass er sich eines Tempobeschleunigers namens Aranesp mit dem Wirkstoff Darbepoetin bedient hatte. Der wirkt wie das Blutdopingmittel Epo, ist aber länger nachweisbar. Das IOC reagierte prompt: die 50-Kilometer-Goldene wurde aberkannt, der Stoiber-Fan von den Spielen ausgeschlossen. Die beiden Auftaktsiege aber bleiben in der Statistik stehen – die Tests nach diesen Rennen waren negativ. Für IOC-Präsident Jacques Rogge ist das keine Schuldminderung: »Die beiden Goldmedaillen, die Johann Mühlegg behält, nützen ihm nichts mehr. Er verliert jeden Respekt und die Achtung in der Welt des Sports und wird nicht mehr als Olympiasieger anerkannt.«

Hilflos und ausweichend klangen Mühleggs Erklärungsversuche. Von Spezialdiät, von Durchfall, von Tests, bei denen er immer »negativ« gewesen sei. »Wie dieses Ergebnis zustande kommt, weiß ich wirklich nicht. Das muss ich ehrlich sagen.« Es klingt irgendwie seltsam, wenn das Johann Mühlegg formuliert. Ehrlich.

Das spüren auch die Fans von Juanito, den ein spanischer Radiomann in seiner Reportage ungewollt treffend als »Brujo«, Hexenmeister, bezeichnet hat. Auf Mühleggs Homepage kann man kurz nach dem Eklat lesen: »Lieber Johann, es hat mich überrascht und auch nicht. Solange mit Sport Geld verdient werden kann, wird auch weiterhin gedopt. Nur, du hättest ohne das Zeug auch eine reelle Chance gehabt. Hier zeigt sich nun deine Fehleinschätzung und die Gier, auch über 50 Kilometer die Goldene holen zu wollen.« Ein anderer teilt seinem Ex-Idol mit: »Dass eine derartige Energieleistung in der Regel nicht auf ein Heilwässerchen zurückzuführen ist, sollten den meisten klar sein.«

Andreas Schlütter auf Tobias Angerer

René Sommerfeldt

Viola Bauer

Glückliche junge Männer

Tobias Angerer, verfolgt von Pietro Piller Cottrer (ITA)

Golden Girls ja, Fußball nein Am 21. Februar 2002 passierte in Soldier Hollow etwas, was zuvor jeder ausgeschlossen hätte: Die deutsche Frauen-Langlaufstaffel gewann nach 4 mal 5 Loipenkilometern Gold und sorgte für ein »Fräulein-Wunder«. Auch dass das Fernsehen zugunsten von Skiläuferinnen auf Live-Bilder vom Fußball-Europacup verzichten würde, hätte bis dato als höchst unwahrscheinlich gegolten. Die Golden Girls sagten mit einer Rekordquote danke. Exakt auf den Tag genau 22 Jahre vorher hatte ein DDR-Quartett in Lake Placid den zweiten und bislang letzten deutschen Langlauf-Olympiasieg geschafft, nachdem Barbara Petzold – in Salt Lake City als Delegierte des Weltverbandes vor Ort – drei Tage zuvor den ersten Einzeltriumph erreicht hatte. Dass die drei Thüringerinnen und die bajuwarische Finalistin das mitentscheidende Fehlen der Russinnen konsequent ausnutzten, sprach in den Augen von Langlauf-Koordinator Jochen Behle dafür, »dass alle vier in den olympischen Rennen enorm gereift sind«. Als er vom Ausschluss des Favoriten auf Grund eines erhöhten Hämoglobin-Wertes bei Larissa Lazutina erfahren hatte, war das eine Initialzündung. »In dem Moment kam mir der Gedanke, dass man auch Gold gewinnen kann. Ich

vi Sachenbacher, verfolgt von Trainer Jochen Behle (ganz links) und Anita Moen (NOR).

lückliche junge Frauen: Claudia Künzel, Manuela Henkel, Viola Bauer, Evi Sachenbacher (von links)

habe den Mädels gesagt, solch eine Siegeschance bekommt man nur einmal im Leben – macht was draus!« Das kam an. Wobei die Vier durchaus gemischte Gefühle wegen der zuvor in sieben von 12 olympischen Staffelrennen erfolgreichen Russinnen hatten. »Einerseits gab es uns einen Kick, aber andererseits ist es unheimlich schade für den Langlauf insgesamt, nachdem ja schon bei der WM in Lahti der Imageschaden durch Dopingfälle groß war«, sagte Claudia Künzel. Ob eine Manipulation bei Lazutina vorlag, stand beim Start der Staffel nicht fest. Zwar deutet ein unzulässig hoher Hämoglobinwert auf Blutdoping hin, aber der Ausschluss ist in diesem Moment – vorbehaltlich weiterer Tests – nur eine Schutzsperre für den folgenden Wettbewerb. Die Freude der Deutschen muss durch die Fehler der anderen aber keineswegs gemindert werden. 1994 in Lillehammer starteten deutsche Frauen erst gar nicht, weil sie zu schwach waren. 1998 in Nagano wetterte DSV-Sportdirektor Pfüller darüber, dass Geld nur verpulvert worden, man aber nicht vorwärts gekommen sei. Das hat sich gründlich geändert. Nicht nur bei den Frauen, auch bei den Männern. Kaum ein anderes Land hat zudem einen so jungen Altersdurchschnitt bei seinen Spitzenathleten.

Nur was sich ändert, bleibt jung Welche Sportart des olympischen Programms hat in Salt Lake City die größten Veränderungen gezeigt? Nein, nicht Snowboard, auch nicht Freestyle, Short Track oder der erstmals präsente Frauen-Bobsport. Ausgerechnet der Skilanglauf ist es, der sich das Motto Annäherung (an die Quotenrenner wie Skispringen oder Biathlon) durch Wandel zu eigen gemacht hat. Lange Zeit galten die Loipen-Wettbewerbe als altbacken und nur in Skandinavien zuschauerattraktiv. Ein offenbar überholtes Urteil. Denn Olympia 2002 lockte in einem Land, das fürwahr nicht als Langlauf-Hochburg gilt, stets 20 000 und mehr Fans an die Strecken von Soldier Hollow und machte aus der Einsamkeit des Langstreckenläufers ein Massen-Happening mit hohem Spaßfaktor.

Kein anderer Sport hatte so viele Novitäten zu bieten, die wie ein Jungbrunnen wirkten. Erstmals gab es einen Massenstart-Wettbewerb (30 km Männer, 15 km Frauen), erstmals ein Jagdrennen mit Klassik- und Freistilauftritt an einem Tag, erstmals rasante Sprintrennen mit Vor-, Zwischen-, Halbfinal- und Endläufen, die mitreißende Fotofinishs en masse boten. Großes, dramatisches Theater auf schmalen Brettern. Veronique Girod-Roux, PR-Vertreterin von Ski-Ausrüster Rossignol, bezeichnet den Sprint gar als »einzig attraktive Skilanglauf-Disziplin für uns Ski-Hersteller«. Wenn das keine Steilvorlage ist. »Wir sind auf dem richtigen Weg, das beweist die Resonanz«, sagt der Schwede Bengt Erik Bengtsson, der Chef des Langlauf-Komitees des Weltverbandes. »Ein Zurück wird es nicht mehr geben, im Gegenteil.« Im Gegenteil, das heißt, dass Verfolgungsrennen demnächst ohne jede Unterbrechung stattfinden werden. Ski-Duathlon nennt sich das Projekt, bei dem nach absolvierter Klassik-Strecke in Wechselboxen sofort auf Skating-Bretter umgestiegen wird. Ideal zur Spannungssteigerung, ideal fürs Fernsehen und Sponsoren.

Genau wie der Sprint. Erst Qualifikation zur Ermittlung der 16 Zeitschnellsten, dann die Ausscheidungsrunden mit je vier Hochgeschwindigkeits-Skatern bis zum Endlauf – es gibt wenig im Wintersport, was da mithalten kann. Dabei klingt es wie ein Anachronismus: Sprint als Disziplin des Langlaufs! Am 4. Februar 1996 hatte in Reit in Winkl das erste Weltcup-Rennen im Sprint stattgefunden, danach stieg Winter für Winter der Sprintanteil im Wettkampfkalender. Bei der Ski-WM 2001 wurden erstmals Weltmeister, nun Olympiasieger gekürt. Eine Erfolgsgeschichte. An der die Deutschen immer kräftiger mitgeschrieben haben. In Salt Lake City gewannen die 21-jährige Evi Sachenbacher und der 32-jährige Peter Schlickenrieder sensationell jeweils Silber, Claudia Künzel wurde Vierte – seit 1980 die ersten Einzelmedaillen im Langlauf.

Im K.o.-System nicht k.o. gegangen: Evi Sachenbacher (vorn) sprintet zum olympischen Silber, Minuten später folgt ihr bei den Männern Peter Schlickenrieder, wobei er keinen Geringeren als Zorro Zorzi aus Italien (rechts), den amtierenden Vizeweltmeister, in die Knie zwingt.

Fortsetzung gewünscht. Sowohl die Sprintwettbewerbe (oben: Männer-Finaleinlauf mit Zorzi, Schlickenrieder, Hetland – von links) als auch die Massenstarts über 30 und 15 Kilometer finden begeisterte Aufnahme in der olympischen Familie.

Schöne bunte Welt Nichts ist mehr, wie es war. Konservative Traditionalisten muss das erschüttern, Dauer-Revoluzzer erquicken. Letztere hatten im Skilanglauf lange Seltenheitswert. Dem Puristen galt die Einsamkeit des Loipen-Athleten als die Erfüllung schlechthin. Der schwitzende Mensch allein in der fast unberührten Natur. Ein kleiner Wicht, zurückgeworfen auf die Relativität des Seins. Skandinavier mögen so etwas – es mag an der Größe und Weite ihrer Länder liegen. Vielleicht haben sie deshalb das Wettlaufen auf Skiern auch so lange beherrscht. Bei den ersten Olympischen Winterspielen 1924 in Chamonix gab es zwei Wettbewerbe – in dem einen waren acht, in dem anderen elf Nordmänner vorn. Das blieb fast unverändert so bis 1952, auch die ab 1936 ausgetragenen Staffelwettbewerbe sahen bis Cortina 1956 nur Nordlichter auf den Siegerpodesten strahlen. Die Welt in Weiß veränderte sich nur unwesentlich, als im selben Jahr die russischen Athleten als Edelmetall-Abräumer dazu kamen. Doch Ende der sechziger, Anfang der siebziger Jahre veränderte sich die Szenerie – in Grenoble holte der Italiener Nones Gold, danach folgten Medaillengewinner und Sieger wie Bill Koch (USA), Gert-Dietmar Klause (DDR), die Italiener de Zolt, Albarello und Vanzetta, schließlich die Österreicher Gandler und Hoffmann. Bei den Frauen, die erst 1952 olympisch debütierten, war die russisch-skandinavische Dominanz auf Grund des späten Einstiegs noch kürzer. Tschechinnen, die DDR-Frauen mit gleich zwei Siegen 1980 und dann die Italienerinnen sorgten für Farbe im bis dahin durch wenige Fahnen dominierten Siegerzeremoniell.

Noch nie aber war die Welt des Skilanglaufs so schön bunt wie 2002 in Salt Lake City. Nicht nur, dass Läufer aus Kamerun, Kenia, Costa Rica, Iran und Thailand inoffizielle Kontinental-Meisterschaften austrugen. Nein, in den ingesamt 12 Wettbewerben siegten Italiener, Norweger, Russen, durch Johann Mühlegg und Andrus Veerpalu erstmals Spanier und Esten. Medaillen gewannen zudem Athleten aus Tschechien, Kanada, Österreich und Deutschland (mit der Männer-Staffel). Von den 36 Podestplätzen gingen nur sieben nach Skandinavien. Sind sie Weicheier geworden, die Männer und Frauen aus dem Norden? Verschleudern sie das Erbe der Hakulinen, Jernberg, Mäntyranta, Wassberg, Gustafsson, Takalo und Hämäläinen? In Salt Lake City klangen die großen Langlaufnamen jedenfalls nicht mehr nordeuropäisch. Es ist eben nichts mehr, wie es war.

In der Langlauf-Landschaft sind zwei weiße Flecken getilgt: Andrus Veerpalu (Foto links) und Beckie Scott (rechts) ergattern die ersten olympischen Medaillen für Estland und Kanada. Für Jayaram Khadka aus Nepal und Isaac Menyoli (Mitte rechts) aus Kamerun gilt noch das hehre Motto »Dabei sein ist alles« – und ankommen auch. Und wenn es, wie im Fall des Afrikaners, im klassischen 10-km-Lauf der 83. und damit letzte Platz ist.

Wie Nones die Loipen-Welt veränderte Bester Mitteleuropäer – im Skilanglauf galt das jahrelang als das Maximum sportlicher Zielsetzung für uns. Norweger, Finnen, Schweden, Russen liefen in einer eigenen Liga. Schon der Gedanke daran, sie zu besiegen, erschien vermessen. Bis zu den Olympischen Spielen 1968. Da gewann der Italiener Franco Nones die 30 Kilometer, und das veränderte die Loipen-Welt. Mehr als man sich heute vorzustellen vermag. Ich selbst hatte es ja auch für unmöglich gehalten, die Nordländer zu erreichen. Die wurden doch da oben mit Ski an den Füßen geboren, gegen die kam niemand an. Franco Nones hat in anderthalb Stunden mit seinem grandiosen Auftritt, der die erste olympische Goldmedaille für einen mitteleuropäischen Läufer bedeutete, mein ganzes Denken umgeworfen. Ich war 19. bei diesem Rennen geworden, stand auch in den übrigen Wettbewerben auf der zweiten Seite der Ergebnisliste. Aber etwas in meinem Kopf hatte sich geändert. Wieder und wieder habe ich mir danach gesagt: Es ist möglich! Es ist möglich!

Wir haben die Trainingsprogramme erhöht, sind härter gegen uns selbst geworden. Das zahlte sich aus. 1969 kam mein persönlicher Durchbruch. In Rovaniemi und Murmansk hatte ich meine ersten guten internationalen Ergebnisse. Ein Jahr später bei der WM in Strbske Pleso standen wir mit der Staffel auf dem Silbertreppchen, in den Einzelrennen wurde ich Vierter und Fünfter. Leider setzte sich das bei den Olympischen Spielen in Sapporo nicht fort. Wir fühlten uns wohl zu sicher, dachten schon, wir sind wer. Bei der WM 1974 in Falun dachten wir es dann nicht nur, sondern waren es tatsächlich. Gerhard Grimmer wurde Weltmeister, die Staffel auch. Ein Jahr musste ich warten, dann hatte auch ich meinen ersten großen Einzelerfolg. Und es war wieder einer, der demonstrierte: Es ist möglich! Als erster Mitteleuropäer gewann ich den Wasalauf, in Rekordzeit. Logisch, dass ich in Innsbruck im dritten Anlauf unbedingt meine Olympia-Medaille wollte. In zwei Rennen ging es schief, in der Staffel prallte unser in Führung liegender Startläufer Axel Lesser mit einer Skitouristin zusammen und verletzte sich. So blieben die 50 Kilometer am vorletzten Tag der Spiele meine letzte Chance.

Ich ging mit gemischten Gefühlen auf die Strecke, es hatte über Nacht

GERT-DIETMAR KLAUSE
1968/1972/1976

Geboren 1949, Skilangläufer aus Klingenthal, 1968 – Plätze 33 (15 km), 19 (30 km), 25 (50 km) und 7 (Staffel), 1972 – Plätze 13 (15 km), 8 (30 km), 9 (50 km) und 6 (Staffel), 1976 – Plätze 15 (15 km), 6 (30 km) und 2 (50 km).
Heute Waldarbeiter

geschneit. Das Wachsen spielte mithin eine entscheidende Rolle – und dabei habe ich einen glücklichen Griff getan. Andere, wie zum Beispiel Juha Mieto, lagen völlig falsch und stiegen aus. Dass ich gut unterwegs sein musste, bekam ich schnell mit, denn der Schwede Benny Södergren, den ich eingeholt hatte, wurde von seinen Fans lautstark angefeuert, seine Medaillenchance zu nutzen. Und der Norweger Ivar Formo, der zweieinhalb Minuten nach mir gestartet war und später Gold gewann, holte mich nicht ein. Wenn einem so viel Gutes widerfährt, dann ist das am Ende Silber wert. Eine Medaille, mit der ich zum Karriere-Ausklang noch einmal bewiesen hatte: Es ist möglich! Leider scheint den deutschen Loipen-Assen danach dieser Glaube abhanden gekommen zu sein. Aber dass ich bis Salt Lake City der einzige deutsche Olympia-Medaillengewinner im Skilanglauf geblieben bin, hätte ich nie gedacht. Dass die lange Edelmetall-Abstinenz bei den Männern jetzt endlich beendet ist, macht mich wirklich froh.

Die Top-Läufer von heute zu sehen, ist ein Genuss. Kraftvoll, ästhetisch, mit langen, zügigen Schritten und enormer Explosivität – das produziert einen absoluten Speed. Auch in Sachen Material ist man viel weiter. Es gibt Ski für alle Wetter- und Schneebedingungen. Hatte man bei uns mal zu den falschen Latten gegriffen, dann waren ein bis zwei Minuten verloren und man konnte im Grunde das Rennen abhaken. Zwar ist das auch heute noch ein gewisses Problem, aber es gibt wesentlich mehr Möglichkeiten zu reagieren. 1974 sind wir von Holz- auf Plastikski umgestiegen, die in Verbindung mit speziellen Schliffen eine tolle Gleitfähigkeit haben. Bei den führenden Nationen sorgt eine ganze Schar von Serviceleuten für ein möglichst schnelles Brett. Wir hatten damals einen einzigen Mann, der sich darum kümmerte. Am Ende freilich muss man immer noch selbst laufen – die Ski machen es nicht von allein. Vom olympischen Drumherum haben wir Langläufer übrigens nie allzu viel mitbekommen. Wir waren immer am bescheidensten dran: Wettbewerbe vom ersten bis zum letzten Tag. Die Eröffnung musste ich mir stets im Fernsehen ansehen, die lange Steherei war vor dem 30-er am nächsten Tag nicht drin. Dafür versöhnten Eishockey-Finale und dann die Abschlussfeier – am Ende holte uns der olympische Geist zwar langsam, aber sicher doch noch ein.

SKISPRINGEN

SPRUNGLAUF K 90 M	**EINZEL**
SPRUNGLAUF K 120 M	**EINZEL, MANNSCHAFT**

ENTSCHEIDUNGEN: 3

OFFENE RECHNUNGEN
DIE SCHWEIZ ALS SKISPRUNG-NATION NUMMER EINS

Ginge es nur nach der Anzahl der Medaillen, wäre ausgerechnet das Alpin-Land Schweiz in Salt Lake City zur Skisprung-Nation Nummer eins avanciert. Simon Ammanns zwei Goldmedaillen in den Einzelspringen – Normal- und Großschanze – vermochte auch Sven Hannawald nicht zu übertreffen. Die deutschen Springer brachten es auf eine goldene und eine silberne Medaille.

Dreimal Gold hatte Hannawalds Fangemeinde angepeilt, doch für den vierfachen Tournee-Triumphator blieb davon nur ein Viertel – als Sieger des Teamspringens mit seinen drei Kameraden Schmitt, Uhrmann und Hocke. Aber zu den großen Verlierern zählten die Deutschen nicht. Diese Rolle gebührt den hoch gelobten Österreichern um den früheren Vierschanzen-Tourneesieger Andreas Widhölzl und Martin Höllwarth, den dreimaligen Silbermedaillengewinner von 1992 in Albertville. Die Österrei-

cher, wegen der dünneren Höhenluft sogar mit extra-leichten Skibrettern ausgerüstet, gewannen keine einzige Medaille. Auch nicht die Japaner; vier Jahre zuvor in Nagano noch strahlende Sieger im Teamspringen und durch Funaki von der Großschanze, gingen sie diesmal leer aus.

Die erfolgsgewohnten Österreicher hatten sich ausgerechnet unter Führung ihres »Skisprung-Professors« Toni Innauer schlicht verkalkuliert. Die Japaner hingegen – ein Team mit lediglich einem Newcomer (Yamada) und Alt-Stars wie Masahiko Harada – zeigten, was sie den gesamten Winter über schon gezeigt hatten – reinweg nichts.

Und die Finnen? Coach Mika Kojonkoski wollte mehr als Silber im Teamspringen und Bronze durch Matti Hautamäki auf der großen Schanze. Drei Jahre lang hatte er mit seinen jungen Springern der Szene eingeheizt, doch bei Olympia sprangen die

Der kleine Simon Ammann ist der Größte: Gold in beiden Einzelspringen und dazu seine angenehm lockere Art machen ihn zum Vorzeige-Olympiasieger dieser Spiele. »Herr der Ringe« rufen sie ihn jetzt in der Schweiz, und – weil er dem Harry aus dem gleichnamigen Film ähnelt – Potter dazu. »Potter, der magische Schweizer Flieger«, angemeldet für den »Club der Überflieger« – so klingen die Jubelarien in der heimischen Presse. Zu Recht. _____

Jungstars erneut zu unbeständig. Was noch im Dezember für die Slowenen galt. Doch Trainer Matjaz Zupan, 1988 in Calgary mit der jugoslawischen Mannschaft Olympiadritter, formte aus seinen verunsicherten, aber hoch talentierten Springern eine schlagkräftige Truppe. Der Lohn : Bronze im Teamspringen.

SIMON AMMANN

133 METER, 281,4 PUNKTE
FLYING HARRY POTTER IM KLUB DER ÜBERFLIEGER

Gold	Normalschanze
Gold	Großschanze
7. Platz	Mannschaft

Einer wie er stürzt sogar Denkmäler: In ihrem 223. Jahrgang veröffentlichte die *Neue Zürcher Zeitung* am 14. Februar auf Seite eins erstmals ein Sportfoto nebst zweispaltigem Text – zu Ehren Simon Ammanns, des zweimaligen Olympiasiegers im Skispringen. Das biedere Boulevardblatt *Blick* überbot sogar italienische Schlagzeilen: »Zwei Flüge in die Unsterblichkeit! Simisssssimo!« Und Zürichs behäbiger *Tagesanzeiger* fragte seine zurückhaltenden Leser gar: »Was lösen die Erfolge des Toggenburgers bei Ihnen aus?« Was wohl? In Ammanns Heimatdorf Unterwasser riefen sie den goldenen Ausnahmezustand und die »Freinacht« aus. Die Schweiz geriet aus den Fugen – spätestens nach seinen 133 Metern und 281,4 Punkten von der Großschanze. Da fragte sich manch besorgter Eidgenosse, ob seine außer Rand und Band geratenen Landsleute nicht noch das Matterhorn vergolden würden? Die außergewöhnliche Begeisterung hatte freilich triftige Gründe: Ammann ist nach dem Finnen Matti Nykänen (1988) erst der zweite Doppel-Olympiasieger im Skispringen und der erste aus dem alpinen Skiland Schweiz. Im Utah Olympic Park ließ sich Ammann auf den Schultern von Trainer Bernie Schödler und Teamchef Gary Furrer feiern. Ausgerechnet von jenen beiden, die ihn acht Monate zuvor noch feuern wollten – wegen Faulheit. Dabei tat Ammann durchaus etwas – er grübelte und klagte: »Die Schule, das Training, die Reisen. Bitte helft mir!« Schödler und Furrer sprachen mit seinem Schuldirektor. Der erlaubte Ammann, das Abitur erst in zwei Jahren abzulegen. Der Weg zum sportlichen Erfolg war frei. Dennoch – vor seinem Doppelsieg musste er einen fürchterlichen Sturz wegstecken. Einen Monat vor Olympia lag er mit aufgeschürftem Gesicht und Gehirnerschütterung im Schnee von Willingen. Dort war er im Training zum Weltcup-Springen kopfüber in den Auslauf gestürzt. Schon immer hatte Ammann versucht, mit immer höherem Risiko immer mehr aus seinen Sprüngen herauszuholen. Trainer Schödler warnte ihn deshalb mehr als einmal: »Das funktioniert nicht.« In Willingen kostete ihn ein nicht funktionierender Sprung beinahe die Olympia-Teilnahme. Zwölf Tage lang war er zum Nichtstun verurteilt, zum Warten und Bangen. Als er dann in St. Moritz wieder von einer Schanze fliegen durfte, geschah das so aggressiv wie eh und je. Fast zu aggressiv, sorgte sich Schödler. Er kennt Ammann seit langem und weiß, wie viel Talent in dem 20-Jährigen steckt. Er weiß auch, eine solche Begabung kann einen Menschen – einer Feder gleich – fliegen lassen, aber Ammanns Mut zum Risiko kann auch alles schnell zu nichte machen.

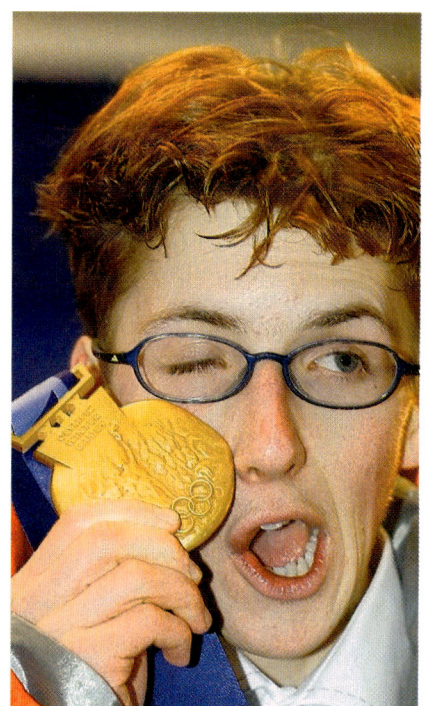

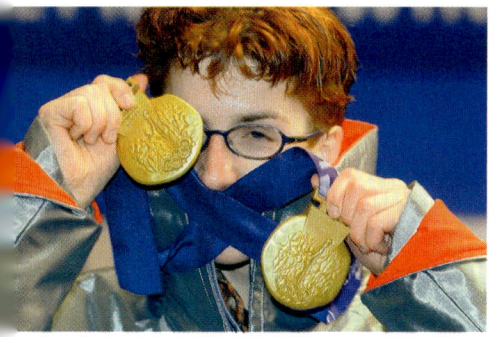

Die zwei Gesichter des Sven Hannawald: überschäumende Freude und tiefe Nachdenklichkeit. Es sollten seine Olympischen Spiele werden, und mit Platz zwei von der kleinen Schanze startete der Vierfachsieger der Vierschanzen-Tournee 2001/02 verheißungsvoll ins Unternehmen Olympia. Geschlagen nur vom Überraschungssieger Simon Ammann aus der Schweiz.

Trost vom Bundeskanzler Er war gekommen, um ein einziges Mal in seinem Leben eine olympische Goldmedaille zu gewinnen. Schließlich war der Winter eine an Enttäuschungen arme Saison für Sven Hannawald gewesen. So sahen es alle, auch die Online-Buchmacher im nahen Las Vegas und im fernen Europa. Hannawald galt als Top-Favorit. Wer Geld auf ihn setzte, konnte kaum etwas gewinnen. Hätte der 27-Jährige auf der Normalschanze statt Silber Gold gewonnen, wäre jeder Einsatz doppelt belohnt worden. Hätte er auf der Großschanze nicht Rang vier, sondern Platz eins belegt, hätte man nur seinen Einsatz wieder bekommen. Dass ihm das Glück bei seinem Stolperer nach dem letzten Flug von der olympischen Großschanze nicht mehr, dem Schweizer Ammann aber um so geneigter war, begriff der Skispringer Hannawald auch in der Stunde der Niederlage. »Für den Moment,« betonte er deshalb, »ist das hier ein richtiges Tief.« Für den flüchtigen Moment, nicht für die Annalen, nicht für die Zukunft. Hannawald, wohl wissend, dass er - seines in vier Jahren vorgeschrittenen Springeralters wegen – kaum wieder als Olympia-Favorit auftreten wird, mochte das »Drama im Utah Olympic Park« (dpa) denn nicht als solches erkennen. Auch nicht, als der Bundeskanzler - statt eines Glückwunsches - das tröstende Fax sandte: »Sie haben in diesem Winter Sportgeschichte geschrieben, daran ändert auch das Missgeschick von Salt Lake City nichts.« Und das war passiert: Der Schweizer Ammann hatte auf beiden Schanzen triumphiert, Hannawald auf der Großschanze den vierten, Martin Schmitt den zehnten, Stephan Hocke den zwölften und Michael Uhrmann den 16. Platz belegt. Keine andere Mannschaft konnte auch nur annähernd ein Ergebnis wie die deutsche aufweisen. Dass Hannawald im letzten Flug von der Großschanze alles riskierte, gehörte zum »part of the game«, zum Kampf um Platz eins. Martin Schmitt wiederum, vor Jahresfrist Doppel-Weltmeister, kämpfte vor allem auf der Großschanze mehr gegen seine chronisch entzündete Patella-Sehne am Knie als gegen die Konkurrenz. Doch im Gegensatz zu Hannawald liegt die olympische Zukunft noch vor dem 24-Jährigen. Michael Uhrmann, als dreimaliger Junioren-Weltmeister einst als größtes deutsches Talent gepriesen, erkämpfte die Plätze acht und 16 – was in der kollektiven Trauer um Hannawald unter ging. Zumal es nichts zum Trauern gab. Was der finnische Bronzemedaillengewinner Matti Hautamäki am besten erklärte: »Hannawalds Pech war mein Glück.« Und dessen Glück, zuvor auf der Vierschanzen-Tournee, war damals Hautamäkis Pech.

Die Leichtigkeit des Fliegens demonstrierte in diesem Winter keiner so perfekt wie Sven Hannawald. Bis zum finalen Sprung in der Konkurrenz von der Großschanze. Gleich auf lag er nach dem ersten Durchgang mit Simon Ammann an der Spitze des Feldes. Der Schweizer legt vor – 133 Meter. Unglaublich, diese Nerven! Minuten später kann Hannawald das Gleichgewicht nicht halten – und landet auf Platz vier. Der Schwerkraft trotzt man eben nicht immer. Wer wüsste das besser als Simon Ammann (unten links) und Adam Malysz, der Pole (rechts), die selbst schon solche Wellentäler der Gefühle durchlitten.

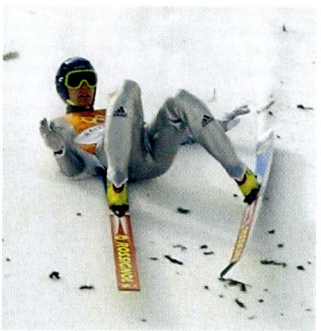

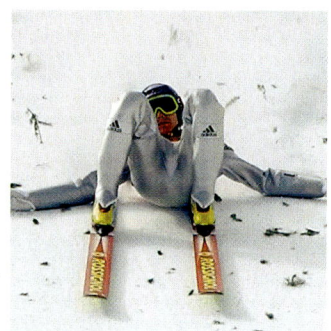

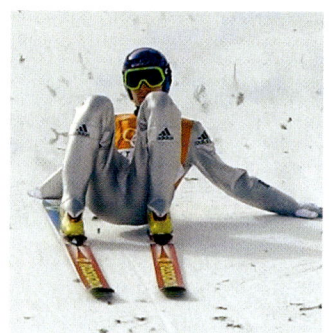

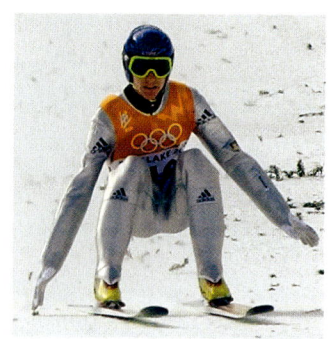

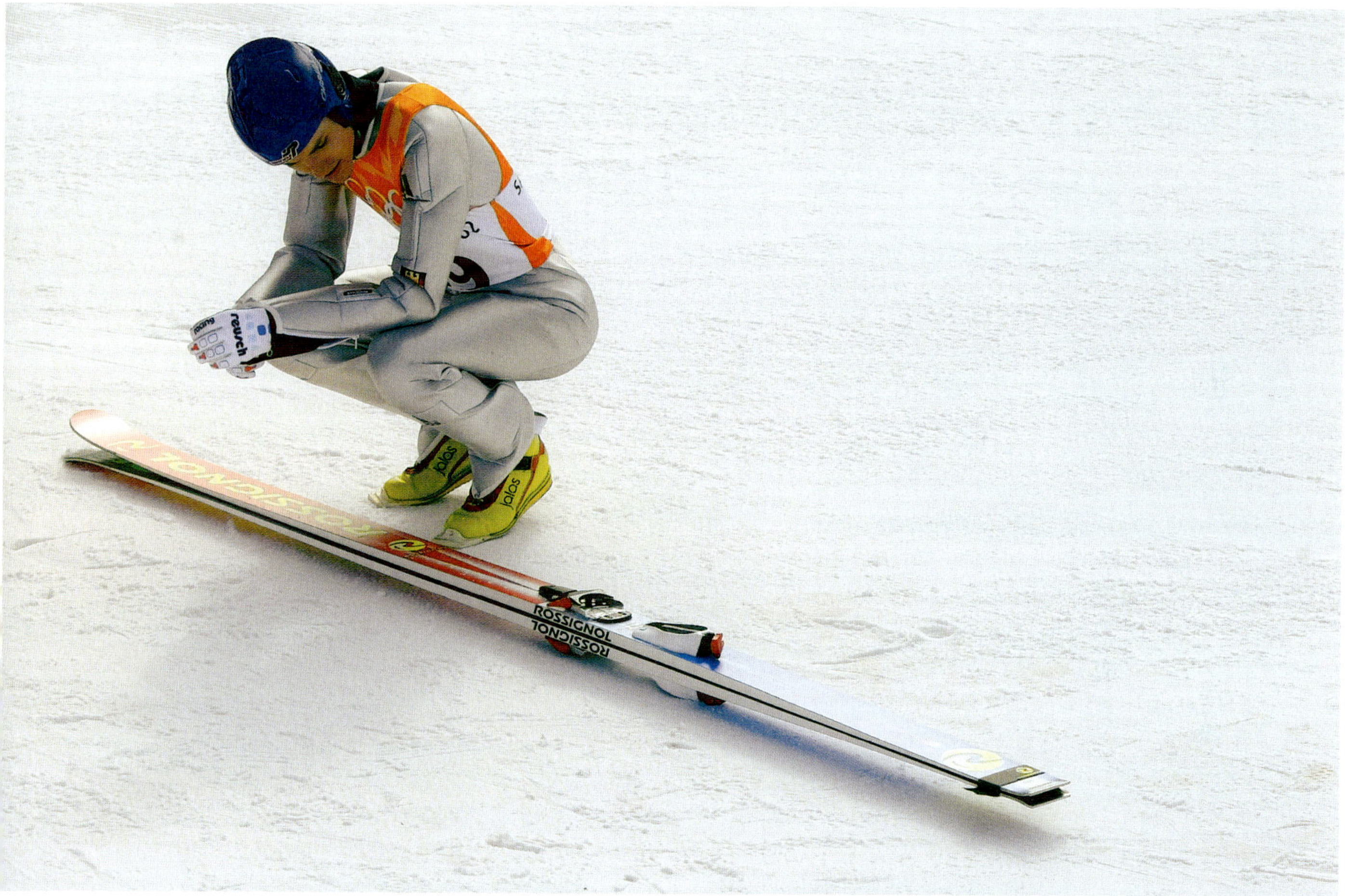
ROSSIGNOL
reusch
jalos

SALT LAKE 2002
59
SALT LAKE 200
53

02
ROSSIGNOL

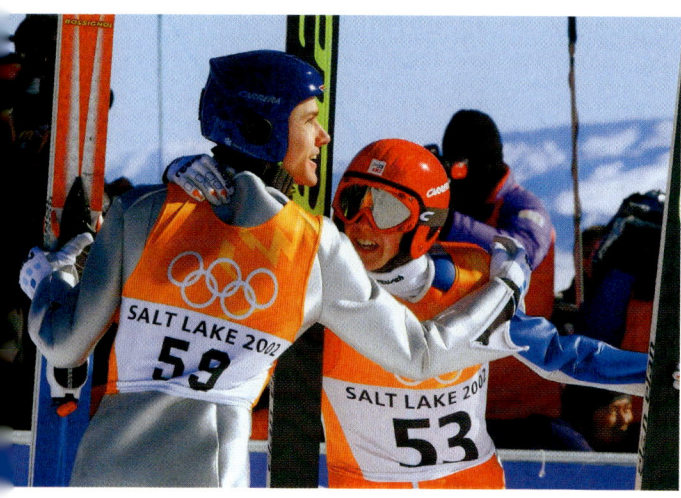

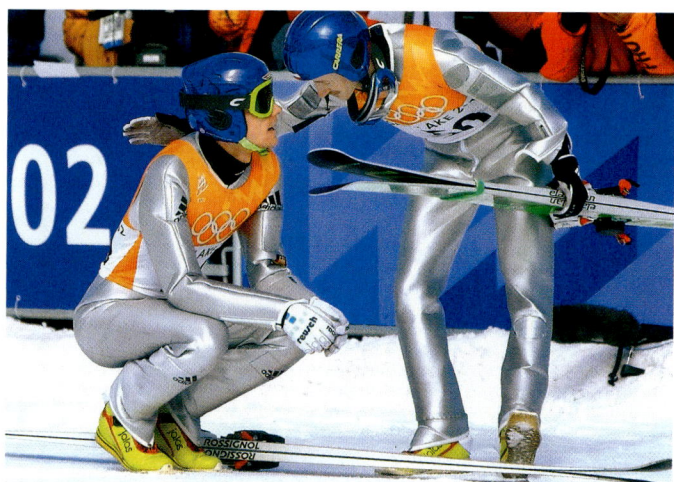

Der Tiger auf dem Ski Was für ein Sieg! Mit 0,1 Punkten, umgerechnet gerade mal 5,5 Zentimeter, vor dem finnischen Team gewannen Sven Hannawald, Martin Schmitt, Michael Uhrmann und Stephan Hocke die Goldmedaille im Mannschaftsspringen. Wobei, wie so oft bei Team-Wettkämpfen, einmal mehr auf Martin Schmitt Verlass war. Der neue »Tiger-Ski« hatte offenbar auch in dem viermaligen Weltmeister den Tiger geweckt: Trotz einer schmerzhaften Reizung der Patella-Sehne katapultierte der 24-Jährige auch in Salt Lake das deutsche Team wieder ganz nach oben. Da war sogar Bundestrainer Reinhard Heß Minuten nach dem großen Erfolg sprachlos: »Das Ergebnis war so brutal eng, dass mir der Kehlkopf still gestanden hat.« Sein Assistent Wolfgang Steiert gestand: »Es war das Schlimmste, was ich jemals erlebt habe.« Zumal es vor dem Mannschaftsspringen bei den Deutschen überhaupt nicht goldig aussah: Sven Hannawald zwickte die Wade, Martin Schmitt plagte die erwähnte Sehne. Folgen einer ebenso strapaziösen wie erfolgreichen Saison. Doch die medizinische Abteilung des Deutschen Ski-Verbandes hatte ganze Arbeit geleistet. Nun galt es nur noch, Schmitts umstrittenes Material fit zu machen. Erst eine Woche zuvor hatten er

Nach Minuten des Bangens losgelöste Freude in Schwarzrotgold. Nur die Finnen schauen betreten (kleines Foto ganz oben). Dabei hätte es durchaus mehr als das eine Zehntel Rückstand sein können, wenn der Sturz Matti Hautamäkis (unten) auch als gestürzt gewertet worden wäre.

und Hannawald ihre neuen Fluggeräte in Salt Lake präsentiert: Schwarz-goldene Sprunglatten aus Frankreich, dekoriert mit einem Tigerbild. Das Wichtigste aber war der veränderte, daher streng geheime Innenaufbau. Schmitt wusste nach seinen hervorragenden Flügen für das deutsche Team: »Ohne diese neuen Skier hätte es nicht gereicht.« Doch der seit vier Jahren zur absoluten Weltspitze zählende Schwarzwälder gab auch zu: »Es war schon ein gewisses Risiko. Aber ich hatte eigentlich ein gutes Gefühl, denn der Trainingssprung zuvor hatte mir Sicherheit gegeben. Und sicher spielte auch der psychologische Effekt eine Rolle.« »Die Goldmedaille ist die Krönung einer glänzenden Saison unserer Schwarzwald-Adler«, jubelte in Hannawalds Heimatort Hinterzarten Bürgermeister Hansjörg Eckert. Nun sei er in Hinterzarten endgültig zu einer Legende geworden. Abiturient Hocke hatte indes am Sportgymnasium in Oberhof für ein Novum gesorgt: Er wurde als erster Schüler Olympiasieger. Entsprechend ging in Michael Uhrmanns Heimatort Rastbüchl in der Oberpfalz die Post ab. Franz Hauer, der Vorsitzende des WSV Rastbüchl: »Das Schöne ist, dass er trotz des Erfolges absolut auf dem Teppich geblieben ist.«

Premium light Nichts mobilisiert deutsche Wintersport-Fans derzeit mehr als die deutschen Skispringer Martin Schmitt und Sven Hanna-wald. Auch Dr. Walter Hofer, »Racedirector Jumping« des Internationalen Ski-Verbands, freut sich: »Schmitt und Hannawald sehen blendend aus. Die können wir herzeigen, auch neben der Schanze.«

Was nach Kräften geschieht. Die »Top-Aktie Schmitt« (*Abendzeitung*, München), zum Beispiel, nimmt inzwischen etwa drei Millionen Euro per annum ein. Schmitt erfüllt Werbeverträge mit dem Schokoladen-Produzenten Milka, dem Fernsehsender *RTL*, dem Telekommunikations-anbieter Telgate und dem Ski-Produzenten Rossignol.

Die in Liechtenstein ansässige Agentur WWP der früheren Alpin-Stars Hanni Wenzel und Harti Weihrather könnte Schmitt noch weitaus mehr vermarkten, »aber wir wollen ihn nicht in Bausch und Bogen verkaufen«.

Um solche Einkünfte muss Hannawald erst noch kämpfen. Vor allem weil Marketing-Strategen den mitunter patzigen Tournee-Dominator als Werbefigur nicht nur positiv besetzt sehen. Schmitt hingegen mögen alle. Schmitt springt, siegt oder verliert und erklärt es: plausibel, schlag-fertig, charmant. Schmitt spricht nie von dem, was er könnte, nur von dem, was er kann. Eine neue Qualität im Sport. »Er ist aber auch einer, der sich vor den Kameras noch besser verkauft als dahinter«, weiß in der PR-Branche nicht nur der Hamburger Experte Achim Wagner.

Wobei Schmitt seinen Aufstieg vom viermaligen Weltmeister zum mehrfachen Euro-Millionär in erster Linie *RTL* verdankt, denn der Privat-sender bietet ihm dafür die Bühne. Schon im Oktober 1999 hatte *RTL*-Manager Jörg Ullmann versprochen: »Wir machen Skispringen zum Event, zur Formel 1 des Winters. Durch uns wird Skispringen das Größte überhaupt und Schmitt und Hannawald zu den Schumacher-Brothers des Winters.« Natürlich müsse dafür die Zielgruppe jünger werden. 18-Jährige seien zu alt, 12- bis 14-jährige Skisprung-Fans gelte es anzusprechen und zu begeistern. Jubelnd lagen sich Weltverband FIS und *RTL* in den Armen: Beide hatten dieselbe Idee und nur zwölf Mo-nate später hatte sich die Vision weit mehr als erfüllt.

Fast bis zum Sankt-Nimmerleins-Tag, im Jahre 2007, müssen wir das Getöse nun erdulden. Bis dahin hat sich der Deutsche Ski-Verband - für etwa 80 Millionen Euro - an die Big-Brother-Bosse gebunden. Die lassen Olympia allerdings zwangsläufig links liegen, weil sie es (noch) nicht übertragen dürfen. Man stelle sich nur mal das *RTL*-Podium mit Jauch und Thoma und die Milka-blauen Verkaufsstände an einer Olympia-Schanze vor …

»Die Ansprüche zu bewältigen, wird immer schwerer. Ich kann mich gar nicht so richtig freuen«, polterte Bundestrainer Reinhard Heß nach dem Sieg Schmitts, Hannawalds, Uhrmanns und Hockes im Team-Springen. Meinte er etwa Ansprüche des selbst ernannten »Skisprung-Sen-ders«? Dort muss man nun auf das erhoffte Aufpeppen des »Premiumprodukts Skispringen« durch einen dreimaligen Olympiasieger Hanna-wald verzichten. Nichts war es mit der viel beschworenen Planungssicherheit.

Martin Schmitt fliegt westwärts im Land der unbegrenzten Möglichkeiten.

Vorflieger für Schmitt und Hannawald Was ist nicht alles anders geworden im Skispringen seit jenen Tagen, als ich talwärts flog! Die Jungs sind Hauptdarsteller in einem großen Medienspektakel, die Fernsehsender streiten sich darum, wer stundenlang von den Wettkämpfen übertragen darf, die besten Springer verdienen Beträge, bei denen uns schwindlig geworden wäre, und junge Mädchen fordern an den Schanzen von ihren Lieblingen »Ich will ein Kind von Dir!« Eins freilich ist völlig unverändert geblieben – Luft hat keine Balken, und ohne eigenes Können, Mut und Körperbeherrschung landet man auf dem Boden unerfreulicher Tatsachen. Dreimal war ich bei Olympischen Spielen dabei. Cortina, Squaw Valley und Innsbruck sind für mich auch Jahrzehnte danach noch sehr lebendige Erlebnisse. Auch das, glaube ich, ist bei aller Perfektionierung geblieben, wie es zu meinen Zeiten war: Olympia steht über allem.

Mit Medaille sowieso. 1956 habe ich sie knapp verpasst, als Vierter hinter dem Klingenthaler Harry Glass. Es wäre wohl Bronze geworden, wenn die Wertungsrichter den Finnen Kallakorpi nicht über Gebühr freundlich behandelt hätten, der dadurch sogar Zweiter wurde. Aber so ist halt der Sport – schöne Spiele blieben es für mich dennoch. Wir haben damals im Hotel in Cortina gewohnt, ein Olympisches Dorf gab es noch nicht. Für Medien oder Touristen wäre das heute sicher ein Idealzustand – jeder konnte rein in unsere Herberge. In der gemeinsamen deutschen Mannschaft kamen je zwei Springer aus dem Westen und dem Osten, wir wohnten auf dem selben Flur. Und haben uns bestens vertragen, solange sich keine Funktionäre einmischten. Es hatte sich schnell rumgesprochen, dass der Bolkart Max ein paar Dosen Bier auf dem Zimmer hat, und das stimulierte die gegenseitige Besuchstätigkeit nicht unerheblich. Mit nur einem Wettkampf war es damals freilich eher möglich, die Olympiatage insgesamt etwas entspannter zu verbringen.

Natürlich hatten wir anderes Material, andere Kleidung, andere Schanzen als heute. Die waren so gebaut, dass die Flugkurve um vieles höher war. Vom Himmel hoch, da komm' ich her, hieß das Motto. Heute schleicht man in der Regel über dem Hang zu Tale. Wir kamen mit enormer Geschwindigkeit von 110 bis 120 Sachen zum Schanzentisch und waren bei der Landung noch zehn oder zwanzig Stundenkilometer schneller. Und das mit Keilhosen, Ski-Pullover, kleiner

MAX BOLKART
1956/1960/1964

Geboren 1932, Skispringer aus Oberstdorf, 1956 Olympia-Vierter, 1960 Sechster, 1964 auf der kleinen Schanze auf Platz 37. Heute Pensionär

Mütze, Brille. Mit den Ski wurde aber auch vor 40 Jahren schon eifrig experimentiert. Vor den Spielen in Cortina hatte ich lange, kurze, breite, leichte und schwere getestet – ich war sozusagen ein Vorflieger für Schmitt und Hannawald.

Alles Mögliche und Unmögliche wurde probiert. Bei meinem Teamkollegen Toni Brutscher wurden die Bretter sogar mal punktuell mit Blei ausgegossen, um einen vorteilhafteren Schwerpunkt zu erzielen. Nachdem der Toni sich mächtig hingelegt hatte, ist man davon schnell wieder abgekommen. Ich erinnere mich an einen jugoslawischen Springer, der wohl an die zwei Zentner wog, mit riesiger Anfahrtsgeschwindigkeit auf den Schanzentisch zuraste – und dann regelrecht runterplumpste. Auch bei den deutschen Bobfahrern sichtete man 1956 Kerle von echtem Schrot und Korn. Gegen die Herkulesse wie Anderl Ostler oder Lorenz Nieberl mit ihren Riesenbäuchen nehmen sich deren heutige Nachfolger wie schmale Handtücher aus.

Wenn man alles noch einmal Revue passieren lässt, kommt man sich vor wie ein Sport-Unikum. Stilistisch leben die Skispringer heute ja eh in einer ganz anderen Welt. Ich bin noch mit vorgestreckten Armen und natürlich parallelen Skiern statt eines weit gespreizten V gesprungen. Als ich mal einen Flug mit nach hinten angelegten Händen absolvierte, kam Trainer Bubi Bradl zu mir und verbat sich derlei Experimente: »Das machst du nicht noch mal! Sonst bist du nicht mehr du …« Also ließ ich es sein und blieb der Bolkart Max. Noch zweimal durfte ich auf diese Weise Olympia erleben, schaffte 1960 im wunderbaren Squaw Valley Rang 6 und behauptete mich 1964 in Innsbruck als einziger Springer aus dem Westen im letzten gesamtdeutschen Olympia-Team, das von Helmut Recknagel angeführt wurde. Missen möchte ich von all dem nichts. Ich habe viel gesehen, viel gelernt, es war wunderbar. Auch wenn unser Sportlerleben damals wenig mit Sponsoren, mit Vermarktung und perfekter Rundumbetreuung zu tun hatte. Das alles gab es schlichtweg nicht. Andererseits: Wir hatten weitgehend unsere Ruhe, und die Kameradschaft untereinander war – so empfand ich es – irgendwie selbstverständlicher. Wenn ich heute bei manchen Anlässen die Springer-Asse zusammen erlebe, dann sitzen zwei dort, zwei da und zwei da-oder-dort. Dabei gehören alle an einen Tisch – oder ist das altmodisch?

NORDISCHE KOMBINATION

EINZEL	SPRINGEN NORMALSCHANZE + LANGLAUF 15 KM
	SPRINT (SPRINGEN GROSSSCHANZE + LANGLAUF 7,5 KM)
MANNSCHAFT	SPRINGEN GROSSSCHANZE + LANGLAUF 4X5 KM-STAFFEL
OLYMPISCHE PREMIERE	SPRINT

ENTSCHEIDUNGEN: 3

FLOTTER DREIER

EIN HOBBY-GITARRIST SPIELT UNANGEFOCHTEN DIE ERSTE GEIGE

www.ski-online.de · www.nordic-combined.com · www.nordische-kombination.de · www.wintersport.as · www.markobaacke.de · www.felixgottwald.com

Gerade mal 22 Jahre alt ist er – und schon dreifacher Olympiasieger in der Nordischen Kombination. Samppa Lajunen hat Geschichte geschrieben. Das Gold-Triple in Einzel, Sprint und Mannschaft hat vor ihm keiner geschafft – was kein Wunder ist, denn der Sprint gehörte erstmals zum Programm. Bis 1988 hatten sich die Kombinierer mit einer Entscheidung begnügen müssen, in Calgary kam der Team-Wettbewerb hinzu. Dominierten 1998 in Nagano noch die Norweger, so spielten die »Erfinder« des Winterzweikampfs nach dem Rücktritt von Doppel-Olympiasieger Bjarte Engen Vik nun

keine Rolle mehr. Dafür aber die Deutschen, die sich mit zwei Silbermedaillen nach den WM-Erfolgen im Jahr zuvor nun auch olympisch in der Weltspitze zurückmeldeten. Das Team schaffte das erste Mannschafts-Edelmetall seit 1988, Ronny Ackermann im Sprint die erste Einzelplakette seit Uli Wehlings Olympiasieg 1980. Überstrahlt aber wurde alles vom unglaublichen Samppa Lajunen. Der Hobby-Gitarrist, der gemeinsam mit den Kombinierer- und Springerkollegen Antti Kuisma, Ville Kante, Jussi Hautamäki und Olli Happonen in der Band Vieraileva Tähti rockt, spielte in Salt Lake City auf Schanze

und Loipe unangefochten die erste Geige. Sein Lebensmotto »Was man macht, muss man gut machen«, setzte der im Sternzeichen Stier geborene Student auf optimale Weise um. Und legte mit dem Gold-Dreier das Klischee des »ewigen Zweiten« ab, das er sich nach vielen Silber-Plätzen zuvor erworben hatte. Mit 17 hat Samppa Lajunen seinen ersten Weltcup gewonnen. »Damals war ich überrascht, diesmal nicht.« Den Song, mit dem seine Band einen Single-Hit landete, scheint er sich selbst auf den Leib geschrieben zu haben: »The lightest Man in Finland«. Was geografisch eher zu bescheiden ist.

Man meint den Atemzug zu hören, das Keuchen, spürt die zum Zerreißen angespannten Muskeln, sieht die verkrampften Gesichtszüge, ahnt die Schmerzgrenze. Samppa Lajunen – so sehen Olympiasieger aus.

NORDISCHE KOMBINATION

1 + 1 + 1 + 1 = 2 Deutschlands Kombinierer haben die Addition neu erfunden. Mit Silber im Teamwettbewerb auf Schanze und Loipe bestätigten die jungen Winterzweikämpfer aus Thüringen, dem Erzgebirge und Schwarzwald, dass in der früheren Vorzeigedisziplin wieder an die guten Erfolge von einst angeknüpft wird. Fünfter war das Quartett nach dem Springen – aber 17 Sekunden hinter den drittplatzierten US-Amerikanern. Am Ende des 4x5-km-Langlaufs jubelte Ronny Ackermann über Platz 2 – 7,5 Sekunden Vorsprung rettete Finnland ins Ziel. Die Schlusskilometer des Oberhofers waren das Finale furioso eines glänzenden kollektiven Zusammenspiels mit den drei Vorläufern. »Wir haben es geschafft, Tradition mit Zukunft zu verbinden«, lobte Bundestrainer Hermann Weinbuch seine Schützlinge. »Die Burschen haben endlich mal gezeigt, was sie können.« Weinbuch, 1985 Kombinations-Weltmeister, hatte 1988 an den Spielen in Calgary teilgenommen, die für fast anderthalb Jahrzehnte mit dem letzten olympischen Medaillengewinn den Abschied der Deutschen von der Weltklasse einläuteten. Zwar gewann damals die Bundesrepublik Team-Gold (ohne Weinbuch, der nur Einzel-29. geworden war), »aber vielleicht war das für die Perspektive fast ein wenig kontraproduktiv, weil man sich selbstzufrieden zurücklehnte«.

Erst als das Kind im Brunnen lag, begann hektische Schadensbegrenzung. Zunächst nur mit Personalwechsel – rein mit Weinbuch als Bundestrainer, raus mit Weinbuch, wieder rein mit Weinbuch. »Bis man begriff, dass es um Strukturen geht, dass man Jungs für die Kombination nur mit heißem Herzen gewinnen kann, weil sonst alle beim Skispringen landen.« Die späte Geduld über die Durststrecke hinweg hat sich ausgezahlt. Die Zukunft der Sportart könnte mehr noch als die Gegenwart den Deutschen gehören. Björn Kircheisen, kurz vor Olympia Junioren-Weltmeister geworden, ist 19, Georg Hettich 23, Marcel Höhlig 22 und Teamleader Ronny Ackermann 24 Jahre alt. »Wir haben noch Ausrisse nach oben und nach unten. Ist das stabilisiert, wird es ganz schwer, uns zu schlagen«, sagt Ackermann, der als Einziger schon mal Olympia erlebt hat. »Acker« ist ein Kind des Übergangs von der Resignation zum Aufbegehren. »Als ich international einstieg, hatten wir keine Vorbilder im eigenen Land. Das hat sich geändert – das spricht für uns. Und es hat spürbare Effekte für die Kombination in Deutschland. Ich glaube nicht, dass wir noch einmal in ein solches Loch fallen.« Insofern hat das deutsche Team mit seiner Medaille nicht nur eine besondere Addition geschafft, sondern war gleichzeitig auch noch ein erstklassiger Multiplikator.

Kampf auf Biegen und Brechen. Auf der Schanze (rechts Marcel Höhlig) nicht so stark wie erwartet, legen die vier deutschen Kombinierer einen furiosen Staffellauf hin, der sie auf den Silber-Rang bringt. Die Wechselstudien belegen es: Björn Kircheisen auf Georg Hettich, Georg Hettich auf Marcel Höhlig, Marcel Höhlig auf Ronny Ackermann, der im Ziel begeistert in Empfang genommen wird (von oben).

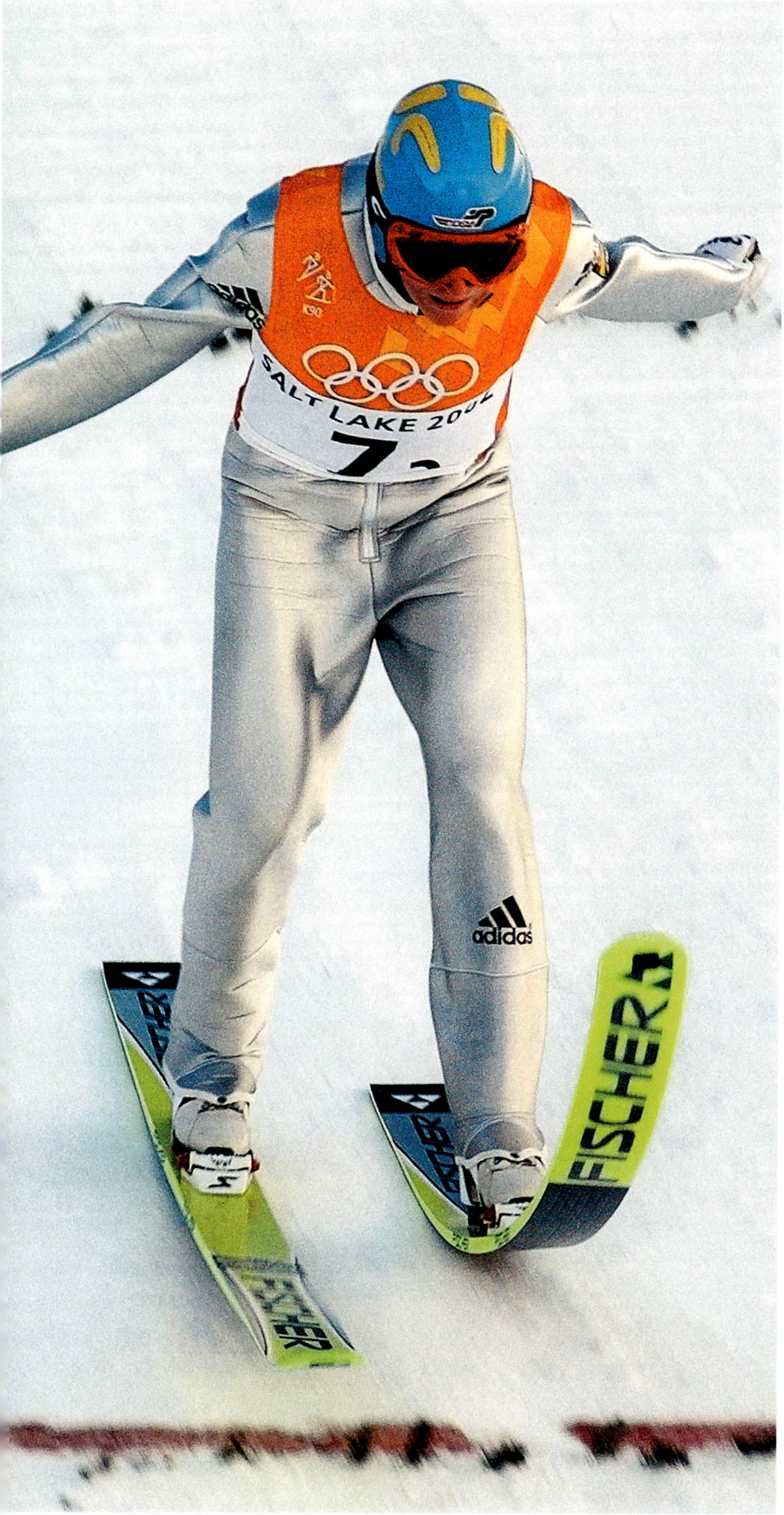
SALT LAKE 2002
adidas
FISCHER
FISCHER

SALT LAKE 2002

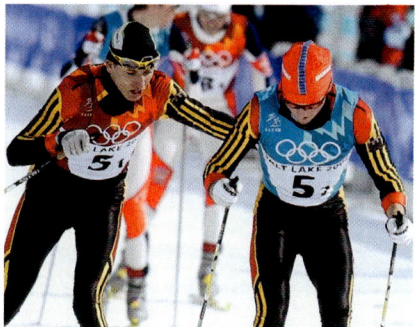

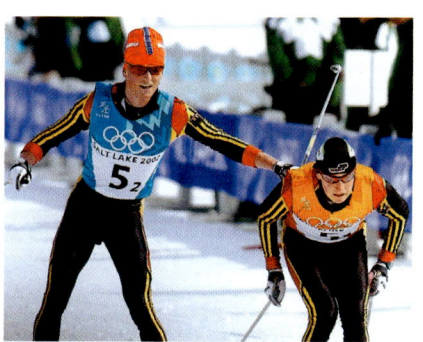

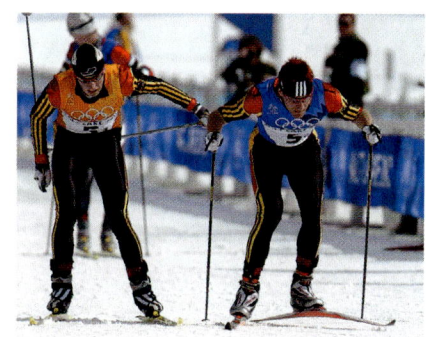

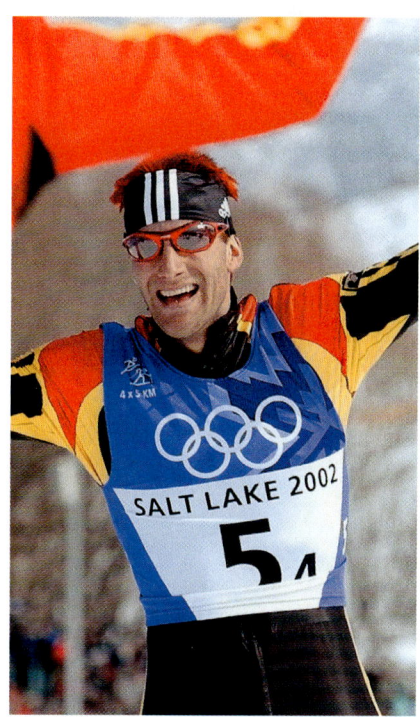

NORDISCHE KOMBINATION

Ein Sprint an zwei Tagen Im Mitteilungsheft des Ski-Weltverbandes FIS zur Saison 2001/2002 heißt es unter »Änderungen« unter anderem: »SPRINT – sollte als eigenständige und spezielle Wettkampfform in der Nordischen Kombination immer mit großen Lettern geschrieben werden.« Eine formal gemeinte Festlegung, die aber durchaus ihren symbolischen Hintersinn hat. Denn der Wettbewerb aus einem Sprung und dann 7,5 Kilometern in der Loipe verkörpert die Zukunft der Traditionssportart, die seit der Winter-Olympia-Premiere 1924 in Chamonix immer auf dem Programm der Spiele gestanden hat. Die Behauptung, dass Nordische Kombination höchst spannend sein kann, hätte vor einigen Jahren bei Normalverbrauchern vermutlich nur zum Fingertippen an die Stirn geführt. Jetzt gehört der Skizweikampf zu den Quotenbringern des öffentlich-rechtlichen Fernsehens, das sich deshalb in diesem Winter sogar entschlossen hat, live von mehreren Weltcups zu berichten. Das hat auch und vor allem mit dem Sprint zu tun, der es auf der Überholspur geschafft hat, in kürzester Zeit einen unumstrittenen Platz im Wettkampfangebot der Sportart einzunehmen. Mitte der neunziger Jahre gab es erste internationale Tests, im Winter 1997/98 waren von 15 Weltcups schon fünf Sprints. Inzwischen hat sich dieses Verhältnis auf 10:22 verändert. 1999 war der Sprint erstmals WM-Disziplin, nun feierte er seine olympische Premiere. »Wie in der Wirtschaft entscheiden auch bei uns Angebot und Nachfrage über den Erfolg. Und die Nachfrage war sehr gut«, sagt Uli Wehling, 1972 bis 1980 dreimal Kombinations-Olympiasieger in dem damals allein ausgetragenen Einzelwettbewerb. Traditionalist ist er wegen dieses Umstandes aber nicht. Im Gegenteil. Der FIS-Renndirektor für die Nordische Kombination ist seit einem Jahrzehnt ein energischer Antreiber von Neuerungen in seiner Sportart. »Die Einführung der Gundersen-Methode, wo die Abstände im Springen auf Laufdifferenzen umgerechnet werden, und der Sprint haben die Kombination vor dem Verschwinden in der Bedeutungslosigkeit bewahrt.« Die Tausende an Schanze und Loipe in Salt Lake City sind für Wehling ein deutlicher Beweis dafür. »Die USA sind nicht gerade eine nordische Ski-Nation. Wenn dort unsere Jungs abgefeiert werden, dann können wir nicht alles falsch gemacht haben«, registriert der 49-Jährige erfreut die glänzende Werbung für seine Sportart. Die Zuschauer haben mit den Füßen pro Kombination abgestimmt, bei den Athleten hatte der kurzweilige Wettkampf von Beginn an eigentlich nur Fürsprecher. »Der Sprint ist durch seinen Kampf Mann gegen Mann faszinierend. Schade, dass er in Salt Lake City an zwei Tagen stattfand und nicht hintereinander weg. Denn damit wird der Reiz nur noch größer.« Logistisch war diese Abfolge leider nicht möglich, denn die Loipen in Soldier Hollow lagen gut 30 Meilen von den Schanzen entfernt.

> Die neue, schöne Seite der Nordischen Kombination: Erst ein Sprung, dann ein Lauf – aus die Maus! Wer den Sprung verhaut, hat ebenso schlechte Karten wie derjenige, der auf der Zielgeraden nicht noch mal zulegen kann. Sprinten eben, so wie es Ronny Ackermann beherrscht. Der Lohn: Silber in Soldier Hollow. Nur Samppa Lajunen hat er nicht mehr bekommen.

Zehn Minuten Vorfreude aufs Gold Getan hat man in der Nordischen Kombination eigentlich immer dasselbe. Schon als 1924 bei den ersten Winterspielen der Geschichte in Chamonix der Norweger Thorleif Haug Olympiasieger wurde, wurde gesprungen und dann gelaufen. Dennoch hat sich der Winterzweikampf mit den beiden so grundverschiedenen Disziplinen seit Ende der achtziger Jahre gewaltig verändert. Die nach Gunder Gundersen, dem 54-er Vize-Weltmeister und späteren Vorsitzenden des Kombinations-Komitees im Weltverband FIS, benannte Gundersen-Methode, die das Resultat des Springens in Zeitabstände umrechnet, mit denen die Athleten in die Loipe gehen, hat das Ganze attraktiver und nachvollziehbarer für die Zuschauer gemacht. Wer als Erster ins Ziel kommt, ist auch der Sieger. Logisch. Aber zu meinen Zeiten eine Utopie. Wir absolvierten erst unsere drei Sprünge, von denen die beiden besten gewertet wurden. Daraus ergaben sich ein Punktresultat und natürlich auch ein Zeitvorsprung oder -rückstand auf die Konkurrenten.

Für den 15-Kilometer-Lauf allerdings wurde die Startreihenfolge in vier Setzgruppen unabhängig von der Sprungleistung völlig neu ausgelost. Die in der Loipe erreichte Zeit ergab ebenfalls ein Punktresultat, das dann mit den Zählern vom Springen addiert wurde und das Klassement ergab. Hört sich kompliziert an, und das war es auch. Vor allem für die Zuschauer, die oft gar nicht wussten, wem sie nun zujubeln sollten. Bei den 68-er Spielen in Grenoble war ich der beste Springer gewesen. Mit drei guten Flügen, von denen der letzte eigentlich der beste war, aber dann doch rausfiel, weil ich bei der Landung »rodelte« und damit einen noch größeren Vorsprung fürs Laufen verspielte. Als Favorit auf das olympische Gold galt der Schweizer Alois Kälin, der – was reiner Zufall war – justament ziemlich exakt mit dem zeitlichen Abstand zu mir in die Laufspur ging, der sich nach der Schanze ergeben hatte. Das vereinfachte die komplizierte Aufgabe der Suche nach dem Sieger: Kam ich vor Kälin ins Ziel, hatte ich nach Lage der Dinge gewonnen, überholte er mich, müsste ich mich mit Silber begnügen.

Gelaufen wurde natürlich klassisch und auf Holzski, von Skating war trotz des einen oder anderen Schlittschuhschritts unterwegs noch keine Rede. Ich kam vor dem Schweizer an – das schuf erstmal ein ganz gutes Gefühl, aber noch keine Sicherheit, weil es eben relativ knapp zuging. Bis alles hundertprozentig war, vergingen zehn Minuten Vorfreude aufs Gold, in denen alles mögliche auf einen einstürzte. Glückwünsche der Mitbewerber, die man noch vorsichtig abwehrte, Interviews der Journalisten, in denen man auf die Standardfrage »Wie fühlen Sie sich jetzt?« etwas möglichst Intelligentes zu sagen versuchte. Dann stand es fest – Olympiasieger Franz Keller! Ein wunderbares Gefühl. Die Spiele aber waren damit für mich noch nicht beendet.

Denn meine Stärke im Springen bescherte mir einen zweiten olympischen Auftritt bei den Spezialisten von der Großschanze. Platz 36 bedeutete nichts Weltbewegendes, aber ich nahm es als angenehme Zugabe. Schon 1964 hatte ich mich in der deutsch-deutschen Olympiaausscheidung als Spezialspringer versucht. Gezwungenermaßen, denn damals gab es die heute höchst seltsam anmutende Festlegung, dass man in der Nordischen Kombination nur starten durfte, wenn man über 20 Jahre alt war. Grenoble blieb der Höhepunkt meiner Sportlerkarriere, die 1974 nach der WM in Falun endete. Zwei Jahre zuvor hatte ich mich in Sapporo zur olympischen Titelverteidigung gestellt, freilich schon gehandicapt durch anhaltende Rückenprobleme. Dass es so ziemlich mein schlechtester Wettkampf überhaupt wurde, war natürlich ärgerlich, konnte aber dem olympischen Hochgefühl insgesamt keinen Abbruch tun.

Heute wäre es für einen wie mich vermutlich noch schwerer, ganz vorne zu sein. Dank der Gundersen-Methode sind die guten Springer stets die Gejagten – in der Regel ein psychologischer Vorteil für die starken Läufer. Das mag mancher bedauern, aber unzweifelhaft ist die Kombination damit spannender geworden. Ich habe immer mal wieder versucht, meine Laufdefizite durch mehr Loipen-Training abzubauen. Aber das funktioniert bei Kombinierern meistens nicht, was eine ganze Reihe von Beispielen belegt. Zwar werden die Resultate in der schwächeren Teildisziplin tatsächlich besser, aber andererseits schmälert es die eigentlichen Stärken. Die Kombination ist halt die Balance zweier schwer vereinbarer Extreme: hie explosive Sprungkraft, da ausdauernde Kondition. Die das am besten in Übereinstimmung bringen, sind am Ende vorn. Ich bin froh, dass Deutschland nach langer Durststrecke jetzt gleich mehrere solcher Leute aufbieten kann.

FRANZ KELLER
1968/1972

Geboren 1945, Nordisch Kombinierter aus Nesselwang, 1968 Olympia-sieger, 1972 auf Platz 33.
Heute nach Berufssoldaten-Laufbahn pensioniert

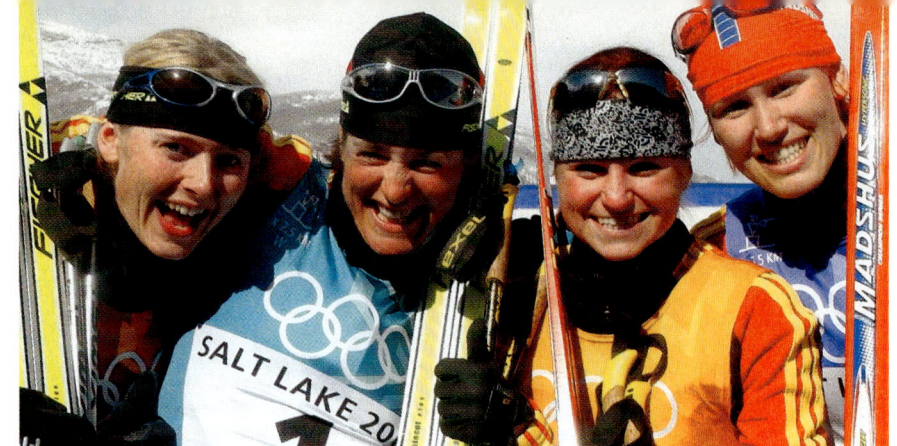

Die Vier von der Schießanlage: Katrin Apel, Uschi Disl, Andrea Henkel und Kati Wilhelm nach dem goldenen Staffellauf in Soldier Hollow.

B I A T H L O N

DISZIPLINEN 7,5 KM, 10 KM VERFOLGUNG, 15 KM, 4X7,5-KM-STAFFEL (FRAUEN)
10 KM, 12,5 KM VERFOLGUNG, 20 KM, 4X7,5 KM-STAFFEL (MÄNNER)
OLYMPISCHE PREMIERE VERFOLGUNGSRENNEN 10 KM FRAUEN, 12,5 KM MÄNNER

ENTSCHEIDUNGEN: 8

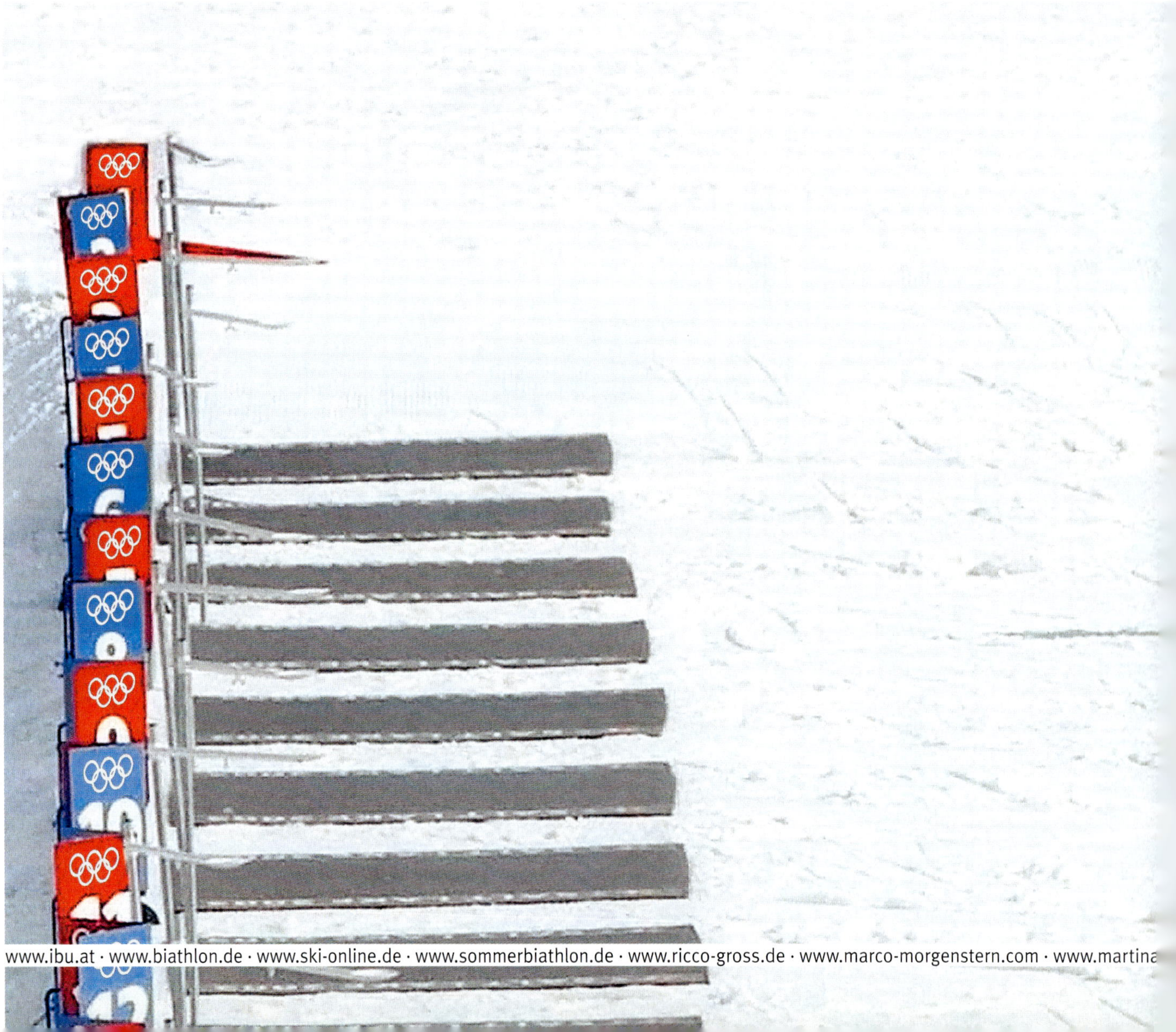

 www.ibu.at · www.biathlon.de · www.ski-online.de · www.sommerbiathlon.de · www.ricco-gross.de · www.marco-morgenstern.com · www.martina

Ein viel gebrauchter Sprechchor zu DDR-Zeiten hieß »8-9-10 – Klasse!« Einen ähnlichen könnte man auch für die deutschen Biathleten in Soldier Hollow kreieren. Noch nie waren sie seit dem gemeinsamen olympischen Dasein von Männern und Frauen so gut. 7-6-5-9 – Weltklasse! – So müßte, auf die Medaillen seit 1992 bezogen, der Slogan lauten. Neun olympische Plaketten, drei aus Gold, fünf aus Silber und eine aus Bronze, erkämpften die Disl, Henkel, Wilhelm, Luck, Fischer oder Groß. Drei Olympiasiege für die Frauen, die nach 1998 erneut die Männer übertrafen, krönten die Gala der Winter-

zweikämpfer, die von IOC-Vizepräsident Dr. Thomas Bach als »Herzstück des ganzen deutschen Olympiateams« abgelobt wurden. Kati Wilhelm, bei drei Einsätzen mit zweimal Gold und einmal Silber so etwas wie der Björndalen der Frauen, und die doppelt vergoldete Andrea Henkel wurden von (fast) No Names zu Größen der Szene. »Damit müssen wir wohl in Zukunft leben. Jetzt werden wir angesagt mit ›Und nun die Olympiasiegerin …‹«, meint Kati Wilhelm stolz und ungläubig zugleich. Eine noch stärkere Ruhmes-Last aber hat sich Norwegens Ole Einar Björndalen aufgeladen. Seit Eisschnellläufer Eric Hei-

den, der 1980 fünfmal auf Kufen siegte, und dem 1988 dreifach vergoldeten Skispringer Matti Nykänen ist der Mann aus Trondheim der erste, der in einer Sportart mit vielen Wettbewerben so dominierte. Dass er auch der erfolgreichste Athlet der Winterspiele 2002 wurde – logisch! Alle Experten, die auf den Einbruch des 28-Jährigen gewettet hatten, lagen falsch. Mit stoischer Gelassenheit absolvierte der Überflieger die Rennen. In der Ruhe liegt die Kraft. Kraft, die er auch aus dem Umfeld bezieht. Sofort nach der Staffel reiste Björndalen nach Hause: »Ich will zu meiner Familie!«

Die Einsamkeit der Biathletin. Schlussläuferin Kati Wilhelm scheint alle Zeit der Welt zu haben, ihr Staffel-Quartett liegt unangefochten auf Siegeskurs.

ANDREA HENKEL / KATI WILHELM

JUNGE WILDE GANZ KÜHL

OLYMPIA-GOLD IM ERSTEN ANLAUF

ANDREA HENKEL (oben)

Gold   15 km
Platz 25 7,5 km Sprint
Platz 13 10 km Verfolgung
Gold   4x7,5-km-Staffel

KATI WILHELM (unten)

Gold   7,5 km Sprint
Silber   10 km Verfolgung
Gold   4x7,5-km-Staffel

Es ist wunderbar, unrecht zu haben. Uwe Müssiggang, der deutsche Bundestrainer mit dem für den Job so unpassenden Namen, stellte das bei den olympischen Auftritten seiner Biathlon-Frauen fest. Vor dem Auftakt hatte er noch geunkt, »dass wir zwar gut dabei sind, aber keine komplexe Biathlonleistung abrufen können«. Soll heißen: Wenn man am Schießstand nicht trifft, dann bleiben die Podestplätze reserviert für andere.

Doch nichts ist so alt wie die Wahrheit von gestern. Und (fast) keine war in Salt Lake City so cool wie die »jungen Wilden« aus dem Team von Müssiggang. Erst gewann die 24-jährige Andrea Henkel den 15-km-Einzelwettbewerb, dann ihre ein Jahr ältere Thüringer Landsfrau Kati Wilhelm den 7,5-km-Sprint, schließlich beide Gold mit der Staffel. Nerven? Keine Spur! Eine Strafminute mit einem Fehler bei 20 Schuss da, zehn Treffer bei zehn Schüssen dort. Und dazu Laufleistungen, die das komplettierten, was Müssiggang »komplexe Leistung« nennt. »Das kann man bei Olympia mit seinen eigenen Gesetzen nicht verlangen, und man kann es auch nicht erwarten. Aber dass beide den Mut hatten, alles zu riskieren, das begeistert mich.« Denn Henkel & Wilhelm liefen bei ihren olympischen Biathlon-Premieren gegen alle Expertenprognosen. In denen waren die Medaillen an die Schwedin Magda Forsberg, die Norwegerin Liv Grete Poiree, die Ukrainerin Olena Zubrilowa, die Russin Olga Pylewa vergeben. Die jungen Deutschen hatte keiner auf der Rechnung. Zwar hatten beide schon je zwei Weltcuprennen gewonnen, war Henkel 1996 und 1997 viermal Junioren-Weltmeisterin und Wilhelm 2001 gar Sprint-Championesse bei den »Großen«.

»Locker loslaufen wie in jedem anderen Rennen, nicht daran denken, dass Olympia ist, bis zum Schluss durchhalten und versuchen, gut zu schießen« – Andrea Henkels Rezept erwies sich auch für Kati Wilhelm (besondere Kennzeichen: rote Mütze, rote Strümpfe und ein Fisherman's Friend als Start-Turbo) als goldig, die 1998 in Nagano als Langläuferin mit hinteren Plätzen noch das olympische »Dabeisein ist alles« auskosten durfte. Mit jeweils niedrigen Startnummern in die Loipe gegangen, begann nach den Rennen erst das Leiden des langen Wartens auf den Ausgang, dann das Vergnügen der Siegesfeiern. »Die Mädels haben das umgesetzt, was ihnen im Training schon öfters gelungen war. Das ist die Kunst, die aus Guten die ganz Guten macht«, lobte Uwe Müssiggang. Frisch, frech, fröhlich, frei, fleißig, filigran – Andrea Henkel und Kati Wilhelm sind das personifizierte F-Programm des deutschen Frauen-Biathlon.

OLE EINAR BJOERNDALEN

EINAR WIE KEINER

NORWEGEN HAT WIEDER EINEN BJÖRN DÄHLIE – ABER IM BIATHLON

Gold	20 km Einzel
Gold	10-km-Sprint
Gold	Verfolgung
Gold	4x7,5-km-Staffel

Platz 6	30 km Massenstart, Langlauf

Keine Ausrutscher mehr bei Ole Einar Bjoerndalen. Der 28-jährige Norweger, der lange Zeit wegen seiner Schwäche am Schießstand als Wackelkandidat galt, ist inzwischen laut Bundestrainer Frank Ullrich »Einar wie keiner«. Bei seiner Olympia-Premiere 1994 in Lillehammer war der schlanke Super-Skater mit den Plätzen 36 im Einzelrennen und 28 im Sprint nur einer unter vielen. Vergeben und vergessen. Daheim im Land der Skiläufer ist der Ausnahme-Biathlet dabei, Popularitätswerte wie einst Björn Dählie zu erklimmen. Dass er nur zwei Tage nach seinem von vielen skeptisch beargwöhnten Abstecher zum Langlauf mit Platz 6 im 30-km-Wettbewerb das 20-km-Rennen trotz zweier Fehlschüsse deutlich gewann – na gut. Dass der Wikinger mit seiner dank eigner Bemalung vom Gebrauchs- zum Kunstobjekt umfunktionierten Waffe aber im Sprint über 10 km zweimal Null schoss, das hatte ihm kaum jemand zugetraut. Dabei hatte der Student mit dem Hauptberuf Biathlet dieses Kunststück schon bei seinem Sprint-Olympiasieg in Nagano vorgemacht. Im »Nuller-Klub«, zu dem jene Asse gehören, die bei Olympia oder WM fehlerfrei Champion wurden, ist Bjoerndalen olympisch gesehen als einziger zweimal vertreten. Gold-Coup Nummer 3 in der Verfolgung machte Bjoerndalen zum König von Salt Lake City.

Erreicht hat der mit fast dreißig Weltcup-Erfolgen einsame Primus unter den aktiven Winterzweikämpfern seine Treffsicherheit mit dem Rezept »weniger ist mehr«. Noch vier Wochen vor Salt Lake ignorierte er in Oberhof bei seinen Auftritten beharrlich den schwarzen Kreis auf seiner Schießbahn. Aufatmen bei der Konkurrenz: Den können wir abhaken. Bjoerndalen reagierte ungewohnt: »Ich habe mein Training geändert, nicht mehr so viel geschossen.« Stattdessen skatete er wie ein Wilder, erschreckte die Spezialisten mit Vorderplätzen im Langlauf. Die Kontrahenten grinsten sich verstohlen an – jetzt schien der Norweger völlig durchgedreht zu sein. »Das war keine Belastung, ich brauche das für den Kopf«, kommentierte Bjoerndalen seine extravagante Olympiavorbereitung. Eine nach dem Muster »Alles oder nichts«. Verspottet hätten sie ihn, getröstet und scheinbar mitfühlend Respekt für das achtungsvolle Abschneiden ohne Waffe bekundet. Auch daheim in Norwegen hatte man ihm sein vorolympisches Eremiten-Dasein vorgehalten. Fernab vom Restteam hatte er in Italien, den olympischen Feinschliff vollzogen. Nach dem zweiten Sieg meinte der Eigenbrödler kurz: »Solche Tage hat man nur ganz selten im Leben, und ich hatte hier schon zwei davon.« Es folgte Gold-Tag drei. Er ist eben Einar wie keiner.

Silbernes Finale für die Golden Generation Junge Frauen, alte Männer – so könnte man despektierlich Deutschlands Biathlon-Gegenwart beschreiben. Erfolg hatten in Salt Lake City die einen wie die anderen. Acht Wettbewerbe standen in Soldier Hollow auf dem Programm, in keinem blieben die Winterzweikämpfer aus Thüringen und Bayern ohne Edelmetall. Allerdings war das »schwache Geschlecht« beim Medaillensammeln diesmal das deutlich stärkere. Die junge Garde von Bundestrainer Uwe Müssiggang heimste gleich drei von vier Titeln ein, die reife Truppe von Männer-Coach Frank Ullrich blieb ohne Sieg. Das hatte es letztmals 1976 gegeben. Von Misserfolg zu reden, verbot sich angesichts von vier Medaillen aber dennoch. Frank Lucks und Sven Fischers Silber im Einzellauf und im Sprint, Rang zwei der Staffel hinter den Norwegern mit Vierfach-Sieger Ole Einar Björndalen und Verfolgungs-Bronze von Ricco Groß übertrafen rein zahlenmäßig sogar deutlich die Nagano-Bilanz, als der abschließende Staffelsieg den einzigen Gang aufs Treppchen bedeutete.

Peter Sendel, Sven Fischer, Frank Luck, Ricco Groß

Das goldene Finale blieb diesmal aus. Mit dem vierten Triumph in Folge hätte die deutsche Staffel Sportgeschichte geschrieben – und Startläufer Ricco Groß hätte sich zum erfolgreichsten deutschen Winter-Olympioniken überhaupt gekürt. Und der Sieg hätte die »Golden Generation« des deutschen Biathlons auf optimale Weise in den olympischen Ruhestand verabschiedet. Es ist davon auszugehen, dass man das Salt Lake City-Quartett bei den nächsten Spielen 2006 in Turin kaum noch in Aktion erleben wird. Mit 31 (Groß), 30 (Sendel), knapp 31 (Fischer) und 34 (Luck) verkörpern die Olympiasieger von 1998 und Zweiten von 2002 ein grandioses Erfolgsjahrzehnt für die in Deutschland zum Quotenrenner avancierte Wintersportart. Das hat auch und vor allem mit ihren Namen zu tun.

Luck, schon 1988 bei Olympia dabei, hat seitdem bei den Spielen und bei Weltmeisterschaften – die Staffeln einbezogen – elf Titel gewonnen, ist Deutschlands erfolgreichster Biathlet aller Zeiten. Sein Schwager Sven Fischer bringt es auf sieben, der nach Ruhpolding abgewanderte Sachse Ricco Groß auf acht, Peter Sendel auf zwei. Nun müssen, zumindest mit Blick aufs nächste Olympia, Jüngere ran. »Die Frauen sind da zweifellos einen Schritt weiter als wir. Sie haben den Generationswechsel sozusagen fließend eingeleitet und schon geschafft«, gibt Frank Ullrich zu. Allerdings haben bei den Männern die »Alten« und Arrivierten ihren Platz nicht auf Grund irgendwelcher Privilegien, sondern durch exzellente Leistungen behauptet. In Salt Lake City fehlte nur das Happy End in Form einer Goldmedaille. Bange vor der Zukunft muss aber auch den Männern nicht sein. »Wir haben genug junge Leute, die schon sehr gute Abschlussleistungen gezeigt haben und das Zepter von den Alten übernehmen können«, sagt Frank Ullrich.

Im dichten Schneegestöber den Durchblick behalten:
Ricco Groß läuft die Staffel an. Am Ende gibt es Silber.
Ein großer Erfolg, auch wenn man an der historischen
Goldenen vorbeigeschrammt ist.

Wehe, wenn sie losgelassen . . .

Trainer Frank Ullrich

Als Nuller die Nummer 1 In den meisten Sportarten ist die Null alles andere als erstrebenswert. Der in der Regel wenig einfühlsame Fan macht, wenn er verärgert ist, seinem Frust sogar oft damit Luft, dass er den ansonsten vergötterten sportlichen Liebling als »Null« beschimpft. Im Biathlon aber ist man als »Null« der König. Denn diese Zahl benennt im Winterzweikampf mit Ski und Kleinkalibergewehr die Fehltreffer am Schießstand. Und die Null ist stets eine glänzende Voraussetzung für die angestrebten Plätze auf dem Medaillentreppchen. »Läuferisch waren relativ viele auf einem etwa gleich starken Niveau. Das war ein bisschen überraschend, denn in den Vorjahren und auch zu Beginn der Olympiasaison dominierten einige Wenige in der Loipe«, hat Männer-Bundestrainer Frank Ullrich festgestellt. Die Norweger bei den Männern, Magdalena Forsberg, die Ukrainerin Olena Zubrilova oder Liv Grete Poiree bei den Frauen. Die Rennen in Soldier Hollow aber wurden nicht in erster Linie über das Laufen, sondern das Schießen entschieden. Natürlich war ein schnelles Brett mit Voraussetzung fürs Edelmetall, aber noch mehr galt es, beim Zielen auf die 50 Meter entfernten, kleinen schwarzen Scheiben, die beim liegenden Anschlag 45 und beim stehenden 115 Millimeter Durchmesser haben, nicht aus der Rolle zu fallen.

Das schafften bei den Männern Ole Einar Björndalen, bei den Frauen die Oberhoferin Kati Wilhelm am besten. Vor allem in den Sprintwettbewerben, in denen beide glänzend unterwegs waren – aber vor allem dank der »Null« zur Nummer 1 wurden. Und damit Aufnahme in einem höchst exklusiven Klub fanden. Mitglied im »Zero-Club« der International Biathlon Union (IBU) nämlich wird nur der, der bei Olympia oder Weltmeisterschaften in einem Einzel-, Sprint-, Verfolgungs- oder Massenstart-Rennen mit einem Nuller-Schießergebnis gewinnt. Björndalen war als Sprint-Sieger von Nagano schon drin, Kati Wilhelm kam als Nummer 28 seit Beginn der internationalen Meisterschaftshistorie (WM 1958, Olympia 1960) neu hinzu. Fünf Deutsche hatten das schon vor der Thüringerin geschafft: der heutige Bundestrainer Frank Ullrich (WM 1978 und 1979), Petra Behle (WM 1988 und 1991), Frank Luck (WM 1989 und 1999), Mark Kirchner gleich dreimal (Olympia 1992, WM 1990 und 1991) und Ricco Groß (WM 1997 und 1999). Treffsicher waren sie also schon immer, die Deutschen. Vielleicht eröffnet das auch Chancen für Schwarz-Rot-Gold in einer neuen Variante der attraktiven Sportart, die gegenwärtig noch in der Testphase ist: Archery-Biathlon ist eine Kombination aus Bogenschießen und Skilanglauf. Einen »Nuller-Klub« gibt es dort noch nicht – aber das scheint nur eine Frage der Zeit.

Wie olympische Cowboys auf Skiern Wir haben es schon immer gewusst: Biathlon macht Spaß. Teilten zu meinen Aktiven-Zeiten noch nicht allzu viele diese Meinung, so sind inzwischen neben den Athleten und Trainern auch die Zuschauer, Journalisten und vor allem das Fernsehen davon überzeugt. Die Sportart selbst hat eine Menge dafür getan. Sie ist nicht in Konservatismus erstarrt, sondern hat sich gewandelt. Es gibt mehr Wettbewerbe, und deren Abläufe sind nachvollziehbar und spannend. So ist Biathlon unter den Wintersportarten zum Quotenrenner neben dem Skispringen geworden. Ich und meine damaligen Teamkollegen waren vor dreißig und mehr Jahren nicht so oft im Fernsehen zu sehen – zugegeben. Verdient haben wir mit unserem Sport natürlich auch noch nichts. Und an einen Weltcup mit satten Geldprämien war überhaupt noch nicht zu denken.

Erfolgreich waren deutsche Biathleten, vor allem die aus dem Osten, aber schon damals. Meine Silbermedaille im 20-Kilometer-Wettbewerb am 9. Februar 1972 in Sapporo war das erste deutsche Edelmetall für die Winterzweikämpfer, zwei Tage später sollte noch Bronze durch die DDR-Staffel folgen. Einstweilen ist jede Menge Edelmetall dazugekommen. Wobei es unsere Nachfolger im besten Sinne des Wortes »leichter« haben. Denn wir verrichteten unsere Schießübungen noch mit einem Großkalibergewehr, das mit fingerlangen Armeepatronen geladen werden musste. Die zwanzig Schuss Munition und einen Ersatz-Ladestreifen schleppten wir wie Cowboys auf Skiern in einem Patronengurt am Bauch mit durch die Loipe – alles in allem, die Waffe eingeschlossen, waren das fünf Kilo mehr als heute.

Überhaupt das Schießen! Darüber heute zu erzählen, klingt wie eine Mischung aus Seemannsgarn, Märchen aus der guten, alten Zeit und gerade so vorstellbarer Realität. Geschossen haben wir aus Entfernungen von 100 bis 250 Metern auf Papierscheiben, die in einem Graben nach vorne gezogen wurden. Numeriert, gestempelt und gegengezeichnet – und dann von den Kampfrichtern mit der Schießstand-Numerierung in Übereinstimmung gebracht. So dass, obwohl quasi wegen des fehlenden Namens anonym, alles einander zugeordnet werden konnte. Jedenfalls hinterher. Um aber im aktuellen Wettkampf immer auf dem Laufenden zu sein, hätte man eine Menge Beobachter mit Fern-

gläsern gebraucht. Verbandstrainer Kurt Hinze war allerdings unser einziger Betreuer vor Ort. Wie man in etwa platziert war, ob man nochmal zulegen musste oder einen deutlichen Vorsprung hatte, das blieb ein Ratespiel mit bestenfalls Schätzwerten. Im Ziel in Sapporo wurde ich mit der Mitteilung empfangen: »Ich glaube, es sieht ganz gut für dich aus.« Wie gut, das erfuhr ich freilich erst im Quartier. Da war dann alles ausgewertet, gesichtet – Verwechslungen ausgeschlossen.

HANSJÖRG KNAUTHE
1968/1972

Geboren 1944, Biathlet aus Zinnwald,
1968 Platz 21 über 20 km,
1972 Olympia-Zweiter über 20 km,
Olympia-Dritter in der Staffel.
Heute im Polizeidienst in Dresden

Treffen und Treffen, das war bei uns zudem auch noch zweierlei. Denn es gab drei Bereiche auf der Zielscheibe, von denen nur einer erfreulich war. Landete der Schuss im Schwarzen, blieb man fehlerfrei, der weiße Ring drumrum bedeutete eine Strafminute, alles weitere außerhalb sogar zwei. Dass man ein Kilo Abzugsgewicht mit einem Finger zu bewegen hatte, dass der Rückschlag dazu kam, dass die Distanzen größer und die Ziele kleiner waren, dass ohne Ohrschutz geschossen wurde, was mir einen dauerhaften Hörschaden eintrug – all das machte die vier Zwischenhalte auf den 20 Loipenkilometern nicht angenehmer. Auch die sonstige Ausrüstung hatte es in sich: Kniebundhose, Sportbluse, Laufstrumpf wie bei einem Bergsteiger, Bügelbindung mit Lederzuglasche – man hätte uns ohne Startnummer wohl auch den Gebirgsjäger abgenommen.

Dass nach zwei Olympia-Auftritten mit nur einem Einzelrennen ab 1968 die Staffel dazu kam, war vor allem für uns Aktive selbst eine angenehme Abwechslung. Der Team-Wettbewerb war quasi eine DDR-Erfindung. Zuerst hatte man mit Schüssen auf Luftballons begonnen, dann dachte man sich einen Strafgarten aus, in dem man die Strafminute bei Fehlschüssen mit Nichtstun einfach absitzen musste. Danach kamen leicht zerbrechliche, schwarze Glasscheiben, und schließlich landete man bei der jetzigen Regelung mit den drei möglichen Nachladern und Strafrunden, wenn nach den acht Versuchen immer noch »Nieten« übrig geblieben waren. Freilich schossen wir damals mit unseren Armeegewehren auf eine Entfernung von 150 Metern – vielleicht erklärt das die hohe Fehlerzahl. Die ersten fünf Mannschaften des 72-er Olympiawettbewerbs hatten zwischen drei und sechs Fehlschüsse auf ihrem Konto. Wir lagen mit unseren vier mittendrin. Ich schoss Null – ein guter Abschluss meiner Karriere.

»BLEIBEN SIE DRAN – DAS IST DAS MOTTO DES HEUTIGEN ABENDS«

(WOLF-DIETER POSCHMANN UM MITTERNACHT VOM 12. AUF DEN 13. FEBRUAR 2002)

»Das Credo« »Live dabei – wann immer dies möglich ist.«*

Rundumversorgung Im täglichen Wechsel zwischen ZDF und ARD: Sendebeginn um 16.15 Uhr MEZ (8.15 Uhr Ortszeit Salt Lake City) – Sendeschluss gegen 6.00 Uhr am nächsten Morgen.

Morgendliche Zusammenfassungen »als Abrundung des umfassenden Services«: ZDF von 9.00 bis 13.00 Uhr (ARD 10.00 bis 12.00 Uhr).

»Bei über 300 Stunden Programm wird der Zuschauer keinen Moment der Spiele verpassen.«

Zusätzlich im Angebot: Videotext ab Seite 220, im Internet unter www.zdf.de und www.olympia.ard.de sowie eine telefonische Zuschauer-Hotline.

»Hautnah und emotional« »Damit die Zuschauer Olympia so hautnah und interessant wie möglich miterleben können«: Neben den rund 400 Kameras des US-Lieferanten ISB (International Sports Broadcasting) an den Wettkampfstätten setzten ZDF und ARD 36 eigene Kameras ein – für eine »journalistischere, emotionalere Bildführung«.

»Die öffentlich-rechtliche Erfolgsmannschaft« Über 500 Kommentatoren, Moderatoren, Redakteure, Techniker. Und die Experten – beim ZDF: Alois Schloder, Jens Weißflog, Petra Behle, Michaela Gerg-Leitner, Armin Bittner, Gunda Niemann-Stirnemann; bei der ARD: Mark Kirchner, Christian Neureuther, Katja Seizinger, Gerd Siegmund, Markus Wasmeier, Katarina Witt

»Zuschauerfreundliche Zusatzinformationen« »Erfassung der Schussfrequenz, Zielbilder, Trefferübersichten, Einblendungen der Uhr, der Zwischenstände, der Rundenanalyse, simultane Vergleiche zwischen zwei Athleten im alpine Ski, beim Skispringen«; »Die ZDF-Zuschauer können dank der subjektiven Fahraufnahmen des ZDF-Experten Armin Bittner die Streckenanforderungen, die die Skifahrer bewältigen müssen, hautnah nachvollziehen.«

»Besondere Innovation: virtuelles Studio« »Das durch Computer angepasste Studio ermöglicht freie Bewegungen der Kamera. Oder anders gesagt: Das Studio besteht aus mehreren Infrarotkameras, deren Bilder von einem speziellen Computer die Berechnung von Raumkoordinaten in Echtzeit ermöglicht. Dazu befindet sich auf der eigentlichen Kamera ein Aufsatz, der im jeweiligen Infrarotbild eindeutig zu erkennen ist. Für die Bestimmung der augenblicklichen Position in einem vorher definierten Raum benötigt er dazu mindestens drei Bildquellen. Da in manchen Situationen im Studio der Kameramann eventuell eine Infrarotkamera verdeckt, können bis zu acht dieser Kameras montiert werden.« – Oder etwas vereinfacht: Rudi Cerne stand im Studio vor einer blauen Wand, die Fernsehzuschauer sahen ihn hingegen an der Bob-Bahn.«

Die Konkurrenz Leo Kirchs Pay-TV-Sender *Premiere world* bot auf vier Kanälen 430 Stunden live-Berichte aus Salt Lake City. »Wir sehen da keine Gefahr für uns. Will denn wirklich jemand das Eishockeyspiel zwischen Kasachstan und Österreich sehen?«

Die Kosten 25 Millionen Dollar haben ZDF und ARD für die Übertragungsrechte aus Salt Lake City bezahlt – Nagano 1998 war noch 10 Millionen billiger gewesen. Dazu kamen 80 Millionen Dollar Produktionskosten für die Fernseh-Spiele. »Danach muss klar sein, dass es nur ein System gibt, das den Titel olympisch zu Recht trägt, das ist das Öffentlich-Rechtliche.«

* Die Zitate stammen von Nikolaus Brender, ZDF-Chefredakteur, Eberhard Figgemeier, ZDF-Programmchef Olympia 2000, Günter Struve, ARD-Programmdirektor und aus der ZDF-Pressemappe Olympia.

Es begann mit Artikeln per Post 1952, Mitte Februar, reisten die Schnee- und Eissüchtigen in die norwegische Hauptstadt Oslo. Droben, im Norden der Stadt, ragte der Anlaufturm der Schanze wie ein Wahrzeichen empor. Knapp 700 Teilnehmer aus 30 Ländern nahmen an den VI. Olympischen Winterspielen teil. Darunter 53 Deutsche – aber nur aus der Bundesrepublik, denn die hohe Politik hatte die Bildung einer ersten Mannschaft aus beiden Teilen Deutschlands verhindert. Ich war Berichterstatter für drei Zeitungen, natürlich nicht nur für eine Sportart. Den ganzen Tag war ich unterwegs, allein für die vier Rennen auf der Bobbahn waren rund 1000 Kilometer Bus zu fahren. Und nachts klapperten dann im Pressehotel »Viking« die Schreibmaschinen der Journalisten. Bis morgens früh um vier mussten beim Hotelportier die Briefe mit den Artikeln abgegeben sein, die dann von der norwegischen Post per Flugzeug in die Heimat – in meinem Fall nach Stuttgart – befördert wurden. Dort holte sie die Redaktionssekretärin auf dem Airport-Postamt ab. Tags darauf, also zwei Tage nach dem Ereignis, waren sie dann im Blatt nachzulesen. So wurde es von fast allen gehalten, nur in Ausnahmefällen gelang es, bei der Agentur mal Telex oder Telefon zu nutzen.

Letzteres habe ich bei den Spielen nur einmal getan, nach dem Spezialspringen. Unterhalb der Königsloge gab es drei Apparate an der Wand, man musste sich vorher anmelden. Den Text ablesen konnte man freilich nicht, denn die Telefone waren mit dicken Decken zugehängt, sodass man im Dunkeln stand. An Fernsehen war damals noch nicht zu denken. Eine norwegische Firma drehte einen Dokumentarfilm, der später zu sehen war. 1956 bei der »Hotel-Olympiade« in Cortina lief fast alles in den Herbergen ab, in denen Mannschaften, Journalisten und Betreuer untergebracht waren. Die deutschen Pressekonferenzen fanden im Teamquartier statt – das Medienzentrum befand sich in einem großen Saal eines der Hotels. Improvisation war gefragt – und sie gelang fast immer. An den Sportstätten genossen wir Journalisten heute unvorstellbare Freiheiten. Wir konnten an den Tagen vor den Wettkämpfen die Langlaufstrecken selbst unter die Ski nehmen. Die Markierungen waren einfach: an die Äste der Fichten und Tannen waren rote, blaue, gelbe, etwa halbmeterlange Streifen aus Krepp-Papier gebunden. Keine Fähnchen, keine Absperrgitter. Was die Berichterstatter natürlich zu schätzen und zu nutzen wussten. Die Menschen entlang der Loipen verhielten sich gesittet, sportlich, störten keinen Läufer und feuerten alle an. 1952 sind in meiner Erinnerung an elf

BRUNO MORAVETZ

Geboren 1921, Sportjournalist aus Nesselwang, von 1963 bis 1986 beim *ZDF*. Berichtete für Zeitung, Agentur und Fernsehen zwischen 1952 und 1992 von elf Olympischen Winterspielen. Heute Pensionär.*

Olympiafeste die fairsten und sportlichsten Winterspiele mit einem zudem höchst fachkundigen Publikum geblieben.

1960 in Squaw Valley mussten nicht nur die Journalisten, sondern auch unsere ostdeutschen Landsleute im gemeinsamen Olympia-Team improvisieren. Denn im Zeichen des Kalten Krieges hatten die Journalisten und Trainer aus der DDR keine Einreise erhalten. So schrieb eben zum Beispiel mein österreichischer Kollege Kurt Bernecker die Artikel fürs *Neue Deutschland*. Vielleicht waren wir in Sachen Entspannung der Politik ein Stück voraus. Subpressezentren an den einzelnen Wettkampfstätten gab es nicht – während Georg Thoma noch lief, habe ich im Stehen schon begonnen, meinen Bericht durchzugeben. Im engen Büro des *Sportinformationsdienstes*, für den ich damals frei gearbeitet habe, quetschten sich alle Mitarbeiter zusammen. Es war nicht mal Platz dafür, einen Anorak aufzuhängen. Da sah es nebenan im Büro der sowjetischen Nachrichtenagentur *TASS* besser aus – da war nie einer drin. Acht Jahre später in Grenoble war nicht nur mehr Platz, ich hatte journalistisch auch die Fronten gewechselt – von der Schreibmaschine, dem Telex oder Agenturticker zum Mikrofon. Höchstens zwei Dutzend Leute hatte das ZDF vor Ort. Mit Willi Krämer als Redaktionsleiter, mit Harry Valerien, Werner Schneider, Hugo Morero vor den Objektiven. Mit drei Filmkameras habe ich den Langlauf der Nordischen Kombination aufgenommen, dann bin ich runter nach Grenoble gefahren, habe das Ganze geschnitten – und am Nachmittag wurde es dann gesendet. Heute sind die Öffentlich-Rechtlichen mit über 500 Mitarbeitern in Salt Lake City.

Die Spezialisierung auf einzelne Sportarten war noch in den Anfängen – man musste sich auch anderswo auskennen. Später hat man oft davon gesprochen, dass die Olympischen zu Fernseh-Spielen geworden seien. Begonnen hatte das in Sapporo 1972, so richtig losgegangen ist es dann vier Jahre später in Innsbruck. Live-Berichterstattung dominierte mehr und mehr, die Elektronik übernahm technisch das Regiment, Filme mit speziellen Themen oder Beobachtungen – so wie sie jetzt der Gally fürs *ZDF* macht – sind heute die Ausnahme. Und von den technischen Hilfsmitteln, die die Leute heute haben, konnten wir nur träumen. Wir mussten schon froh sein, wenn es eine Anzeigetafel gab, auf der wir Zwischenergebnisse ablesen konnten.

Wenn ich heute die alten Olympiahelden von einst treffe, so wie zum Beispiel während der Salt-Lake-Spiele Max Bolkart, Ossi Reichert oder Hans-Peter Lanig, dann entnehme ich deren Aussagen, dass unsere Artikel und Berichte so schlecht nicht gewesen sein können. Wenn ich wusste, welche Aufgabe vor mir lag, habe ich stunden-, manchmal wochenlang in altem Material geschnüffelt, um bestens vorbereitet zu sein. Ein Live-Reporter im Fernsehen muss in seinem Beruf genauso trainiert sein wie ein Athlet. Es reicht nicht, sich ein paar Daten aufzuschreiben und zu meinen, das haut schon hin. Wichtig ist das Interesse für andere Menschen und das Gespür fürs Menschliche. Mein erster Abteilungsleiter beim *ZDF* war Wim Thoelke, und der hat mir Montag für Montag bei der Auswertung der Wochenendsendungen eingetrichtert: »Merken Sie sich eins: Alles, was Sie tun, muss zu 100 Prozent für die Fachleute stimmen. Aber es muss auch so sein, dass es die Oma versteht, die keine Ahnung von der Sache hat.« Ich habe versucht, mich zeit meines journalistischen Lebens daran zu halten.

Oslo, Cortina, Squaw Valley, Innsbruck, Grenoble, Sapporo, 1976 noch einmal Innsbruck für das einstweilen olympiaunwillige Denver, Lake Placid, Sarajevo, Calgary und Albertville – ich war nicht der einzige schreibende oder sprechende Journalist, der so häufig Olympia erleben durfte. Alle vier Jahre warteten neue Eindrücke, neue Überraschungen. Auch solche fernab von Zeiten, Weiten und Medaillen. Wie unterschiedlich waren doch die so sehr sportlich angelegten Winterspiele von Oslo, jene von Sapporo oder Innsbruck und erst recht die von Calgary oder Albertville! Bei aller Hektik und allem Druck – für Land und Leute fand man fast überall einige Stunden Zeit. In Sapporo haben wir uns eines Tages mit Langlaufski aufgemacht. Irgendwo ein tief verschneites Bauernhaus, ein Einödhof. Eine freundlich lächelnde ältere Frau winkte uns heran, gebückt durch die Tür kamen wir in einen warmen Raum. Aus feinen Porzellantassen tranken wir wunderbaren Tee – unvergessliche Minuten weit vom und doch mitten im olympischen Trubel. Olympia war auch immer eine einzigartige Drehscheibe zum Kennenlernen interessanter Leute.

Das gibt es nirgendwo sonst. Da waren die schwergewichtigen Bobfahrer von Oslo, über die man später witzelte, sie seien die Akteure in Wettbewerben im »Fleischtransport« gewesen. Danach sind in dieser rasanten Sportart Gewichtsbegrenzungen eingeführt worden. Viele gute Gespräche sind mir im Gedächtnis geblieben. Mit Trainern, mit Athleten. An einem Nachmittag in Val d'Isere waren wir zu Besuch bei den beiden Goitschels und deren Eltern. Eine gutbürgerliche Wohnung, überall mit Pokalen und Diplomen dekoriert. Nichts da von »Wir-sind-Olympiasiegerinnen«-Gehabe.

Es hat sich viel verändert bei meinen elf Olympischen Spielen zwischen 1952 und 1992. Aber es ist weniger, als viele meinen. Das Wichtigste ist wohl die ganz andere wirtschaftliche Dimension, die Olympia heute hat. Fabrikanten von Sportgeräten und Ausrüster freilich waren von Beginn an dabei. Ein Gespräch auf dem Flug nach Japan 1972 ist unvergessen – zufällig war der Skiproduzent Franz Kneissl mein Sitznachbar. Im Vorfeld der Spiele war spekuliert worden, dass Kneissls Vorzeige-Athlet Karl Schranz vom IOC für Olympia gesperrt wird, was dann auch geschah. Noch vor dem Aus für den Superabfahrer hatte mir Kneissl hoch über den Wolken gesagt: »Meiner Firma kann nichts Besseres passieren – das wird eine riesige kostenlose Werbung!«

* »Die Wintersportbeobachtung hat ihre Tücken. (…) Der wunderbare Bruno Moravetz vom ZDF hat diese Schwierigkeiten im Sportreporterberuf einst für uns zusammengefasst. Im Februar 1980 fragte er während des 15-km-Skilanglaufs der Männer: Wo ist Behle? Leider ist Moravetz' Frage so oft und von jedem Idioten zitiert und missbraucht worden, dass sie etwas von ihrem Glanz verloren hat. Aber sie ist immer noch wahr. Wo ist Behle? Man kann es nicht besser zusammenfassen. (…)
Bruno Moravetz war ein Wintersportreporter. Doch, doch, es gibt richtige Wintersportreporter. Sie riechen nach Schnee. (…) Wintersportreporter sind Reporter des guten Sports.«
(Alexander Osang, *Berliner Zeitung*, 6. Februar 1998)

Bruno Moravetz (rechts) auf der Piste mit Hans-Peter Lanig, Silbermedaillen-Gewinner im Abfahrtslauf 1960.

Bruno Moravetz (links am Tisch) beim dreifachen Olympiasieger von 1956, Toni Sailer (Mitte sitzend), 1966.

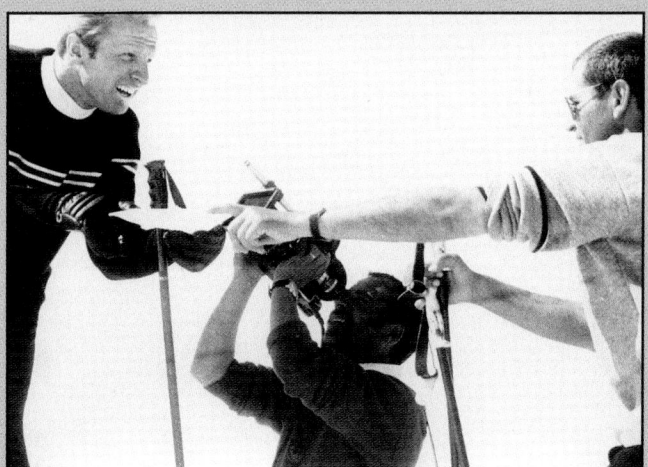

EISKUNSTLAUF

DISZIPLINEN

PAARLAUF, DAMEN, HERREN
(JEWEILS KURZPROGRAMM + KÜR)
EISTANZ (PFLICHTTANZ, ORIGINALTANZ, KÜR)

ENTSCHEIDUNGEN: 4

DER SCHÖNE SCHEIN

DAS EISKUNSTLAUFEN STEHT AM SCHEIDEWEG

Dass eines Tages sogar im russischen Parlament über olympische Eiskunstlauf-Entscheidungen debattiert würde – wir haben es kommen sehen. Seit Jahren. Über »nicht objektive Schiedsrichter-Entscheidungen« lamentierten die Abgeordneten, ohne den Skandal um die Wertung für das russische Eislauf-Paar Elena Berezhnaya und Anton Sikharulidze auch nur andeutungsweise zu erwähnen. Das Fazit der ebenso leidenschaftlichen wie fruchtlosen Debatte: »Big Business und Politik haben unsere Sportler unwürdig behandelt.«

Nichts Neues aus dem Osten. Und im Westen nichts Neues. Denn Big Business und Politik bilden seit eh und je die Bühne für den Eislauf. Und die Kulissen. All die schaurig-schönen Geschichten, die uns in tausend und einer olympischen Kür erzählt wurden, über Schein und Sein, Gut und Böse, Tränen und Triumphe, gibt es

doch auch im richtigen Leben. Dort, wo Big Business und Politik die Hauptrollen spielen.

Und wie im richtigen Leben gab es auch diesmal bei Olympia fiese und gnädige Richter, verständnisvolle und schnöselige Geschworene, Glücksmomente und Dramen. Wie im richtigen Gericht.

Und wer bei all dem gewinnen konnte, wird meist auch hinterher, in einem Leben ohne Kür, gewinnen. Wie Kati Witt, die Weltenbummlerin in Sachen eigener Schönheit, die 1988 in Calgary gewann, weil Debi Thomas über sich selbst fiel. Und wer verloren hat, versucht es in vier Jahren wieder oder tritt zurück ins normale Leben. Als Orthopäde, als Sportreporter, als Ingenieur. So, wie es immer war.

Alles oder nichts. Im Salt Lake Ice Center balancierte das Leben auf schmalen Kufen. Oder das Glück wurde von »Unparteiischen«, die

Eine Träne im Moment der Niederlage. Michelle Kwan, die Favoritin aus den USA, bewahrt Haltung nach missglückter Kür und einem Bronze-Platz. _____

diese Bezeichnung nicht verdienen, herbeigezaubert .

Ein gewaltiges Gewitter zog diesmal über dem olympischen Eislauf-Himmel auf. Es blitzte und donnerte gar furchterregend. Doch ob es ein reinigendes Gewitter war oder doch nur eine kurze Unterbrechung bis zum nächsten, zum übernächsten und zum allerletzten Skandal – in vier Jahren werden wir ganz gewiss klüger sein. Oder wir gehen nicht mehr zum Eiskunstlauf.

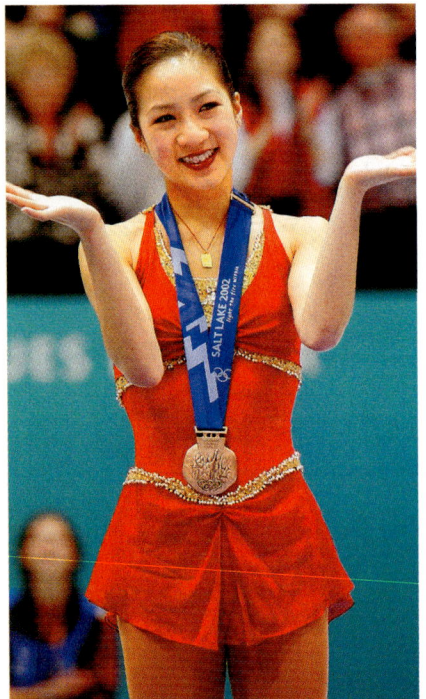

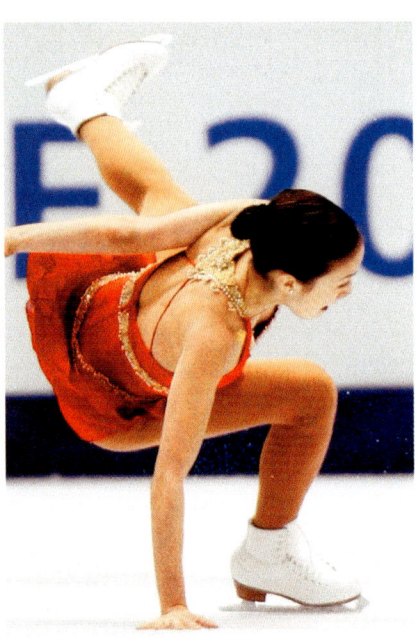

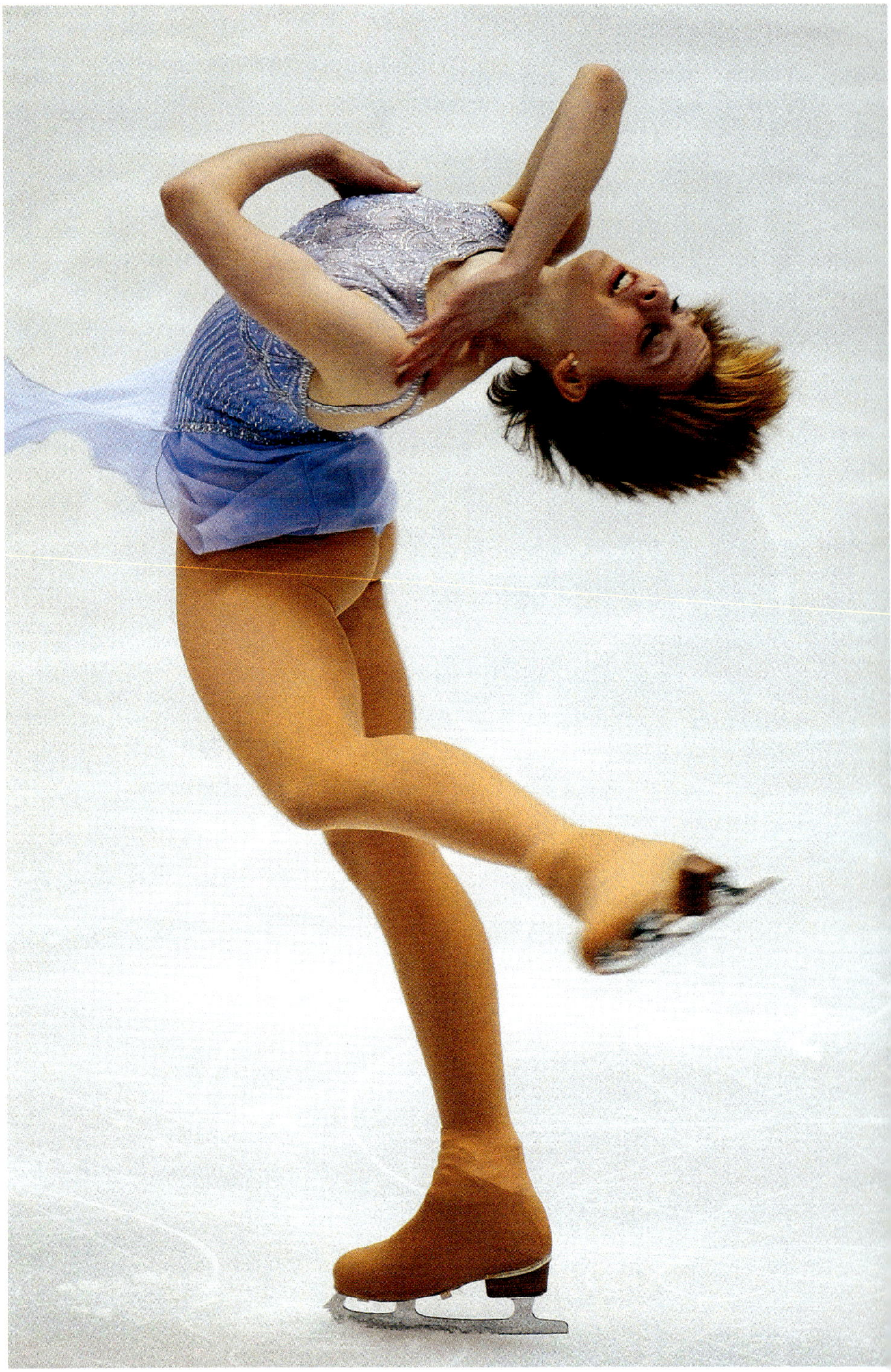

Michelle Kwan (USA)

Sarah Hughes (USA)

Ach, Mr. President … Aus solchem Stoff werden tränenrührende Soap-Operas. Mit traumhaften Einschaltquoten. *Time*, das ehrwürdige Nachrichtenmagazin aus New York, hatte von vornherein auf Sarah Hughes gesetzt und die spätere Olympiasiegerin sogar auf dem Titel seiner vorolympischen Ausgabe abgebildet. Ein Cover von geradezu hellseherischer Kraft: Denn auf jenem Foto fliegt Sarah über Utahs Wasatch Mountains, geradewegs in einen quietschblauen Himmel. Und dann sogar das: Bei der Eröffnungsfeier der Spiele rief sie Präsident Bush an. Der mächtigste Mann der Welt bedauerte, zur Eiskunstlauf-Entscheidung nicht vorbeikommen zu können, weil er schnell noch einen Krieg zu führen habe. Aber er versprach der 16-Jährigen: »Ich sehe Sie mir im Fernsehen an.« Er sah im Fernsehen, wie Sarah Hughes im Salt Lake Ice Center mit der besten Kür aller Teilnehmerinnen, gespickt mit sechs gestandenen Dreifach-Sprüngen, vor der Russin Irina Slutzkaya und Michelle Kwan Gold gewann – ja, vor Michelle Kwan, der großen Favoritin, d e r amerikanischen Eislauf-Ikone der Neuzeit. Doch die mandeläugige Schöne, die einem Windhauch gleich übers Eis zu gleiten vermag, verstolperte im falschen Augenblick beim dreifachen Flip das erhoffte Gold.

 www.leigh-i-am.com/slute (Irina Slutskaya) · www.angelfire.com/ks/Gymnasticscenter (Michelle Kwan) · www.russiaonice.narod.ru/vasilieva (Ekaterin

Brian Boitano, Amerikas letzter Eiskunstlauf-Olympiasieger (1988), hatte die viermalige Weltmeisterin zuvor gewarnt, um Himmels Willen nicht den Druck von außen zu unterschätzen. Das habe schon 1988 in Calgary ihrer Landsfrau Debi Thomas nicht gut getan, die dann prompt gegen Katarina Witt verlor. Doch Michelle Kwan blieb von ihrem Sieg überzeugt – bis zum besagten Flip. Ohne Zweifel, ihre Himmelspirouette zuvor in der Kurzkür blieb die schönste, die wir je sahen. Doch das allein reichte ihr nicht beim Erheischen zusätzlicher Wertungspunkte. Auch nicht der Versuch, ihr hübsches Dekolleté augenfällig zur Geltung zu bringen – vor allem bei den Preisrichtern. Sarah Hughes benötigte solche Tricks nicht. Sie lief, sprang und siegte. Was zu vermuten war. Denn *Sports Illustrated* hatte zuvor geschrieben, Sarah könne sie alle schlagen. Und sogar die *New York Times* hatte es behauptet. Und Jack Zisa, der Bürgermeister von Hackensack, New Jersey, wo die Hughes-Familie zu Hause ist. Was sollte also schief gehen? »Was wir brauchen, ist eine wundervolle Geschichte«, hatte Amerikas große Eislauf-Legende Peggy Fleming, Olympiasiegerin 1968, zuvor gefleht. Sarah Hughes erzählte sie, die ganz und gar amerikanische Geschichte.

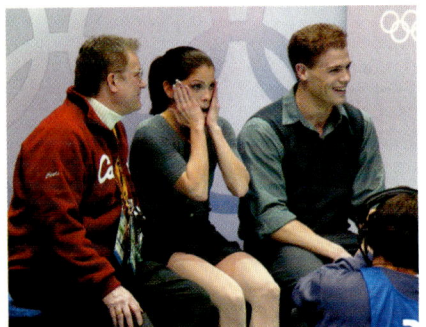

Jamie Salé/David Pelletier (CAN)

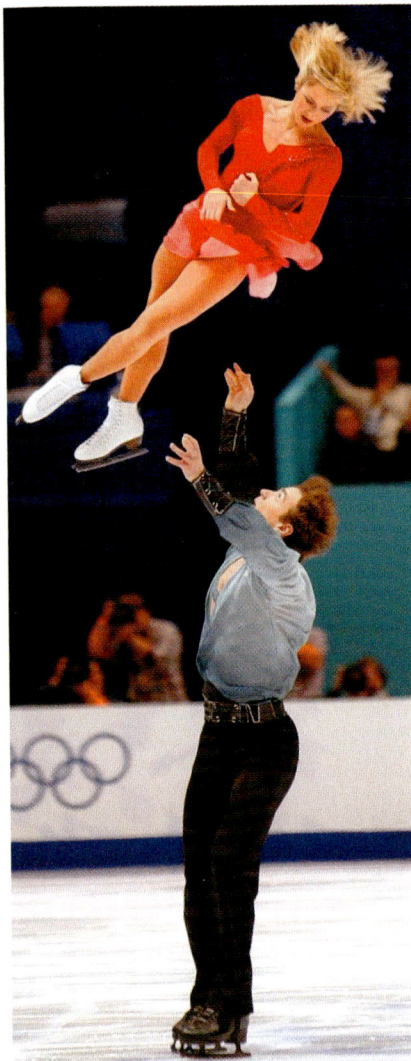

Elena Berezhnaya/Anton Sikharulidze (RUS)

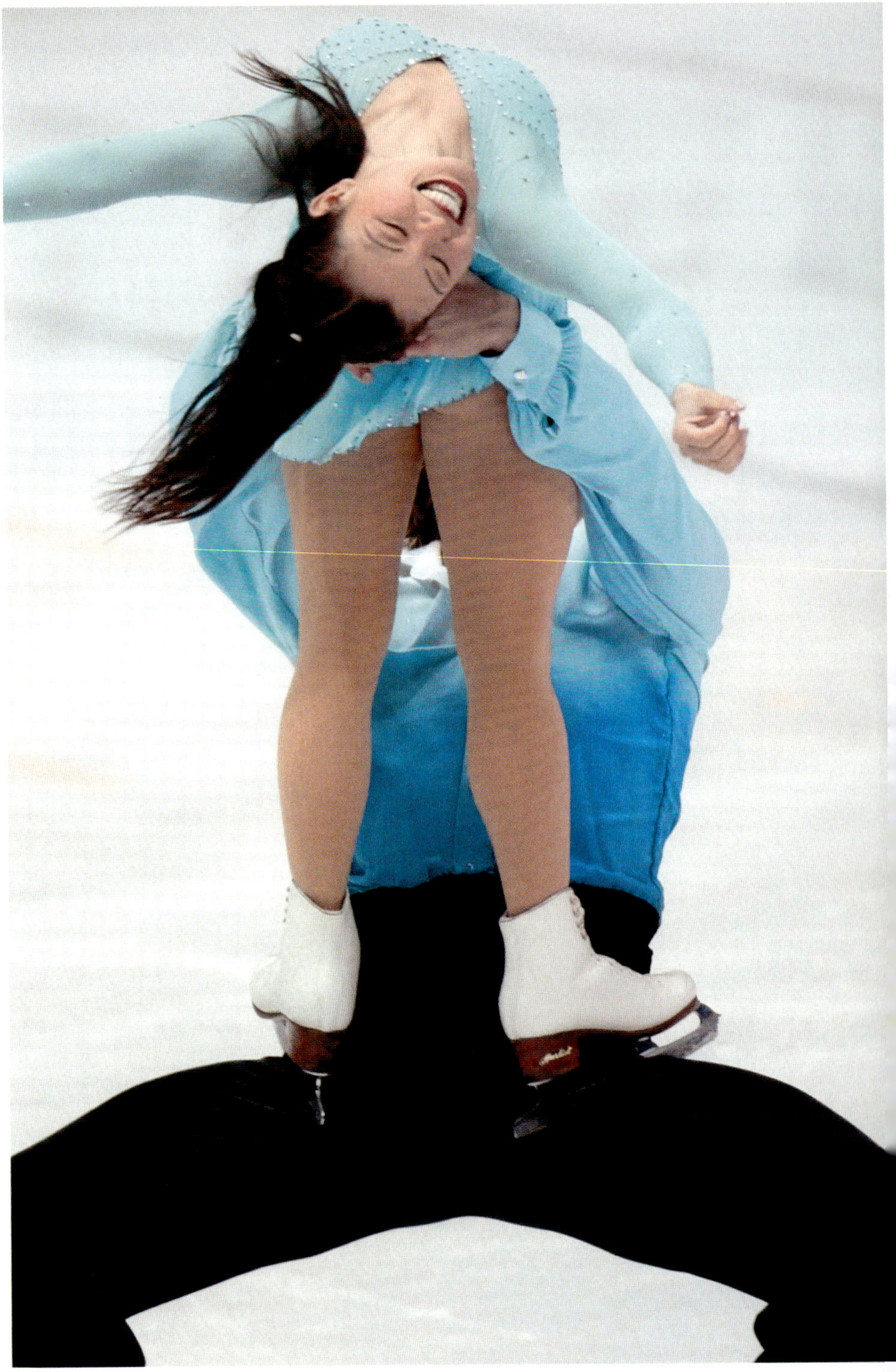

Ina Kyoko/John Zimmerman (USA)

Nur keine Experimente Was war das, was sich im Salt Lake Ice Center zutrug? Paarlaufen? Oder: Bolschoi schlägt Hollywood? Kann sich eigentlich irgend jemand erinnern, einmal kein russisches Paar auf dem obersten olympischen Podest gesehen zu haben? Diesmal standen (fürs erste) die zweimaligen Weltmeister Elena Berezhnaya/Anton Sikharulidze oben, darunter die Zweiten, die Kanadier Jamie Salé und David Pelletier. Und jeder nahm hin, was seit nunmehr 42 Jahren unabänderlich scheint, den erneuten Sieg eines russischen Eislauf-Paares bei Olympia. *ZDF*-Kommentator Rudi Cerne zur goldgekrönten russischen Kür: »Sicher und brav, was fehlte, war der letzte Pep.«
Dennoch gab es bei der Siegerehrung keinen Tumult, sondern höflichen Beifall. Amerikaner mögen nun mal viel lieber Kanadier, und Amerikaner mögen auch Love Stories. Salé/Pelletier boten ihnen all das und noch dazu in einer Herz zerreißenden Kür, gespickt mit allen erdenklichen Höchstschwierigkeiten. Als danach David Pelletier – von sich selbst überwältigt – sogar das Eis küsste, legte sich Ex-Eiskunstläufer Rudi Cerne fest: »Für mich sind die Kanadier vorne.« Eine Mehrheiten beschaffende Aussage, wie sich ein paar Tage später herausstellen sollte.

 www.rsc-wiesbaden.de · www.viktoriavolchkova.com · www.angelfire.com/butyrskaya (Maria Butyrskaya) · www.eje-on-ice.de · www.eiskunstlauf-dorfen.d

Elena Berezhnaya/Anton Sikharulidze (RUS)

Jamie Salé/David Pelletier (CAN)

...a Kyoko/John Zimmerman (USA)

Mariana Kautz/Norman Jeschke (GER)

Anabelle Langlois/Patrice Archetto (CAN)

Ijona Savtshenko/Stanislav Morosov (UKR)

Zunächst schien jedoch auch in Salt Lake City gegen russische Seele, technische Perfektion und einen – wirklich? – zeitlosen Stil kein Kraut gewachsen. Wobei es auf immer ein Geheimnis der Kampfrichter bleiben wird, warum ein verstolperter Doppelaxel Sikharulidzes und so manch wackelige Landung Berezhnayas den Russen nicht den Sieg kosteten. Oder hatten sich die »Unparteiischen« mal wieder von vorn herein festgelegt? Denn bekannt war doch längst, wie penetrant sich beide Paare den ganzen Winter über schon bei ihrer Programmpolitik belauert hatten. Bekannt war obendrein, dass beide Paare einen klassischen Pas de deux als neue Kür einstudierten. Doch auf einmal entschieden sich die Kanadier für ihre ebenso schlichte wie elegante Kür aus der Saison 1999/2000, einer Adaption des Kino-Kassenschlagers »Love Story«. Alle Kampfrichter erreichten sie damit nicht. Das hatte die kluge russische Trainerin Tamara Moskwina wohl zuvor geahnt. Also setzten ihre Meisterschüler auf die hohe Schule des Bolschoi-Balletts. Nur keine Experimente, wie die Chinesen Shen Xue und Zhao Hongbo bei ihrem Ikarus-Flug: Beinahe wäre ihnen mit dem vierfachen Salchow der erste vierfache Wurfsprung bei Olympia geglückt, doch Shen glitt bei der Landung aus.

HAPPY END
MIT DOPPEL-GOLD

VON RUDI CERNE

Die US-Sender unterbrachen ihre Programme: IOC-Präsident Jacques Rogge verlas die Nachricht von einer zweiten Goldmedaille im Paarlaufen. Ende gut, alles gut im Eiskunstlauf-Skandal von Salt Lake? Die Exekutive des Internationalen Olympischen Komitees (IOC) hatte entschieden, den kanadischen Weltmeistern Jamie Salé und David Pelletier nachträglich Gold zu überreichen. Somit gab es zwei Sieger im Paarlaufen, die Russen Berezhnaya/Sikharulidze, die zuvor mit 5:4-Richterstimmen gewonnen hatten, behielten ebenfalls Gold. Worauf in Russland die Wogen hoch schlugen. »Das ist durch nichts gerechtfertigt«, schimpfte Sergej Tschetwertuchin, 1972 in Sapporo Silbermedaillen-Gewinner, via *Itar-Tass* und folgerte: »Das geschah nur durch den Lärm, den die amerikanischen und kanadischen Medien erhoben haben.« Ludmilla Beloussowa und Oleg Protopopow wiederum, die Stars der Sechziger, höhnten in der Regierungszeitung *Rossijskaja Gaseta*: »Was soll's? Elena und Anton sind ohnehin drei Köpfe größer als alle anderen.« Die dreimalige Paarlauf-Olympiasiegerin Irina Rodnina hatte schon zuvor behauptet: »Die Entscheidung zu unseren Gunsten war korrekt.«

Was hatte sich da zugetragen? 66 Millionen Amerikaner saßen wie gelähmt vor ihren Bildschirmen, als im Delta-Center die Russen vor den Kanadiern zu Olympiasiegern gekürt wurden. Da durchzog ein Eissturm die Olympiastadt. Kanadas NOK drängte beim internationalen Sportgerichtshof CAS auf eine Ad-hoc-Sitzung. Mit Erfolg: Der CAS forderte die Paarlauf-Kampfrichter auf, die für ihre Entscheidungen relevanten Papiere vorzulegen und lud die neun »Unparteiischen« zu einer Anhörung. Doch das erschien dem kanadischen NOK dann doch zuviel, es zog seinen Einspruch zurück. Was dann geschah, scheint mir in erster Linie auf den Vorstoß Jacques Rogges zurückzuführen. Dieser hatte die Preisrichter-Entscheidung ebenfalls angezweifelt und gedrängt, den Fall »mit höchster Dringlichkeit« zu behandeln. Als darauf die Kanadier statt Silber ebenfalls Gold erhielten, sagte ein sichtlich entspannter Jacques Rogge: »Ich bin sehr zufrieden und glücklich. Es ist eine Entscheidung im Sinne der Athleten. Sie fiel aus Gründen der Gerechtigkeit. Es war die einzige richtige Lösung.« Doch das deutsche IOC-Mitglied Thomas Bach erläuterte: »Die Entscheidung ist nicht einstimmig ausgefallen.« Zum ersten Mal in der olympischen Geschichte wurde damit eine Eiskunstlauf-Wertung nachträglich verändert. Allerdings hat sich das IOC mit seinem Vorstoß nun selbst aufs Eis begeben. Denn in die viel gerühmte Autonomie der Fach-Verbände greift das IOC sonst kaum ein. Aber die Angst, »der Skandal überschatte fortan die ganzen Spiele von Salt Lake« – so das einflussreiche kanadische IOC-Mitglied Richard Pound – war stärker. Auch wenn DSB-Vize-Präsident Ulrich Feldhoff dabei »ein ganz schlechtes Gefühl« hatte. Zurück zu dem, was sich im Preisgericht zugetragen hatte: Die Französin Marie-Reine Le Gougne schien ihr Votum für den 5:4-Sieg der Russen gegeben zu haben, damit ihr russischer Kollege später, beim Eistanz, seine Gunst den französischen Europameistern Marina Anissina und Gwendal Peizerat zuwenden sollte. Sie gab gegenüber dem französischen Verband, dem sie auch als Vizepräsidentin dient, zu: »Auf mich wurde Druck von außen ausgeübt.«

Doch wer setzte Madame Le Gougne unter Druck? »Ich kann mir durchaus vorstellen, dass die Russen versucht haben, gezielt Einfluss auf die französische Wertungsrichterin zu nehmen«, sagte meine Kollegin Tanja Szewczenko im Pay-TV-Sender *Premiere* und erklärte: »Das wäre nicht das erste Mal, dass so etwas vorkommt. Gerade bei Olympia wird hinter den Kulissen unglaublich viel versucht.« Tanja erzählte auch aus ihrer eigenen Eiskunstlauf-Karriere. Bei den Europameisterschaften 1998 in Mailand sei sie nach der Kurzkür Erste gewesen, eine russische Konkurrentin Fünfte. Tanja: »Nur bei einem Sieg der Russin und einem dritten Platz von mir in der Kür wäre meine Konkurrentin vor mir gelandet. Und genau so kam es dann auch. Damals hat eine tschechische Preisrichterin von den Russen Geld genommen.« Philippe Candeloro, Frankreichs Bronze-Gewinner von Nagano, hatte zuvor schon der Pariser Zeitung *France Soir* anvertraut: »Wenn Frankreich nicht mauschelt, kann es keine Medaillen holen. Alle Länder tun dasselbe.«

Auch ich habe meine Erfahrungen gesammelt. Bei den Weltmeisterschaften 1983 in Helsinki stuften mich die Juroren auf Platz 10 ein. Mir war das damals egal, weil ich einfach nur über meinen guten Kürvortrag glücklich war. Und durch Norbert Schramms zweiten Platz waren für die Olympischen Spiele ein Jahr später drei deutsche Herren startberechtigt. Aber elf Jahre später gestand mir ein deutscher Preisrichter, dass ich damals habe »geopfert« werden müssen, weil es nicht zu vertreten war, dass drei Deutsche gut abschnitten. Unklar bleibt auf alle Fälle, wer Druck auf Madame Le Gougne ausgeübt hat. Der französische Verband dementiert hartnäckig. Auch Russlands Verband will es nicht gewesen sein. Wer war es dann?

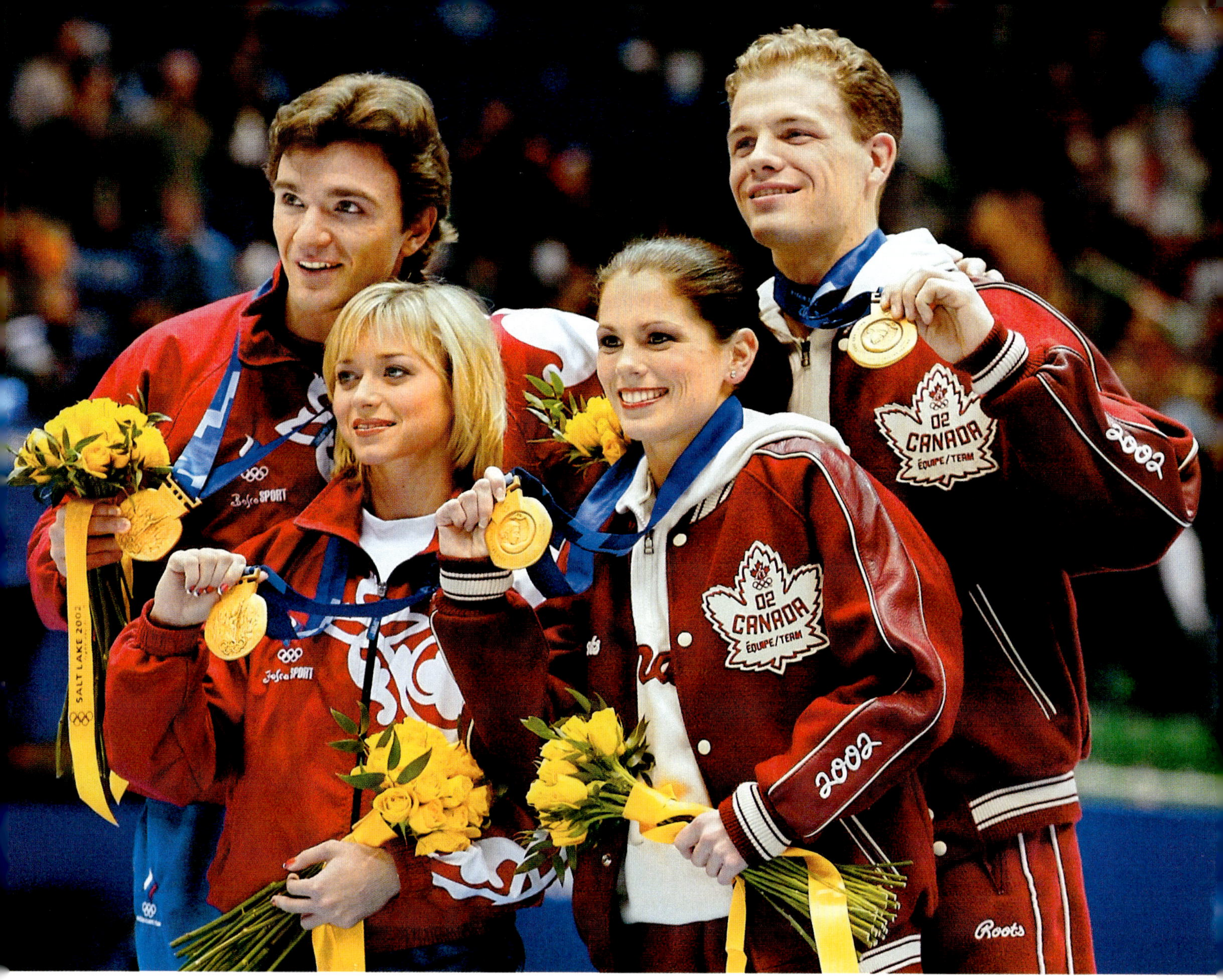

ww.dsc-arminia-eiskunstlauf.de · www.deu.de · www.merc-ks.de/Kunstlauf/eiskunst · www.sonntagszeitung.ch/sz20/eiskunst · www.eislaufclub.ch/willkommen ·

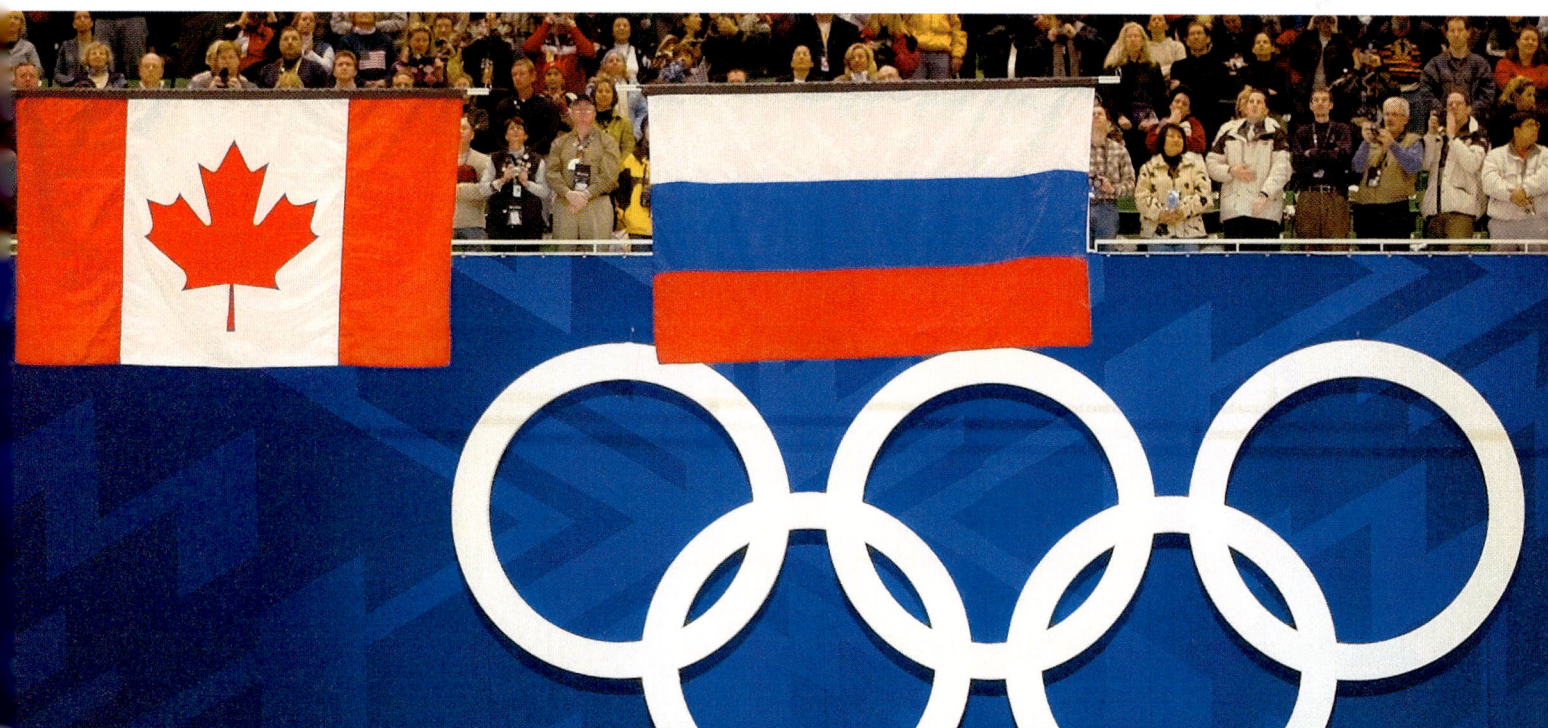

Keine Sechs mehr auf dem Eis? Was dem Tennissport recht, soll dem Eistanz billig sein. Dachte sich offenbar so mancher Fotograf und kam mit Bildern in die Redaktion, die wenig herkömmlichen Sport abbildeten, aber ganz und gar nach Kamasutra aussahen. Kein Wunder. Schließlich verlangt das ellenlange Regelwerk der Internationalen Eislauf-Union pro Tanz-Kür gleich bis zu sieben, mitunter überaus freizügige Hebungen. Bibelfesten Menschen könnte dies und die Kostümierung der Tanzpaare zweifellos die schiere Schamröte ins Gesicht getrieben haben. Dabei bot die Konkurrenz weder Neues noch groß Aufregendes. Auch nicht im Kampfgericht. Die Franzosen Marina Anissina und Gwendal Peizerat gewannen hauchdünn mit 5:4 vor den Russen Irina Lobacheva/Ilia Averbukh. Die Weltmeister des Jahres 2000 und Olympiadritten von 1998 boten bei ihren Twizzles und Pirouetten viel Pathos, noch mehr Melodramatik und ganz furchtbar viel Theater. Das reichte für Gold. Womit die russische Dominanz im Eistanzen erst zum zweiten Mal durchbrochen wurde; zum ersten Mal 1984 in Sarajevo, wo die Briten Jayne Torvill/Christopher Dean mit ihrem Bolero die Kampfrichter zu zwölf Maximalnoten hingerissen hatten. Für die Franzosen gab es jetzt hingegen nur eine Handvoll 5,9-Noten. Ein Vorgriff auf künftige Zeiten? Bald nämlich, so kündigte in Salt Lake der oberste Eiskunstlauf-Boss, der 63-Jährige Ottavio Cinquanta, an, soll es auch beim olympischen Eisball die berühmte Note »Sechskommanull« nicht mehr geben. Eine Reliquie hat zu sterben, basta. Danach werden keine Strafpunkte mehr für Fehler von der Maximalnote abgezogen, sondern Noten für einzelne Elemente von den Preisrichtern addiert. Und: Künftig sollen »unzüchtige Hebungen und Positionen« im Eistanzen rigoros mit Punktabzügen geahndet werden. Gibt es dann nur noch lauter harmlose, saubere Tänzchen – und leere Hallen?

Shae-Lynn Bourne/Victor Kraatz (CAN)

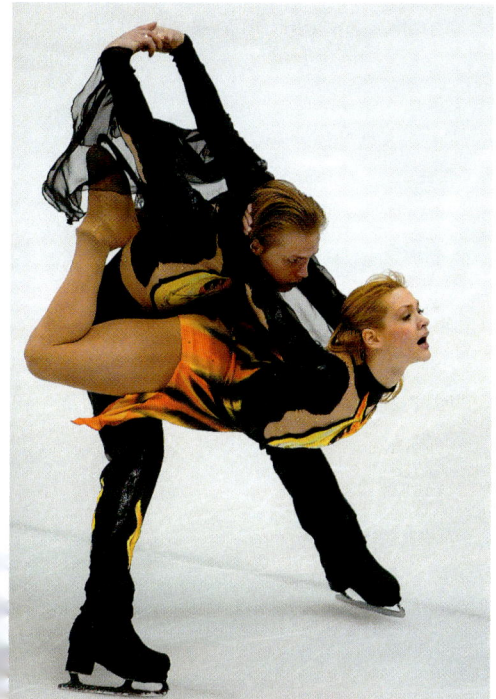

Albena Denkova/Maxim Staviyski (BUL)

Marina Anissina/Gwendal Peizerat (FRA)

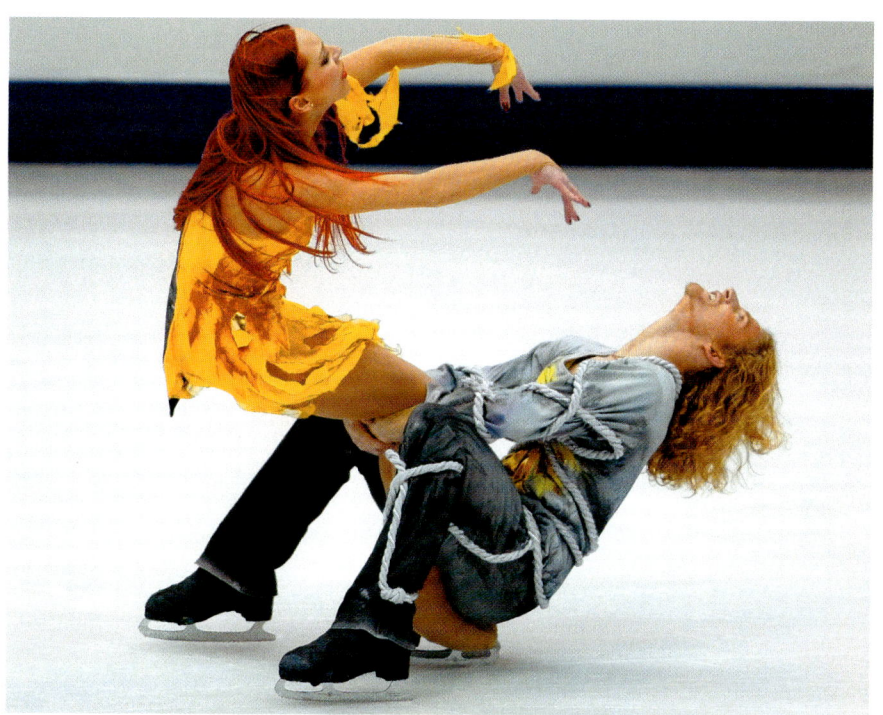

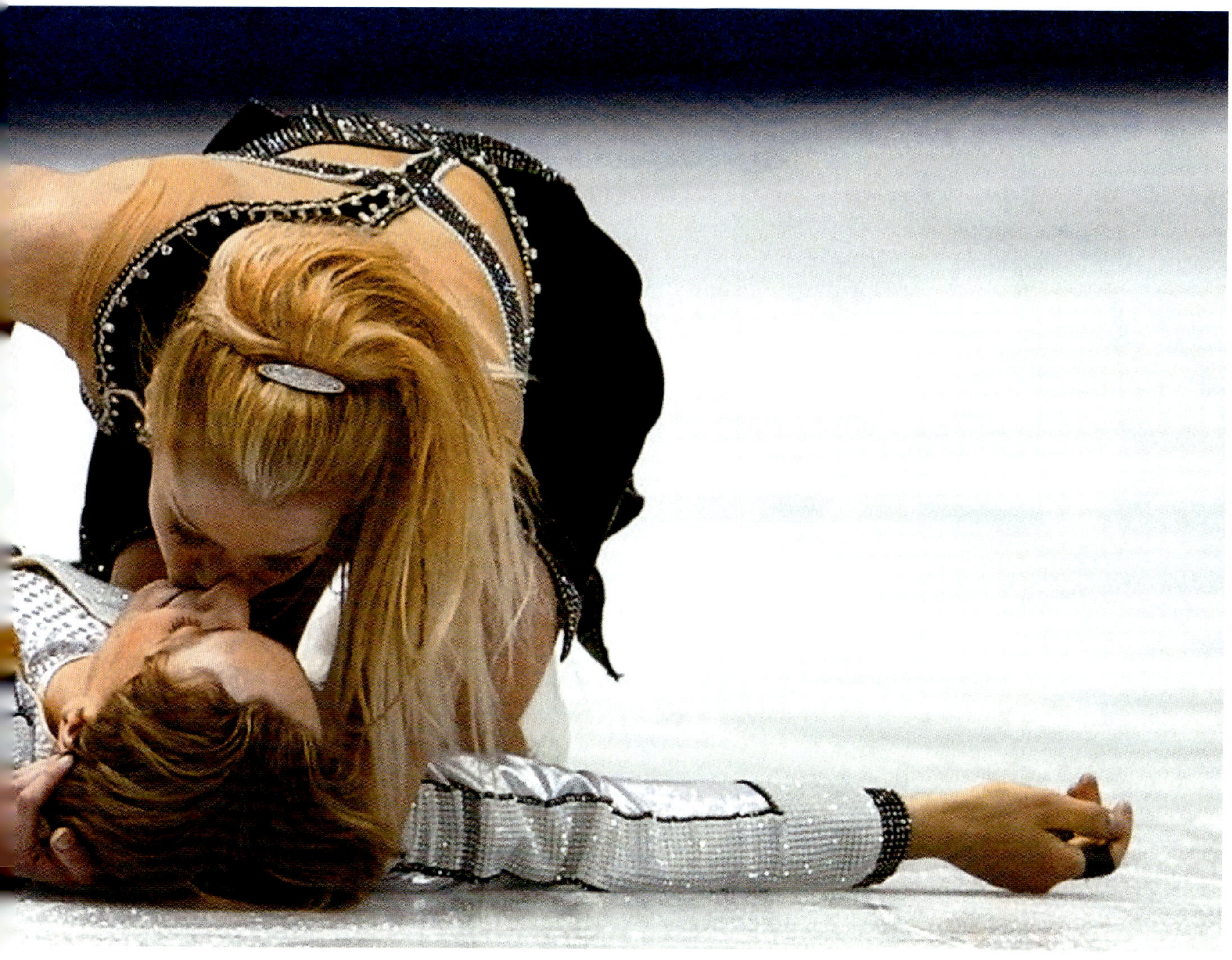

www.homestaed.com/bourneandkraatzworld · www.geocities.com/Petrova_Tikhonov · www.members.tripod.com (Berezhnaya/Sikharulidze) ·

Erst Dreck, dann Gold Hinter der Bande hatte Tatjana Tarassova mit jeder Faser ihres ziemlich gewichtigen Leibes nachvollzogen, was der gertenschlanke Alexei Yagudin mit unnachahmlichen Schrittkombinationen in die olympische Eisfläche meißelte – eine sensationelle Kür zum olympischen Gold. Tatjanas russische Seele hatte dabei gelitten, gejubelt und sogar gejauchzt, denn der neue Champion ist nicht nur der derzeit absolut beste Eiskunstläufer – er ist auch Tatjanas Meisterschüler. »Es waren vier harte Jahre, in denen ich mit Dreck beworfen wurde. Deshalb gehört die Goldmedaille nur mir und meiner Trainerin«, sagte der 21-jährige Yagudin der internationalen Presse mit düsterer Miene. Was er damit meinte, musste man sich erst zusammenreimen: Alexei Mishin, einst sein Trainer und nun Coach des Erzrivalen Evgeni Plushenko, hatte nach Yagudins mitreißender Kür einen Teilanspruch auf dessen Goldmedaille erhoben. Mishin: »Ich bin sehr stolz, dass ein ehemaliger Schüler von mir auf dem obersten Podium steht.«

Richtig, aber auch so falsch. Denn Alexei Yagudin präsentierte sich in Salt Lake City als ein Tänzer auf Kufen, der jeden Teil seines Körpers souverän einsetzt. Wobei jederzeit seine Persönlichkeit im Mittelpunkt einer absolut professionellen Choreographie steht. Einer Choreographie Tatjana Tarassovas – ein Stück aus Meisterhand für den Meister seines Faches.

Das Sprungfestival der eiskünstlerisch tätigen Männer endet mit einer Überraschung: Nicht Weltmeister Evgeni Plushenko (rechts) steht ganz oben, sondern sein ewiger Rivale aus dem eigenen russischen Lager, Alexei Yagudin. Viermal erhält dieser die Traumnote 6,0 in einer von Fehlentscheidungen der Jury freien Konkurrenz. Standing Ovations von 16 000 Augenzeugen für den »Mann mit der eisernen Maske«, so das Thema von Yagudins Auftritt, dem auch Lokalmatador Timothy Goebel (links) wenig entgegenzusetzen hat.

Rumgelaufen wie die Oberkellner

Das Gedächtnis eines Eiskunstläufers arbeitet in Schrittkombinationen, Sprüngen, Pirouetten. Und in Musiktakten. Macht des Schicksals, Carmen, Nussknacker-Suite, Boccaccio – auch wenn meine Goldkür von Innsbruck fast vierzig Jahre zurückliegt, kann ich sie in Ton und Bewegung sofort abrufen. Das geht mir zum Beispiel stets so, wenn ich durch Zufall im Radio, Fernsehen oder sonstwo etwas von diesen Musikstücken höre. Dann ist das bei diesem Takt immer noch der Doppelaxel, bei jenem der Rittberger und dem dritten die Standpirouette. Noten von 5,6 bis 5,8 habe ich von den Preisrichtern für meine Kür bekommen. Ich war fehlerfrei geblieben und gewann damit am Ende klar vor dem Franzosen Alain Calmat, gegen den ich vorher bei der EM noch verloren hatte. Aus heutiger Sicht mag mancher den sportlichen Wert geringschätzen, denn eine Darbietung nur mit Doppelsprüngen wäre jetzt nicht mehr konkurrenzfähig. Für mich ist das freilich der normale Gang der Dinge – unsere Vorgänger aus den frühen Zeiten des Eiskunstlaufens sind nur einfach gesprungen und haben dennoch Großartiges vollbracht. Schon 1952 hatte Dick Button bei den Spielen in Oslo den ersten Dreifachen gezeigt, ich hatte 1960 bei meiner Olympia-Premiere in Squaw Valley als 16-Jähriger den grandiosen David Jenkins bestaunt. Meine Stärken allerdings waren andere. Ich war ein sehr guter Pflichtläufer – ein Wettbewerbsteil, den es heute nicht mehr gibt, der aber damals noch zwei Drittel der Wertung ausmachte. Fünf Pflichtfiguren waren bei Olympia zu absolvieren, sechs bei Weltmeisterschaften. Logischerweise galt diesen, von den meisten ungeliebten Aufgaben deshalb im Training der meiste Aufwand. Mit 1,88 Meter war ich für einen Eiskunstläufer ungewöhnlich groß. Hohe, weite Sprünge, Mordstempo und Männlichkeit galten als meine Trümpfe. Und die zogen, obwohl ich eigentlich zu groß und zu schwer für unsere Branche war. Einen solchen Typus Läufer gibt es heute im Zeitalter der Drei- und Vierfachsprünge einfach nicht mehr.

Auch einiges andere, damals selbstverständlich, ist inzwischen mehr oder minder passé. Zum Beispiel das antiquierte, konservative Outfit. Wir sind rumgelaufen wie die Oberkellner. Dass die Preisrichter damals innerhalb der Eisfläche saßen, weiß heute kaum noch jemand. Man musste aufpassen, dass man nicht irgendwann zwischen ihnen landete, was aber mehrfach geschah. Psychologisch war es nicht das Angenehmste, den Juroren auf dem Eis immer direkt in die Augen zu schauen und womöglich genau vis-à-vis zu stürzen. Elektronik hatte noch keinen Einzug gehalten, die Damen und Herren Richter zogen ihre Bewertungen aus ihrem Notenkästel und vergriffen sich dabei auch hin und wieder. Was allerdings schnell zu korrigieren war, denn vorher mussten die Noten auf einen Zettel notiert werden – und dann wurde verglichen, ob tatsächlich dieselbe Note in die Höhe gehalten wurde. Also alles anders heute?

Nein, ein paar Dinge sind schon geblieben. Zum Beispiel, dass Olympia für jeden Sportler trotz aller Veränderungen immer noch etwas Besonderes ist. Weltmeisterschaften gibt es jährlich, die Spiele eben nur alle vier Jahre. Dass der Schnelldorfer 1964 Olympiasieger war, daran erinnern sich viele. Dass er im selben Jahr auch Weltchampion wurde, wissen fast nur Insider. Zweimal habe ich Olympia erlebt. Schon 1956 hätte ich als Deutscher Meister sportlich die Kriterien für eine Teilnahme erfüllt, durfte damals aber als 12-Jähriger wegen des gesetzten Alterslimits nicht starten. Bei der gleichaltrigen Marika Kilius hatte man es anders gehalten – sie durfte wegen ihres 19-jährigen Paarlaufpartners Franz Ningel in Cortina mit einer Ausnahmegenehmigung aufs olympische Freiluft-Eis. Ich musste zwar vier Jahre auf meine olympische Premiere warten, aber die war dann um so schöner. Squaw Valley bot aus meiner Sicht die letzten idealen Spiele. Alle Wettkämpfe fanden an einem Ort statt, alle Athleten wohnten zusammen in einem Olympischen Dorf, in dem ab 19 Uhr auch keine Presseleute mehr Zugang hatten. Damit war tatsächlich die Gelegenheit für die so oft beschworene olympische Sinnstiftung da: Die Jugend der Welt traf sich, lernte sich kennen und hatte Spaß miteinander. Das ist nach meiner Kenntnis heute oft nicht mehr so einfach möglich. Was natürlich damit zu tun hat, dass Sport für viele Olympioniken inzwischen längst zum Beruf geworden ist, und es damit auch um die Existenz geht. Bei Eiskunstläufern sowieso. Nur ein großer Titel sichert den lukrativen Eintritt in eine Eisrevue, andere Möglichkeiten gibt es nicht.

**MANFRED
SCHNELLDORFER
1960/1964**

Geboren 1943, Eiskunstläufer aus München, 1960 Olympia-Achter, 1964 Olympiasieger.
Heute freier Fotograf und im Sportartikelgeschäft

EISSCHNELLLAUF

EINZEL 500 M, 1000 M, 1500 M, 3000 M, 5000 M (FRAUEN)
500 M, 1000 M, 1500 M, 5000 M, 10 000 M (MÄNNER)

ENTSCHEIDUNGEN: 10

ACHT VON ZEHN

DAS ERWARTETE REKORDFESTIVAL AUF DEM EIS DES OLYMPIC OVAL

| www.isu.org · www.speedskating.com · www.desg.de · www.gunda-niemann.de · www.anni-friesinger.de · www.garbrecht.com · www.frank-dittrich.com

Für Olympia-Gold muss man Weltrekord laufen.« Diese Prognose von Claudia Pechstein, abgegeben vor dem Trip nach Übersee, hatte eine achtzigprozentige Trefferquote. Auch Eric Heiden, 1980 fünffach kufenvergoldet, meinte: »Ich wäre überrascht, wenn es anders kommt.« Am Ende hielten sich nur die Sprinter raus beim Rekordfestival auf dem extrem schnellen Eis des Utah Olympic Oval. Ursache für die serienweise purzelnden Bestmarken auf dieser Bahn, die Calgary endgültig den Rang als Top-Piste abnahm, ist vor allem die Höhenlage und der damit geringere Luftwiderstand. Gerard Kemkers,

Trainer des Niederländers Jochem Uytdehaage, fand einen bildhaften Vergleich für den Extra-Schub: »Das Eis hier ist wie ein Trampolin. Es ist so, als ob man mit dem Eis spricht. Du gibst ihm etwas, und du bekommst es zurück.« Acht der zehn Entscheidungen endeten mit Weltrekorden, die zumeist die alten Spitzenzeiten regelrecht atomisierten. Am eindrucksvollsten schafften das Jochem Uytdehaage und Claudia Pechstein. Der fliegende Holländer blieb auf der 10 000-Meter-Tortur als erster Läufer unter 13 Minuten, die Berlinerin lief über 5000 Meter fast sechs Sekunden schneller als Gunda Niemann-Stirne-

mann, deren Marke als eine galt, die lange bestehen wird. Da sowohl der eine wie die andere zuvor bereits Gold gewonnen hatten, wurden sie zum Königspaar auf Kufen. Das kam unerwartet, denn für diese Rolle waren nach dem Saison-Vorspiel eher Anni Friesinger und Sprint-As Jeremy Wotherspoon vorgesehen. Während die Inzellerin bei vier Starts immerhin einmal gewann, blieb der Kanadier ganz ohne Medaille. Nur mit Weltrekorden winkte eben Edelmetall. Andere Überraschungssieger knackten die Rekorde: Gerard van Velde, Derek Parra, und auch Chris Witty hatte vorher niemand auf der Rechnung.

Noch kein Gold um den Hals, aber schwarz-rot-gold auf dem Kopf. Claudia Pechstein hat sich nach den 5000 Metern, die sie als erste Läuferin in der olympischen Geschichte dreimal in Folge gewann, als Zeichen des Sieges in den Landesfarben dekoriert.

CLAUDIA PECHSTEIN

PECHBEIN WIRD GOLDSTEIN
DIE KUFEN-LEHRVORFÜHRUNGEN DER BERLINERIN IM UTAH OLYMPIC OVAL

Gold	3000 m
Gold	5000 m
Platz 6	1500 m

Erst war sie Eiskunstläuferin. Wie zum Beispiel vor ihr Karin Enke-Richter oder Emese Hunyady. Olympiasiegerinnen wie Claudia Pechstein – und damit prädestiniert, auf Sieger-Ehrenrunden Ausflüge in die eigene sportliche Vergangenheit zu unternehmen. Da ein Sprüngchen, dort eine Waagefigur, hier eine Pirouette. Am häufigsten Gelegenheit, ihr persönliches Kreativ-Potenzial zu zeigen, hatte und hat Claudia Pechstein. Die einen Tag vor der 5000-m-Entscheidung 30 Jahre alt gewordene Berlinerin geriet Ende der achtziger Jahre an Trainer Joachim Franke – ein Glücksfall, wie sich erweisen sollte. Zu Beginn war sie kurz vorm Aufhören, dann gewann sie 1992 in Albertville völlig überraschend 5000-m-Bronze. Als zwei Jahre später in Lillehammer daraus sogar Gold wurde, ein paar Hundertstel vor der haushohen Favoritin Gunda Niemann, war Claudia ihren Spitznamen los. »Pechbein« war damals auf der Unterseite ihrer Schlittschuhe zu lesen. Jetzt bekommt sie vielleicht einen neuen, denn Olympiateam-Sprecher Klaus Angermann stellte die als technisch perfekte Kufenflitzerin geltende Ausnahmeathletin in Salt Lake City als »Claudia Goldstein« vor. Wohl eine zusätzliche Motivation für den abschließenden Wettbewerb. Das dritte 5000-m-Gold in Folge schrieb Geschichte – das hatte noch keiner und keine der vielen Großen von Hjalmar Andersen, Eric Heiden bis Karin Enke oder Gunda Niemann vor ihr geschafft. »Das war mein Ziel seit Nagano. Ich habe mich nicht beirren lassen, auch wenn auf der Wegstrecke andere nicht nur einmal an mir gezweifelt haben«, sagte die überglückliche Siegerin, die nun mit viermal Gold, einmal Silber und zweimal Bronze die erfolgreichste deutsche Winter-Olympionikin aller Zeiten ist. In der Saison war die Inzellerin Anni Friesinger bis auf die Ausnahme der EM Anfang Januar in Erfurt auch auf den langen Kanten schneller gewesen als Pechstein. Aber die hatte schon damals gesagt: »Abwarten! Erst in Salt Lake City wird abgerechnet …« Da wurde Anni über 3000 m Vierte, über 5000 m Sechste.

Trainer Franke war schon immer von seinem Schützling überzeugt. »Claudia ist eine Meisterin der punktgenauen Vorbereitung. So habe ich es noch nie bei jemand anderem erlebt. Und sie kann in diesen Momenten, die ein Sportlerleben krönen können, ihre Bestzeiten um ein Vielfaches unterbieten. Salt Lake City – das waren Kufendemonstrationen von Claudia Pechstein. So schreibt man Sportgeschichte.« Sagt Franke und applaudiert seiner Athletin als Begleitläufer auf einer langen Ehrenrunde.

Auf schmalem Grat zum Gold Die Eissprinter sind die, die am schnellsten zum olympischen Gold kommen. Nimmt man den 500-m-Lauf als Einzelrennen (das freilich seit Nagano zweimal zu absolvieren ist), dann brauchen die Männer rund 34,5, die Frauen 37,5 Sekunden für den halben Kilometer auf Kufen. Ein halber Kilometer, bei dem sich die Gebücktläufer auf äußerst schmalem Grat bewegen. Nur 1,2 Millimeter breit sind die geschliffenen Stahlschienen. Ein Balanceakt, der um des Spitzenplatzes willen nur ein Entweder-Oder zulässt. Stürzen oder Siegen, im Eissprint ist das eine Alternative, mit der Sieganwärter leben müssen. Beim olympischen Stakkato auf dem Utah Olympic Oval lernten die Kanadier das eine wie das andere kennen. Männer-Favorit Jeremy Wotherspoon verstolperte das mögliche Gold schon nach ein paar Metern seines ersten Laufes. Mit der Spitze des linken Schlittschuhs hakte er ins Eis ein, stürzte – und musste den US-Kontrahenten Casey FitzRandolph ziehen lassen, der dann am Ende auch Olympiasieger wurde. Den als »Fastest American on Ice« gefeierten Champion beschäftigte das Malheur des Trainingskameraden aus der multinationalen Gruppe von Coach Sean Ireland fast mehr als der eigene Erfolg: »Ich kann mich gar nicht freuen, weil meinem Freund dieses Missgeschick passiert ist.«

Grunde Njos (NOR)

Allein mit diesem Pech war der Kanadier nicht, aber er war zweifellos das prominenteste Opfer des schnellen Eises, dessen Qualität sich die Organisatoren 30 Millionen US-Dollar kosten ließen. »Der Sprint nähert sich der Grenze zur Artistik«, befand ZDF-Co-Kommentatorin Gunda Niemann-Stirnemann. »Man muss Seiltänzer und Schwerathlet zugleich sein. Das ist faszinierend – aber zu Risiken und Nebenwirkungen muss man die Athleten befragen.« Viele hatten Probleme in den Kurven, nahmen die Hand vom Körper, um diese wie beim Shorttrack als Stützhilfe zu verwenden.

Ohne Angstmomente kam die Berlinerin Monique Garbrecht-Enfeldt aus. Sie genoss den Adrenalin-Ausstoß regelrecht, bot der Favoritin Catriona LeMay-Doan Paroli und bescherte dieser nach ihrem knappen Vier-Hundertstel-Vorsprung zur Halbzeit eine schlaflose Nacht. »Ich habe gebetet. Oh God, thank you«, gestand sie erleichtert nach der erfolgreichen Verteidigung ihres Sprint-Goldes von Nagano. Dieses Kompliment für Garbrechts Silber tat der 33-jährigen siebenmaligen Weltmeisterin nach der Fieberkurven-Saison zuvor richtig gut. Am ersten Tag des 500-m-Wettbewerbs war sie die schnellste 400-m-Runde gelaufen, die je eine Frau auf Kufen hingelegt hat. »Das war ein Kick, wie ich ihn liebe. Kontrolle haben, Körper und Geist beherrschen und alles in Geschwindigkeit umsetzen – ein Wahnsinns-Gefühl. Eissprint ist ein Gesamtkunstwerk, bei dem alles zusammenpassen muss.« Kunst zum Genießen.

Was verbindet Uwe-Jens Mey, André Hoffmann, Olaf Zinke und Claudia Pechstein? Richtig: Sie waren allesamt Olympiasieger! Neben dem ihren trägt der Erfolg aber noch einen anderen Namen. Den von Trainer Joachim Franke. Der 63-jährige Ex-Eishockey-Nationalspieler, der mit der DDR 1966 EM-Bronze gewann, ist seit Olympia 1976 nie ohne Medaille seiner Schützlinge nach Hause zurückgekehrt. Ähnlich erfolgreich wie in Salt Lake City war das »Team Franke« nur 1988 in Calgary, als Mey und Hoffmann zweimal gewannen. Diesmal stockten Claudia Pechstein mit Gold über 3000 und 5000 Meter sowie Monique Garbrecht-Enfeldt mit Silber die weltweit einmalige Trainerbilanz weiter auf. Acht Olympiasiege, 17 olympische Medaillen, von WM-Titeln und Rekorden nicht zu reden – wahrscheinlich wäre der als Fußball-Lehrer immerhin mit einem WM-Titel gekrönte »Kaiser« Franz Beckenbauer längst Bundespräsident, wenn er eine ähnliche Bilanz aufweisen würde. Franke aber ist ein Stiller, einer, der sich selbst zurücknimmt. »Laufen müssen schließlich die Athleten selbst, ich möchte auch gar nicht tauschen. Aber wenn ich dazu beitragen kann, dass sich ihre Hoffnungen erfüllen, dass der ganze Aufwand mit Erfolg belohnt wird, dann ist das genau jenes Ergebnis meiner Arbeit, das ich mir wünsche.«

Monique Garbrecht-Enfeldt (GER)

Sabine Völker (GER)

Casey FitzRandolph (links), Kip Carpenter (beide USA)

Catriona LeMay-Doan (CAN)

Cho Son Yeon (KOR/links), Amy Sannes (USA)

Casey FitzRandolph (USA)

Gretha Smit (NED)

Chris Witty (USA)

Derek Parra (USA)

Sabine Völker, Trainer Stephan Gneupel (GER)

Mixed Emotions Dass Eisschnelllaufen alles andere als eine kalte und gefühlsarme Angelegenheit ist, das durften Deutschlands Sportinteressenten schon lange vor dem ersten Startschuss im Utah Olympic Oval lernen. Noch nie zuvor war der Kufensport in den Medien so umfangreich präsent, noch nie zuvor aber hatte diese Präsenz auch so wenig mit dem sportlichen Wettkampf zu tun. Stattdessen ging es um Oberweiten, Werbeeinnahmen, verbale Unfreundlichkeiten. Deutschlands auflagenstärkste Boulevardzeitung berichtete von »Busen-, Gold- und Geld-Neid« zwischen den Protagonistinnen Claudia Pechstein und Anni Friesinger, und als »Deutschlands Sportlerin des Jahres 2001« dann über 1500 Meter doch noch ein goldenes Happy End feiern durfte, da wusste das Blatt auf seiner Titelseite auch warum: »Anni & ihr Busen-Trick: Mit Doppel-BH zum Gold.« Für die bajuwarische Frohnatur war mit dem Sieg die Welt wieder in Ordnung. Doch statt nach ihrer grandiosen Leistung gefragt zu werden, sollte sie immer wieder Fragen nach dem »Zicken-Krieg«, nach Nacktfotos oder sonstwas beantworten. Das trübte irgendwo das Hochgefühl der Ausnahmeläuferin, die ganz gegen ihre Art zurückhaltend in ihren Reaktionen wurde. »Ich bin glück-

Anni Friesinger (GER)

lich, und das will ich ganz und gar genießen. Für mich zählt das Sportliche.« Alles andere, so Anni Friesinger, interessiere sie nicht. Viermal Gold, so war es der Schnellläuferin mit auf den Weg nach Salt Lake City gegeben worden, erwarte man vom neuen deutschen Kufen-Wunder. Ist es eine Niederlage, dann »nur« eine zu gewinnen? Natürlich nicht, aber schreiben werden es manche dennoch. Die Freude bei anderen der großen Sieger von Salt Lake City durfte ungetrübter sein. Der US-Amerikaner Derek Parra zum Beispiel, der Gold über 1500 und Silber über 5000 Meter gewann, wurde vom Nobody zum Star – nachdem er ein paar Monate zuvor noch bei McDonalds gejobt hatte und gefeuert worden war. Auch die unbekannte Niederländerin Gretha Smit jubelte als 5000-Meter-Zweite, als habe sie den Eislaufhimmel zum Einsturz gebracht. Und Chris Witty, die praktisch ein Jahr lang wegen des Pfeifferschen Drüsenfiebers nichts Nennenswertes zustande brachte, glänzte mit einem Gold-Comeback über 1000 Meter. Von Gold-, Geld- oder Busen-Neid war in keinem dieser Fälle die Rede. Siegen kann so schön sein, wenn man sich darüber richtig freuen kann – und es auch die Zuschauer tun.

Tour de France auf Kufen Wer hat mehr gewonnen bei den zehn olympischen Entscheidungen auf dem Super-Eis des Olympic Oval in Salt Lake City – SpaarSelect, TVM oder Deutschland? Die Frage klingt absurd, ist aber für Insider und direkt Beteiligte durchaus von Belang. Denn hinter den seltsamen Namen verbergen sich nicht etwa unbekannte Zwergrepubliken, sondern finanzstarke sportliche Unternehmen. Vor zwei, drei Jahren haben sogenannte »Privatteams«, die von großen Firmen verschiedener Branchen unterhalten werden, die Eisschnelllauf-Szene in Unruhe versetzt. Ein Konstrukt wie im Profi-Radsport, wo Telekom, Rabobank, Festina oder US Postal gegeneinander fahren – allerdings um weitaus mehr Geld. Vielleicht war das neben der Skandal-Tour de France von 1998 ein Grund für den niederländischen Sponsor TVM, das Metier zu wechseln. Im April 2000 nahm man ein multinationales Team von Kufen-Stars unter Vertrag, zu dem die Salt Lake City-Olympiasieger Casey FitzRandolph (500 m), Gerard van Velde (1000 m), die Sprinter Jeremy Wotherspoon und Mike Ireland sowie Rintje Ritsma als mehrfacher Allround-Weltmeister gehören. Fürs Team SpaarSelect, das von Ex-US-Olympiasieger Peter Mueller als Trainer gecoacht wird, drehen zum Beispiel Langstrecken-Spezialist Gianni Romme und Marianne Timmer ihre Runden. Neben den beiden »Marktführern«, die mit dem Kampf um Stars unter- und gegeneinander sogar Ablösesummen im Eisschnelllaufen möglich machten, gibt es drei, vier weitere Privatteams im Mutterland des Kufensports. Die Top-Läufer haben für die Geldgeber – zumindest in den Niederlanden – beträchtlichen Werbewert, so dass auch die Aktiven mit für die Sportart hohen Summen partizipieren. Ein starker Anreiz.

Allerdings ist die kurze Historie der Privatteams längst keine reine Erfolgsgeschichte mehr. Software-Hersteller Unit 4, der auch den Deutschen Christian Breuer beschäftigte, gab sein Engagement wieder auf. Der Kosmetik-Gigant Sanex verkaufte sein komplettes Team an TVM, konzentrierte sich stattdessen auf den Tennis-Zirkus der Damen. Dass die Privatteams Leistung stimulieren, liegt auf der Hand. Aber dass Geld allein nicht automatisch Medaillen und Rekorde produziert, belegen andere Beispiele. Der Überraschungs-Olympiasieger über 1500 Meter und 5000-Meter-Zweite, Derek Parra (USA), bereitete sich auf seine Salt Lake City-Auftritte im Alleingang vor. Die deutschen Asse wie Claudia Pechstein, Monique Garbrecht-Enfeldt, Sabine Völker oder der 5000-Meter-Sensationsdritte Jens Boden setzen auf das geordnete Umfeld daheim in Berlin, Erfurt oder Chemnitz. Anni Friesinger dagegen unterhält mit ihrer Trainingsgruppe, zu der unter anderem auch der Russe Juri Kokhanets gehört, zumindest sportlich eine Art Privatteam. »Es gibt verschiedene Wege zum Erfolg«, sagt Gunda Niemann-Stirnemann. »Jeder muss für sich Vor- und Nachteile abwägen. Auf jeden Fall haben die Privatteams Bewegung gebracht – und das ist gut so für uns Sportler.«

Mit zweimal Gold in Weltrekordzeit hat Jochem Uytdehaage aus den Niederlanden, erfolgreichster Mann unter den Eisschnell-läufern dieser Olympia-Tage, optimal vorgesorgt, für Privatteams interessant zu werden.

Mit dem Prinzen frühstücken Für die einen heißt es »gehupft wie gesprungen«, für mich »gehupft wie gelaufen«. 1977 war ich noch EM-Neunte im Eiskunstlaufen, gar nicht so schlecht, wenn man die heutigen deutschen Leistungen in dieser Disziplin sieht. Aber körperliches Wachstum und Kringeldrehen wollten nicht mehr recht zusammenpassen, und so blieb ich zwar bei den Schlittschuhen, wechselte aber 1978 zu den Kufenflitzern. Nach nur zwei Jahren war ich Sprint-Weltmeisterin und erlebte 1980 meine ersten Olympischen Spiele. Ob ich das bei den Kunstläufern jemals geschafft hätte? Lake Placid nahm ich unbeschwert, staunend wie ein kleines Kind und nach dem Motto »Frechheit siegt« in Angriff. Als ich gleich zum Auftakt die 500 Meter gewann, wusste ich eigentlich gar nicht so recht, wie mir geschah – habe es aber gern mit mir geschehen lassen. Unter die ersten Drei hatte ich kommen wollen, dann wurde es Gold. Und damit war für die folgenden 1000 Meter ein wenig die Luft raus. Platz 4 lag unter den Erwartungen, aber nach dem Gold war mir das egal. Und nach der Siegerehrung mit Eric Heiden, zu dem ich aufschaute wie zu einem Wesen vom anderen Stern, sowieso.

Meine ersten Spiele waren ein Riesenabenteuer, das über mich hinwegrauschte. Vielleicht ist deshalb davon weniger hängengeblieben als von den beiden folgenden. Das Olympische Dorf natürlich, das sehe ich noch genau vor mir. Dass das später ein Gefängnis werden würde, war unschwer zu erkennen. Schmale Zimmer mit noch schmaleren Fenstern, die nicht zu öffnen waren. Doppelte Umzäunungen, zwischen denen wir joggten. Drinnen hatte man mit Farbe versucht, den Aufenthalt der Sportler im »Knast« angenehmer zu machen. Und Computerspiele aufgestellt, die vor allem von uns Ostlern hoch frequentiert wurden. Auch an das Eishockey-Finale zwischen der Sowjetunion und den College-Boys aus den USA erinnere mich, das ich nach meinen Wettkämpfen miterleben durfte. Als die Eröffnung aus Salt Lake City übertragen wurde, habe ich mir die Helden von damals, die nun die Olympische Flamme entzündeten, genau angesehen – wiedererkannt habe ich keinen. Allerdings trugen sie vor 22 Jahren eine Eishockey-Montur, die die Puckjäger so anonym machte wie uns Eisschnellläufer unser Ganzkörper-Anzug.

Vier Jahre später in Sarajevo hatte ich mit zweimal Gold und zweimal Silber eine optimale Ausbeute. Und damit den vorher ausgegebenen »Kampfauftrag« der Funktionäre erfüllt. Das Wetter bei den Wettbewerben auf der Freiluft-Bahn war schlecht, durch ständige Schneefälle gab es immer wieder Verschiebungen. Das schaffte Probleme, weil es automatisierte Abläufe über den Haufen warf: zwischen 6 und 7 Uhr Aufstehen, Morgensport, Frühstück, dann zur Bahn fahren, Einlaufen. Man wusste nicht, was wird, wie man die plötzliche freie Zeit totschlagen sollte. Vor allem beim 1500-m-Auftakt habe ich fast gezittert, war total aufgeregt und bin die letzten hundert Meter gelaufen wie ein Stock. Das Nervenflattern freilich blieb mir auch danach treu. Vor allem, wenn der Trainer am Tag vor dem Wettkampf mit der Auslosung kam, bin ich nachts im Bett die Strecke schon ein paar Mal gelaufen.

Sarajevo waren schöne Spiele. Spiele, die in der Erinnerung aber durch das, was später kam, auch weh tun. Bilder vom total zerstörten Stadion zu sehen, das schmerzte. Auch, dass damals – in einem sozialistischen Land – meine Eltern nicht dabei sein konnten, weil das nicht erlaubt wurde. Ich hätte sie gerne mal bei einem wirklich großen Sportereignis gehabt, denn ich habe ihnen enorm viel zu verdanken. Aber das ging leider nur einmal, bei der WM in Chemnitz.

Von Olympia 1988 in Calgary schied ich mit gemischten Gefühlen. Ich war inzwischen Mutter, es war schwer geworden, im Kopf alles unter einen Hut zu bringen. Drei Medaillen bei vier Starts, davon träumen sicher die meisten Athleten, aber für die stets wachsamen Funktionäre hieß es diesmal, ohne Gold zweifellos »Kampfauftrag nicht erfüllt«. Da es meine letzten Spiele waren, habe ich bewusster Abschied genommen. Es sind Dinge haften geblieben, die vorher vorbeigerauscht wären. Albert von Monaco, als Bobfahrer Athleten-Kollege, habe ich am Nebentisch beim Frühstück bestaunt: »Mensch, ein Prinz im Trainingsanzug! Und der isst dasselbe wie du und ich …« Mit unserer ID-Nummer von den Akkreditierungskarten konnten sich die Sportler Mails schicken, und um die Computer auf den Etagen des Dorfes gab es heftigen Streit, wer als nächster ran durfte. Die meiste Post hat Kati Witt bekommen, sie hat sich die Liebeserklärungen am Ende seitenlang ausdrucken lassen. Aber ein paar Verehrer hatte auch ich. Was hoffentlich bis heute so geblieben ist.

KARIN ENKE-RICHTER
1980/1984/1988

Geboren 1961, Eisschnellläuferin
aus Dresden, 1980 Olympiasiegerin
500 m und Vierte 1000 m,
1984 Gold über 1000 und 1500 m,
Silber über 500 und 3000 m,
1988 Silber über 1000 und 1500 m,
Bronze über 500 m, Vierte über 3000 m.
Heute Hausfrau als Mutter
von drei Kindern

1984: Andrea Schöne, Karin Enke-Richter, Jens Weißflog, Katarina Witt (v.l.)

SHORT TRACK

DISZIPLINEN   500 M, 1000 M, 1500 M, 3000 M-STAFFEL (FRAUEN)
500 M, 1000 M, 1500 M, 5000 M-STAFFEL (MÄNNER)

OLYMPISCHE PREMIERE   1500 M FRAUEN UND MÄNNER

ENTSCHEIDUNGEN: 8

NORMAL IST UNNORMAL

ALLES DRIN BEIM KURVEKRATZEN – STÜRZE, RASANZ UND EKLATS

Grausam ist die Wirklichkeit, wie auch der 19-jährige Apolo Anton Ohno auf dem 111 m langen, besser kurzen Eisoval feststellen musste. Dem US-Star, der es sogar aufs Titelbild von *Sports Illustrated* geschafft hatte, waren vier Goldene prophezeit worden. »Oben Ohno« sollte das Motto im Salt Lake Ice Center werden. Doch nur einmal landete der Sohn japanischer Einwanderer auf dem Siegerpodest – und auch das nur, weil im 1500-m-Rennen der Südkoreaner Kim Dong Sung umstritten disqualifiziert wurde. Eine Entscheidung, an die sich heftige Proteste anschlossen, die bis vor das Sportgericht des IOC führten. Die Turbulenzen auf Kufen hatten sich damit aber längst nicht erschöpft. Normal ist unnormal, war die Devise bei der Hatz in Schieflage. Über 1000 m bei den Männern gewann der Australier Steven Bradbury das erste Wintersport-Gold für sein Land, weil sich die Konkurrenz im Endlauf zehn Meter vorm Ziel zu einem Vier-Mann-Sturzknäuel verband, an dem der Aussie lässig vorbeiglitt. Die 500 m gingen an den Kanadier Marc Gagnon, nachdem diesmal Ohno wegen eines »Fouls« eliminiert worden war. Bei den Frauen ging es friedlicher zu. China, für das Yang Yang mit zwei Goldenen endlich die Aufnahme des Riesenreiches in die Goldstatistik der 19 Winterspiele besorgte, und Südkorea teilten sich die Siege. Ohne Stürze, Disqualifikationen und Eklats. Auch die Deutschen kamen ohne derart Unerfreuliches aus. Was nicht so erstaunlich war, weil man in der Regel mit Sicherheitsabstand zu den führenden Short Trackern laufen konnte. Das Fähnlein der sieben Aufrechten wies aber doch Fortschritte nach. Die Dresdnerin Christin Priebst erreichte über 1500 m den B-Endlauf, wurde am Ende Sechste – die bislang beste deutsche Olympia-Platzierung in einem Einzelrennen.

Wie fliegen sie denn? Aus der Bahn geraten ist hier der Chinese Li (ganz links), kurz darauf folgen ihm der Kanadier Turcotte, der Südkoreaner Ahn und US-Amerikaner Ohno (von rechts). Sieger Steven Bradbury wird in Australien sofort eine Briefmarke gewidmet.

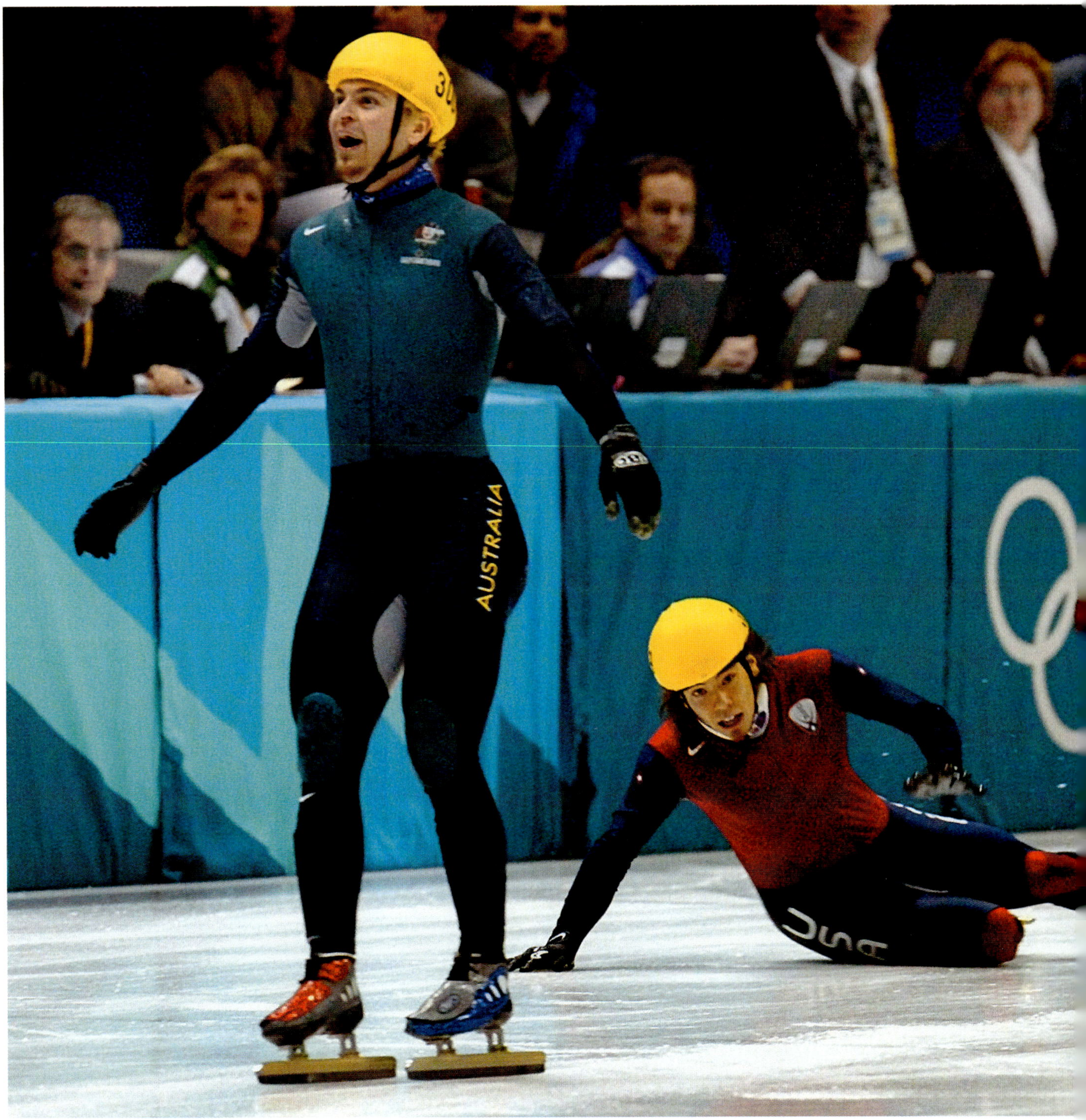
AUSTRALIA
USA

CHINA
USA

USA

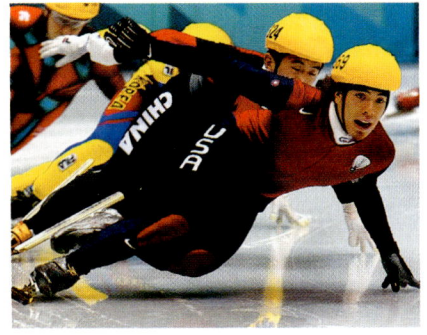

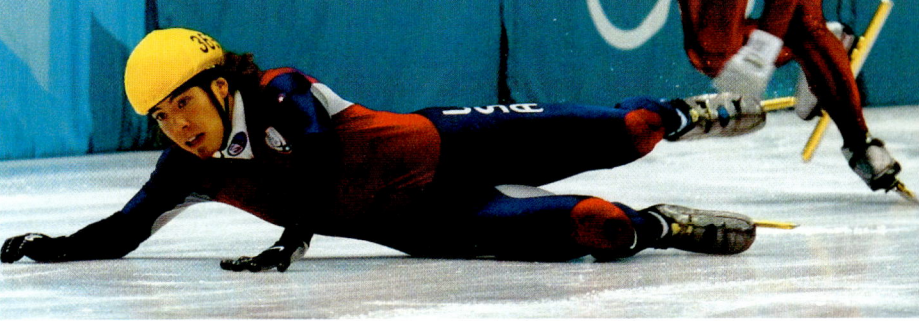

Ein Aussie als lachender Fünfter Short Track ist so etwas wie Keirin auf dem Eis. Kampfsprint auf einem 111-Meter-Oval. Enge Kurvenradien, Geschwindigkeiten bis zu 55 km/h, enorme Fliehkräfte, rasante Tempowechsel und immer wieder Stürze machen das »Rodeo auf dem Eis« zur Attraktion. Auf jeden Fall in Korea, China, Japan, Kanada und den USA, woher die besten Athleten des sportlichen Wettbewerbs in Dauer-Schieflage kommen. 16000 begeisterte Fans im stets ausverkauften Salt Lake Ice Center hatten jedenfalls Spaß. Bis der 19-jährige Lokalmatador Apolo Anton Ohno, zuvor auf viermal Gold festgelegt, im 1000-m-Finale kurz vor dem Ziel stürzte. Damit wurde das Kilometer-Wettskaten der fünf Besten zum kuriosten Rennen der olympischen Short-Track-Geschichte seit 1992.

Denn schon vor Ohnos Fall hatten sich die anderen Mitfavoriten »abgeschossen«. Erst brachte der Chinese Li den Koreaner Ahn zu Fall, der wiederum riss Ohno und den Kanadier Turcotte zu Boden. Blieb der Außenseiter und lachende Fünfte des Sturzfestivals: Der Australier Steven Bradbury war dem Quartett im gehörigen Abstand gefolgt – und dann ungläubig lächelnd an den sich mühsam vom Boden aufrappelnden Konkurrenten vorbeigefahren. Bradbury, Hobby-Surfer aus Brisbane und, von Staffel-Bronze 1994 in Lillehammer abgesehen, noch nie auf dem Podest bei einem Großereignis, war nur dank der Halbfinal-Disqualifikation eines anderen Starters in den Endlauf gezogen. Den aber ging er dann mit verblüffend simpler Taktik an: »Ich habe gedacht, halt dich raus aus allem, und wenn zwei stürzen, dann hast du Bronze.« Dass daraus schließlich sogar das erste Wintersport-Gold für Australien wurde, kommentierte der Mann mit Augenbrauen-Ring und Spitzbart mit einem einzigen Wort: »freakish«, verrückt und abnorm.

Sicher sei seine Taktik ungewöhnlich gewesen, »aber diesmal war es der ultimative Weg, um zu gewinnen«. In der Tat hatte der Aussie alles richtig gemacht, auch wenn ihn die auf Ohno fixierten Zuschauer ausbuhten, die bis 10 Meter vor dem Ziel noch in Jubelstimmung waren. Der Local Hero, der mit Hechtsprung Silber rettete und wegen der beim Sturz erlittenen Schnittwunde am Oberschenkel im Rollstuhl zur Siegerehrung gebracht wurde, reagierte dagegen fair. »Das ist eben Short Track! Ich bin wirklich absolut glücklich mit meiner Vorstellung, ganz unabhängig von der Farbe der Medaille.«

Bradbury nach seinen Gefühlen zu fragen, war eh überflüssig. Der Mitbesitzer einer Schlittschuhfirma, auf deren Kufen auch Aushängeschild Ohno läuft, hatte den US-Boy vor den Wettkämpfen in einer E-Mail noch gebeten, im Sieger-Interview den Hersteller seines Sportgeräts zu nennen. »Ich glaube, das muss er jetzt nicht mehr tun«, sagte er hinterher augenzwinkernd. Und dachte an die Wechselfälle der eigenen Karriere. 1994 entging er nach einem Crash auf dem Eis nur knapp dem Tod, verlor vier Liter Blut und musste am rechten Bein mit 111 Stichen genäht werden. 2000 erlitt er eine schwere Nackenverletzung, musste danach sechs Wochen lang mit einer Stütze herumlaufen. 2002 wurde er Olympiasieger, »vielleicht war das, was passiert ist, so etwas wie ein Ausgleich für die Chancen, die ich zuvor bei den beiden anderen Spielen verpasst habe«. Und sagte dann abschließend dasselbe wie Apolo Ohno: »That's short track!«

Ungläubiges Staunen bei Olympiasieger Steven Bradbury: Er hat sich aus allem herausgehalten und wird Olympiasieger über 1000 m. Der Rest erreicht das Ziel mit Müh' und Not. Chunlu Wang (rechts) gratuliert Landsfrau Yang Yang (A) zum ersten Winter-Gold für China.

Der Funke sprang über: Mit dem neuer-
lichen Sieg gegen Russland trat das
US-Eishockey-Team die würdige Nachfolge der Olympiasieger von 1980 an.

E I S H O C K E Y

TURNIER MÄNNER   14 TEAMS
TURNIER FRAUEN   8 TEAMS

ENTSCHEIDUNGEN: 2

Eishockey gilt als Sport für harte Burschen. Beim Männer-Turnier in Salt Lake City aber wurden große Gefühle bemüht. Und das schon lange vor dem ersten Bully. Die US-Olympiasieger von 1980 nämlich hatten als erstes Team das Olympische Feuer entzündet. Eine ganz dem Zeitgefühl angepasste patriotische Huldigung für jene College-Boys, die vor 22 Jahren in Lake Placid auf dem Höhepunkt des Kalten Krieges die damals als unbesiegbar geltende UdSSR mit 4:3 schlugen, für das vielbeschworene »Miracle on Ice« sorgten und Gold gewannen. In einer Umfrage kurz vor den Spielen hatten 44 Prozent der Be-

fragten das »Wunder« zum wichtigsten amerikanischen Sportereignis des Jahrhunderts erklärt. Trainer Herbie Brooks, 1980 der Erfolgs-Architekt, stand nun wieder beim US-Team an der Bande. Sein Auftrag: das Wunder, Teil 2. Doch der 64-Jährige ahnte: »Selbst, wenn wir Gold gewinnen, wäre das kein Wunder. Lake Placid ist nicht mehr zu toppen.« Gemeint war damit vor allem, dass beim Olympiaturnier 2002 nicht mehr namenlose Amateure die Schläger kreuzten, sondern hochbezahlte NHL-Profis. Allein im US-Team addierten sich die Gehälter auf rund 100 Mio. US-Dollar. Alles in allem standen

127 Spieler aus der Eliteliga auf dem Eis. Zweimal im Turnier trafen die USA und Russland aufeinander – einmal hieß es 2:2, im Halbfinale 3:2 für den Gastgeber. Am Ende aber gab es für das Brooks-Team nur ein halbes Wunder. Denn da waren noch die Kanadier – und die zeigten sich nach schwachem Turnierstart beim Final-5:2 als das eindeutig stärkere Team. Also kein »Miracle on Ice«. Aber richtig historisch wurde es doch. Für die Amerikaner war es seit 1932 die erste Heimpleite auf olympischem Eis (1:2 gegen Kanada), für die »Ahornblätter« seit fünfzig Jahren mal wieder Olympia-Gold.

Mike York gegen Sergej Gonchar – nicht immer geht es beim Treffen der Großmächte gesittet zu, erst recht nicht, wenn die USA und Russland im Eishockey die Schläger kreuzen.

Trainer Hans Zach (GER)

Adam Foote (CAN), Martin Havlat (CZE)

Mikko Eloranta (FIN), Nikolai Podomatski (RUS)

Dominik Hasek (CZE)

Mario Lemieux (CAN)

Brian Leetch (USA), Oleg Kovaltschuk (BLR)

Tommy Salo (SWE), Jerome Iginla (CAN)

The Great One lobt die Little Ones Hans Zach ist Bundestrainer der deutschen Eishockey-Männer. Seit der »Alpen-Vulkan« das Regiment in der DEB-Auswahl führt, ist diese wieder auf dem Weg nach oben. Bei der WM 2001 kam man ins Viertelfinale, bei den Spielen in Salt Lake City erneut unter die Top 8 der Welt. Dass die Schützlinge von Zach nach Siegen gegen Vizeweltmeister Slowakei, Österreich und Lettland aus der Vor- in die Medaillenrunde zogen, war eine klare Übererfüllung der Ausgangsziele. Die Chancen auf einen Platz im Konzert der Weltbesten hatte Zach zuvor mit 1:99 beziffert. Am Ende des Auftritts in Utah aber waren sie alle Fans der Eishockey-Underdogs. Innenminister Otto Schily schwenkte eifrig sein schwarz-rot-goldenes Fähnchen und lobte die robusten Männer als »für den Mannschaftsgeist im ganzen Olympiateam vorbildlich«. Die Athleten aus anderen Sportarten pilgerten, wann immer es ihr Programm erlaubte, in die Puck-Arena. Und waren begeistert. »Wahnsinn, wie die sich reingehauen und gekämpft haben«, meinte etwa Schanzen-As Sven Hannawald. Der Respekt blieb

USA gegen Weißrussland

Mike Modano, John LeClair (USA)

Gerhard Unterluggauer (AUT)

Mikael Renberg (SWE) und Co.

Stefan Ustorf, Jürgen Rumrich (GER)

auch, als bei der Turnierfortsetzung mit der hochkarätigen Konkurrenz die Erfolge ausblieben. Vor allem beim 2:3 gegen Kanadas Star-Ensemble, das in der Profiliga NHL in der Addition auf 118 Millionen US-Dollar Gehalt kommt, verkauften sich die Zach-Mannen bestens. Wayne Gretzky, Generalmanager vom Team Canada und einst Mega-Stürmer in der NHL, zeigte sich angetan. »Die Deutschen haben einen großen Schritt nach vorn gemacht, und Hans Zach ist ein Supercoach, der eine tolle Arbeit leistet.« Die Stärken des Teams lagen vor allem in der Defensive. »Ich bin stolz darauf, was die Jungs hier zustande gebracht haben«, sagte Zach auch nach dem 0:5-Viertelfinal-Aus gegen Gastgeber USA. »Ein solches Team schlägt man einmal in 200 Spielen. Wir haben keinen Grund, enttäuscht zu sein.« Der Bundestrainer hofft nun, dass der aus endlich verstärkter Nachwuchsarbeit in den vergangenen zwei, drei Jahren entstandene Schub noch einmal verstärkt wird. » Viele haben die Bilder gesehen und nette Worte gesagt. Jetzt müssen Taten folgen. Bleiben die aus, dann können wir ganz schnell wieder hintendran sein.«

Ihr da oben, wir da unten Die Eishockey-Welt der Frauen ist in Salt Lake City so geblieben, wie sie war. Kanada und die USA sind die Supermächte, dann folgen die Skandinavierinnen, danach der Rest. Zu dem zählen auch die Deutschen, die beim zweiten olympischen Turnier erstmals zu den acht Teams gehörten – und das schon als Erfolg feiern durften. Am Ende wurde die Mannschaft von Bundestrainer Rainer Nittel Sechste, im Platzierungsspiel unterlag man Russland mit 0:5. Im Auftaktmatch gegen die USA hatte es gar ein 0:10 gesetzt. Das freilich kam wenig überraschend. »In unserer Sportart gilt nun mal das Motto ›Ihr da oben, wir da unten!‹«, sagt Nittel, dessen Vorhaben, die Großen wenigstens »ein bißchen ärgern« zu wollen, nicht aufging. Das hat natürlich Gründe. In Deutschland jagen gerade mal gut 2000 Spielerinnen in Vereinen dem Puck nach, in Kanada und den USA sind es jeweils 60 000. Ein DEB-Nationalteam gibt es erst seit 1988, vor drei Jahren schaffte dieses den Aufstieg in die A-Gruppe der Weltklasse. Zwar blieb der Abstand nach ganz oben groß, aber in Tippelschritten etablierte sich die deutsche Mannschaft in der Verfolgergruppe. 2001 wurde man WM-Fünfter, schlug in Länderspielen Schweden und Russland. »Realistisch ist für uns Platz fünf bis sieben. Doch Tiefstapeln bringt nichts. Warum sollten wir uns nicht ein höheres Ziel setzen? Wenn es klappt, ist es super. Wenn nicht, müssen wir das nächste Mal härter arbeiten«, hatte Rainer Nittel zuvor verkündet. Danach also steht fest: Härter arbeiten! »Olympia ist kein Endprodukt, sondern eine Anregung, mehr zu machen«, bilanzierte er. »Wir brauchen eine bessere Ausbildung und mehr Wettbewerb auf höherem Niveau.«

Voraussetzungen, die in Kanada und den USA über High School- und College-Teams bis in Top-Ligen hinein allerbestens vorhanden sind. Die Puck-Frauen aus Nordamerika sind schon top, wenn in Deutschland die Eishockey-Karrieren noch gar nicht begonnen haben. Das demonstrierten beide Kontrahenten auch im packenden Final-Prestigeduell, das anders ausging, als es die Zuschauer erhofften. Denn Kanada revanchierte sich mit dem 3:2 für die 1:3-Niederlage in Nagano. Fast zwei Jahre lang waren die US-Girls für die »Operation Gold« kaserniert worden, nichts wurde dem Zufall überlassen. 35 Spiele in Folge hatte das Team gewonnen, in acht Duellen vor Olympia den Erzrivalen aus dem Norden geschlagen – nun schlugen die Frauen mit dem Ahornblatt auf dem Shirt zurück. Sieg-Garanten fürs eishockeybesessene Kanada, das damit seine erste Goldmedaille im schnellsten Mannschaftssport der Welt seit 1952 gewann, waren Torhüterin Kim St. Pierre und die als »wertvollste Spielerin« des Turniers geehrte Hayley Wickenheiser. Die daheim als »weiblicher Wayne Gretzky« gefeierte Stürmerin brauchte nur einen Satz, um ihre Gefühle zu benennen: »Das ist genau jene Medaille, die wir alle wollten.«

Weg mit dem Ballast! Party ist angesagt! Ladies Night in der Peaks Ice Arena, wo Kanadas Puckjägerinnen soeben das Gesamtkunstwerk »Eishockey-Gold« vollendet haben.

Gänsehaut bei abgebrühten Profis Eishockeyspieler gelten als hartgesottene Burschen, die so schnell nichts aus der Fassung bringt. Der schnellste Mannschaftssport der Welt bietet ja auch in der Tat Tempo, Einsatz, Kampf und Dramatik pur. Meisterschaft, Europacups, Jahr für Jahr Weltchampionate – man muss in der Erinnerung angestrengt sortieren, um die Momente zu finden, die man länger festhalten möchte. Olympia gehört auf jeden Fall dazu. Für jeden Sportler ist das das Absolute. Auch für abgebrühte Profis, auch für Stars, die Millionen verdienen. Wer erlebt hat, wie sehr der große Wayne Gretzky, fast so etwas wie die Inkarnation unseres Spiels, danach strebte, einmal bei diesem Mega-Spektakel dabeizusein, der weiß, was ich meine. Nirgendwo sind Konkurrenz und Fairness, Wettbewerb und Freundschaft so eng miteinander verbunden. Ich hatte das Glück, gleich dreimal bei den Spielen mitmachen und Dauer-Gänsehaut erleben zu dürfen. Wir sind dort gegen die Besten der Welt angetreten, und niemand wäre auf die Idee gekommen, darüber zu debattieren, was ein Auftritt bei Olympia wert ist. Auch heute ist olympische Präsenz das Wertvollste, was man sich für unseren Sport denken kann. Die Nationalmannschaft kann sich präsentieren und mit gutem Abschneiden die ganze Sportart stimulieren. Gerade das macht bewusst, wie wichtig es ist, mehr für den Nachwuchs zu tun.

Als 20-Jähriger hatte ich 1968 in Grenoble meine Olympia-Premiere. Zwar waren die Aktiven ziemlich zersplittert untergebracht, aber ich habe es dennoch genossen, mit den besten Sportlern aller Disziplinen an einem Ort zu sein und um Medaillen zu kämpfen. Leute zu treffen, die man sonst nur im Fernsehen sieht. Vier Jahre später in Sapporo passierte das sogar auf dem Fußballplatz vor den Unterkünften im Olympischen Dorf. Wir waren ein paar Tage vor Beginn der Spiele da, und fast jeden Tag wurde kräftig gebolzt. Mit den österreichischen Alpinen, mit dem Schweizer Abfahrer Bernhard Russi, der dann Olympiasieger wurde, mit den norwegischen Skispringern um Björn Wirkola. Wir waren junge Leute, die Spaß miteinander hatten und keine auf Marktwert-Steigerung schielenden sportlichen Jung-Unternehmer. Ich glaube, dass das auch heute noch bei der überwiegenden Athletenzahl ganz genauso ist. Wobei die eine oder andere Ausnahme diese wunderbare Regel nur bestätigt, die genau das verkörpert, was mit der Floskel vom »olympischen Geist« gemeint ist. Klar, dass deshalb nicht weniger engagiert, verbissen und ehrgeizig um Plätze und Medaillen gekämpft wird.

Dass wir 1976 mit Bronze das bislang einzige olympische Edelmetall für das deutsche Eishockey erkämpft haben, macht mich deshalb auch richtig stolz. Wir waren eine prima Truppe, eine gewachsene Mannschaft, die sich im Konzert der Großen nicht verstecken brauchte. Ältere Fans werden noch heute mit der Zunge schnalzen, wenn sie die Namen hören: Weißhaupt, Kießling, Berndaner, Köpf, Kühnhackl, Schloder, Hinterstocker, Reindl – deutsche Eishockey-Geschichte! Als wir in Innsbruck ins Schlussspiel gegen die USA gingen, taten wir das in dem Bewusstsein, mit vier Toren Unterschied gewinnen zu müssen, um dann vor den punktgleichen Finnen und Amerikanern zu stehen. 4:1 hieß es kurz vorm Ende, aber Trainer Xaver Unsinn machte keine Anstalten, den Goalie vom Eis zu nehmen. Frustriert und stocksauer gingen wir nach der Partie wie Verlierer in die Kabine – Platz drei und eine Medaille waren futsch! Der eine blieb mit hängendem Kopf sitzen, der andere ging duschen, der dritte tröstete sich mit einem Bier. Eine halbe Stunde später aber kam ein Funktionär mit Tränen in den Augen in die Kabine und fegte unsere Traurigkeit mit einem Satz weg: »Jungs, ihr habt Bronze!« Erst glaubte es keiner, dann ging die Post ab. Vorausgegangen war eine komplizierte Rechenaufgabe. Finnland, die USA und wir hatten je zwei Siege auf dem Konto. Deshalb zählten im Vergleich nur die Tore aus den Partien untereinander. Die Amerikaner waren mit 6:8 schnell raus, die Finnen hatten 9:8, wir 7:6. Beim Dividieren kam ein um vier Hundertstel besseres Ergebnis für uns heraus – wir waren Dritter! Verrückt. Die Russen hatten gewonnen, und so war bei der Siegesfeier beider Teams Trinkfestigkeit gefragt. Meine Hinweise an Waleri Charlamow, den inzwischen leider verstorbenen Super-Stürmer der Sbornaja, ich müsse noch Auto fahren, nahm der erstaunt zur Erkenntnis. In gebrochenem Deutsch ließ er mich wissen, dass er daheim in Moskau keine Angst vor der Polizei haben müsse: »Wenn Miliz kommt und mich sieht, dann sagen sie: Oh, Towarisch Charlamow! Gute Fahrt!« Ganz so weit sind wir mit den deutschen Ordnungshütern noch nicht. Und das ist auch gut so.

**LORENZ FUNK
1968/1972/1976**

Geboren 1947, Eishockeyspieler aus Bad Tölz, 225 Länderspiele. 1976 Olympia-Dritter, 1968 Siebenter, 1972 in der Ausscheidungsrunde an Polen gescheitert. Heute fürs Marketing beim DEL-Team der Berlin Capitals zuständig

Innsbruck 1976: Lorenz Funk hinter Trainer Xaver Unsinn

Der Kreis hat sich geschlossen für Georg Hackl, den Rodler aus Berchtesgaden. Zum Abschluss seiner Karriere raste er zur fünften Medaille bei seinen fünften Olympischen Spielen. Es begann 1988 mit Silber und endete 2002 mit Silber.

R O D E L N

DISZIPLINEN EINSITZER (MÄNNER, FRAUEN); DOPPELSITZER (MÄNNER)

ENTSCHEIDUNGEN: 3

Es gilt, das Märchen von tausendundeinem Sieg zu erzählen, das Sylke Otto im Utah Olympic Park als Goldmedaillengewinnerin vor Barbara Niedernhuber und Silke Kraushaar fortschrieb, bei »den internationalen deutschen Meisterschaften« (*FAZ*). Die 32-jährige Sportsoldatin aus Oberwiesenthal avancierte zugleich zur 100. deutschen Goldmedaillen-Gewinnerin bei Olympischen Winterspielen.

Bei Olympia verloren deutsche Rodlerinnen zuletzt vor 22 Jahren in Lake Placid, wo tatsächlich die Russin Vera Sosulja schneller war. Am 23. November 1997 wurden die deutschen Damen am Königssee von Andrea Tagwerker aus Österreich bezwungen. Fortan aber gab's 56 deutsche Siege, bei Weltcups, Europa- und Weltmeisterschaften, bei Olympia in Nagano und Salt Lake. Dort platzierte sich die erfahrene Österreicherin Angelika Neuner hinter den deutschen Frauen als Vierte, mit einem Rückstand von fast drei Wimpernschlägen. Daraufhin teilte sie mit, fortan nicht mehr mit sich Schlitten fahren zu lassen, deshalb ziehe sie sich aus der Eisröhre zurück.

Woher die deutsche Überlegenheit rührt? Weltweit existieren 14 Kunsteis-Bahnen, allein vier davon in Deutschland. Der Bundesrechnungshof rügte zwar hin und wieder, vier Bahnen seien zu viel, doch deren Zukunft scheint nach den neuesten olympischen Triumphen erst mal wieder gesichert. Was wiederum einer Medaillengarantie für Weltmeisterschaften und Olympische Spiele gleich kommt. Dazu treten Bundeswehr und Bundesgrenzschutz als Mäzene auf, hinzu kommen private Sponsoren, es gibt eine erstklassige Verbandsarbeit und hervorragende Trainer. Dennoch sinniert Bundestrainer Thomas Schwab: »Was soll jetzt noch kommen? Ich glaube, das ist nicht mehr zu übertreffen.«

Komplette Medaillen-Ausbeute beim Frauen-Rodeln. Barbara Niedernhuber, Sylke Otto und Silke Kraushaar (von links) schlitterten der Konkurrenz auf und davon. Die ist entnervt und demoralisiert: An den Deutschen ist kein Vorbeikommen! Zum letzten Mal gelang dieses Kunststück der Österreicherin Andrea Tagwerker vor fünf Jahren – ein Platz auf dem obersten Treppchen bei internationalen Wettbewerben.

GEORG HACKL

2 – 1 – 1 – 1 – 2
REKORD-BILANZ BEI FÜNF OLYMPISCHEN RODEL-EINSÄTZEN

Fünf Olympische Spiele
Fünf olympische Medaillen

Der 36-Jährige ist längst zur Institution geworden – schon vor dem Gewinn der Silbermedaille in Salt Lake, und nicht nur im Rodeln: Olympiasieger 1992, 1994 und 1998, dazu Silber bei den Spielen 1988 in Calgary und in Salt Lake. Schon Ende 1998 wählten ihn die deutschen Sportjournalisten zum »Sportler des Jahres«. Ihn, der am liebsten mit Anderen Schlitten fährt.

Besonders in Norddeutschland, wo man ihn – des Dialektes wegen – so gut wie gar nicht versteht, war das Votum damals fast einhellig. Von da an war Georg Hackl populär, von Flensburg bis zum Bodensee. Er war, wie im Februar 2002, sogar eine Zeit lang populärer als die Fußball-Profis des FC Bayern. Begriffen hat das der Hackl Schorsch nie so richtig.

Nicht nur er. Auch die Fachleute in den Werbe- und PR-Agenturen übertreffen sich bei der Deutung des Hackl-Phänomens noch immer in Ratlosigkeit. Schließlich ist Rodeln hierzulande, trotz ständiger internationaler Erfolge, nicht gerade d e r Volkssport.

Was Hackl keineswegs verdrießt. Er kann dank seiner Rodelei längst ein sorgenfreies Leben führen. Ausstaffiert mit einem Feldwebel-Gehalt, mit den Zahlungen seiner Sponsoren und den Überweisungen seiner Siegprämien gehört der Mann vom Königssee zu den wenigen Bestverdienenden der kleinen Rodelzunft.

Doch bleibt die Frage: Wie erklärt sich Hackls Popularität? Vielleicht so: Wenn der Bayer via Bildschirm übers Rodeln doziert, geschieht dies überaus penibel. Hackls sonst so ostentatives Bajuwarentum – auf Pressekonferenzen im Berchtesgadener Land ebenso wie in Salt Lake City, bei Autogrammstunden in München oder Stammtisch-Auftritten im Bayerischen Fernsehen – krachledern dargeboten, ist außerhalb der süddeutschen Einflusssphäre kaum spürbar. Wenn er etwa bei einer Festlichkeit sein »G'wand« aus dem Salzburgischen statt des üblichen Smokings trägt, bekundet er solches sogleich öffentlich – aber augenzwinkernd, selbstironisch. Offenbar ist das alles eben zu einem guten Teil Fassade, Selbstschutz und bewusst gewähltes Markenzeichen.

Wie er das, was um ihn herum geschieht, aufnimmt, dokumentiert bestens, was Hackl über seine Werbetätigkeit für ein Mineralwasser erzählt. Wir zitieren, im Originalton: »Da kriegst einen Zettel mit einem Spruch, den haust' im Studio runter – und das war's.« Der Mann ist eben Profi: ob als Konstrukteur, Rodler oder PR-Spezialist in eigener Sache.

Iginia Boccalandro, die 41 Jahre alte Venezolanerin, kam als Lernende nach Salt Lake City, um den Etablierten wie Georg Hackl oder Sylke Otto (von links) ganz genau auf die Kufen zu schauen. Doch ohne Iginia, ohne die schon 48-jährige Anne Abernathy von den Jungfern-Inseln und andere chancenlose Starter würde Olympia etwas fehlen.

12 ◎◎◎ VIRAGE 12

AKE 2002

Mit beeindruckendem Steigerungslauf zur Goldmedaille: 1994 Platz 3, 1998 Platz 2, 2002 Platz 1 – Armin Zöggeler aus Italien (links).
Seit 1988 immer dabei und fast immer mit vorn: Bronze für den Österreicher Markus Prock – aber, wie gewohnt, erneut hinter Georg Hackl.
Ein Trauma.

Ferrari vor Porsche Von wegen – der Armin Zöggeler aus dem Pustertal habe das Duell gegen den Schorsch Hackl vom Königssee gewonnen. Man kann's auch sagen, wie's wirklich war: Ferrari hat Porsche einen übergebraten. Besondere Ereignisse erfordern besondere Maßnahmen. Ein strategischer Lehrsatz, den Hauptfeldwebel Hackl von der Bundeswehr-Sportfördergruppe Berchtesgaden auch in Salt Lake beherzigte. »Nach Salt Lake bringe ich eine spezielle Lösung mit«, hatte Hackl versprochen, um vor Ort einen fahrbaren Untersatz der Porsche Engineering Group aus dem Forschungs- und Entwicklungszentrum Weißach auf zwei Kufen zu stellen. Der Silbermedaillen-gewinner: »Bei Porsche haben sie nämlich schlaue Jungs. Und die haben schnell eine Lösung gefunden, mit der ich in Salt Lake auch flink ums Eck komme.«

Aber nicht flink genug. Der gewitzte Carabinieri Armin Zöggeler wandte sich nämlich in gleicher Angelegenheit an das italienische Ferrari-Werk. Die im Formel-1-Rennsport überlegenen Pferde erweiterten flugs den Tätigkeitsbereich auf den Wintersport, aus nationalem Interesse. Das lohnte sich, denn sie behaupteten sich gegen die deutsche Konkurrenz!

Daheim in Deutschland hielten sich die Analysten mit Zöggelers Ferrari-Schlitten nicht weiter auf, sondern deuteten das Geheimnis des unterlegenen Porsche-Gerätes. »Hackl fuhr einen Schlitten, der sich leicht um die scharfe Kurve im oberen Teil der Bahn lenken ließ und trotzdem in den folgenden, geschwungenen Kurven, den schnellen Passagen, noch schneller lief als die meisten Modelle der Konkurrenz.« So weit die *FAZ*, was freilich die Frage aufwirft: Mussten Hackls Gegner einen technischen Kompromiss eingehen? Entweder oben gut ums Eck kommen und dafür unten Zeit verlieren oder umgekehrt?

Und die amerikanischen Zuschauer? Hat sie dergleichen überhaupt beeindruckt? Sie begeisterten sich eher für die Rodel-Exoten. Mit Eis-hobel und Wasserschlauch mussten die Bahnarbeiter jene Einschläge in der Eisröhre stets ausmerzen, die Bermudas Fahnenträger Patrick Singleton oder Chia-Hsun Li aus Taipeh bei ihren halsbrecherischen Abfahrten hinterlassen hatten. Für sie oder Renato Mizoguchi aus Brasilien war jede Zieldurchfahrt ein Sieg.

Es sollte das Fest im eigenen Wohnzimmer werden. Keiner kannte die Bahn in Park City so gut wie das US-amerikanische Doppel Mark Grimmette und Brian Martin (links). Tausende Gäste waren geladen, die ihre Landsleute förmlich durch die Eis-schlange peitschten. Wären da nicht die Spielverderber aus Old Germany gewesen: Patric Leitner und Alexander Resch (rechts)

Für drei Zehntel gerne »Eierkopp« Rodeln kann jeder. Rauf auf den Schlitten und den Hang runter – kein Problem! Wer freilich mal auf unseren »Rennhobeln« mit über 100 Stundenkilometern durch einen Eiskanal gerast ist, weiß, dass der Spaßfaktor begrenzt ist. Da spürt man in den harten Plastikschalen jeden Huckel, jedes Loch. Blaue Flecken sind Standard. 1972 in Sapporo bin ich noch mit einem Schlitten alter Prägung in den Wettbewerb gegangen, fast so wie ein Freizeitrodler im Winterurlaub. Vier Jahre später sahen die Geräte schon genauso aus wie die heutigen. Von außen wären nicht viele Unterschiede zu erkennen. Die Veränderungen, die schnell und schneller machen, stecken in kleinen Details.

Eine unübersehbare Abweichung gab es freilich. Unsere Mannschaft erregte 1976 in Innsbruck ziemliches Aufsehen mit Helmen, die uns mit ihrer Form durchaus für eine Rolle an der Seite von Mr. Spock in »Raumschiff Enterprise« qualifiziert hätten. Lang gezogen wie ein überdimensionales Ei, sollten sie für aerodynamisch beste Voraussetzungen und dafür sorgen, dass der Wind hinter dem Rodler ideal geschlossen wird. Im Doppel trug nur der Hintermann die anmutige Kreation. Eitel durfte man mit diesem Helm nicht sein, denn er verpasste einem zwangsläufig einen gigantischen »Eierkopp«. Womit ich sehr gut leben konnte, weil ich wusste, was es bringt. Drei Zehntel nämlich, so hatten es die Experten errechnet. Und für drei Zehntel Zeitgewinn nahm ich den Eierkopp gern in Kauf. Der Helm allein machte einen natürlich noch nicht zum Gewinner, da gehörte mehr dazu. Aber Anteil an meiner Bronzenen von Innsbruck hatte er wohl.

Auch 1980 war ich nochmal aussichtsreich im olympischen Rennen, aber wie 1972 wurde es »nur« der vierte Platz. Wobei ein solches »nur« für mich nie existierte. Wir waren halt noch keine Berufssportler, und so sind wir nach meiner festen Überzeugung unserer Passion mit weit weniger Druck, Neid und Angst nachgegangen, als das heute in einer Zeit zunehmender Professionalisierung vielfach der Fall ist. Macht da einer Mist, wird er »nur« Vierter und vielleicht vom Thron gestürzt, dann droht ihm das Schicksal, öffentlich als Loser gebrandmarkt und in der Luft zerrissen zu werden. Bei uns hatte eine solche Platzierung zwar möglicherweise den Effekt, dass der persönliche Ehrgeiz mit Missstimmung reagierte; es gab aber keine finanziellen Folgen.

ELISABETH DEMLEITNER 1972/1976/1980

Geboren 1952, Rennrodlerin aus Schlehdorf, 1972 Olympia-Vierte, 1976 Olympia-Dritte, 1980 Olympia-Vierte. Heute Vermieterin von Ferienwohnungen in Garmisch

Das ist inzwischen extrem anders. Insofern sehe ich die Entwicklung des Spitzensports in der Gegenwart durchaus mit gemischten Gefühlen und kritisch. Auch weil ich miterlebt habe, wie sich meine Tochter zehn Jahre lang als Schwimmerin in einer Sportschule versucht hat, dabei nicht sonderlich glücklich war und schließlich aus dem Kader und der Förderung rausflog. Wenn man junge Menschen zu Maschinen degradiert und Geld das erste Wirkungsprinzip des Sports zu werden droht, dann bin ich skeptisch, ob ich so etwas weiterempfehlen kann. Der Spaß an der Sache, das war für mich in meiner Laufbahn stets ein ehernes Gesetz. Den habe ich mir von niemandem verbieten lassen, und ich galt deshalb stets als eine Art enfant terrible der Schlittenfahrer. In Sapporo zum Beispiel sind wir auf eine Pferderennbahn gezogen und haben im Sattel von rassigen Vierbeinern sogar ein paar rasante Sprünge über Hindernisse absolviert. Das war eine nette Episode. Eröffnungen und Schlussfeiern allerdings habe ich nie erlebt. Zum einen, weil ich als Tüftler wie der Hackl an meinem Schlitten gearbeitet habe, zum anderen, weil mich meine klaustrophobische Neigung große Menschenansammlungen meiden ließ. Mir etwas von den Olympiaorten anzusehen, die Zeit habe ich mir aber immer genommen. Als Innenarchitektur-Studentin hatte ich ein besonderes Interesse an fremden Ländern und deren Baugeschichte und -gegenwart. Das sorgte zudem dafür, dass neben dem Sportlichen der Kopf nicht zu kurz kam. Ob ich mit mehr Zeit nur fürs Rodeln erfolgreicher gewesen wäre, wer weiß das schon. Mit meinen olympischen Plätzen war ich absolut zufrieden, mehr war halt nicht drin. Ich habe nichts zu bedauern und nichts zu bereuen. Als sich im Vorjahr die deutschen olympischen Medaillengewinner von 1976 zum 25-jährigen Jubiläum wiedertrafen, war ich überrascht, dass die damals versilberte Ute Rührold mir sofort erzählte, wo, wann und warum sie in unseren gemeinsamen Wettkämpfen vor mir platziert war. Ein paar Dinge, die den Sportlern damals von der Politik und Funktionären mitgegeben wurden, sitzen offenbar sautief. Ich habe im Stillen nur gedacht, Gottseidank bist du Dritte geworden. Sonst wäre der Druck auf die arme Kontrahentin womöglich nur noch größer geworden.

Innsbruck 1976: Elisabeth Demleitner (links), Monika Scheftschick

S K E L E T O N

DISZIPLINEN   EINSITZER MÄNNER UND FRAUEN

ENTSCHEIDUNGEN: 2

HANDBREIT ÜBERM EIS

GLANZVOLLE WIEDERAUFERSTEHUNG NACH 54 JAHREN

Ein Bus, der mit 160 Sachen durch den Stadtverkehr rauscht, das ist Bobfahren. Ein Motorrad mit 160 Sachen im Stadtverkehr, das ist Skeleton.« So beschreibt der amerikanische Olympiasieger Jim Shea seinen Sport. »Meine Mutter stirbt jedes Mal vor Angst, wenn ich die Bahn runterfahre«, weiß die deutsche Weltmeisterin Steffi Hanzlik aus Oberhof, Siebte im Utah Olympic Park. Sie alle sind Freunde im ureigenen Rausch, Anhänger eines Geschwindigkeits-Fetischismus der völlig anderen Art: Immer mit dem Gesicht knapp handbreit überm Eis, auf dass einem das irrwitzige Tempo nicht nur in die Knochen, sondern ohne Umwege ins Gehirn fahre. Seit den Tagen von Salt Lake scheint ein neuer Trendsport geboren ...

Nino Bibbia war ihm lebenslang verfallen. Jener Nino Bibbia, der 1948 beim zweiten olympischen Skeleton-Auftritt – wiederum in St. Moritz – zu Gold raste. Schon als Kind war Bib-

bia aus dem italienischen Bianzone ins fünfzig Kilometer entfernte Schweizer St. Moritz gezogen, der einzig wahren Heimstatt der »Skeletoner«. Er spielte auch Eishockey, sogar in der Schweizer Nationalliga. Er flog über die Sprungschanzen, sogar 75 Meter weit. Doch seine Leidenschaft gehörte ein Leben lang dem Skeleton-Sport – als Sieger in 230 (!) Rennen. 1975, mit 53 Jahren, wurde er erstmals besiegt – von seinem Sohn Gianni. Tief geschockt stellte Bibbia den Skeletonschlitten in die Ecke.

Erst 54 Jahre später, nach St. Moritz 1948, lebte der Skeleton-Mythos olympisch wieder auf. Wo seines Mutes wegen jeder Skeleton-Pilot wie ein Held verehrt wurde. »Die Leute flippten total aus. Wo wir auftauchten, mussten wir sofort Autogramme geben und uns fotografieren lassen.« Da spielte es keine Rolle, ob es sich wie im Fall des Frank Kleber aus München nur um den Elftplatzierten handelte.

Und gleich macht sie sich ganz flach: Diana Sartor aus Altenberg. Auf zentimeternaher Tuchfühlung mit dem Eis, geht es in Batman-Pose talwärts. Das Schwierigste kommt zum Schluss: bremsen!

Den Großvater im Geiste Unter seinem Helm trug Jim Shea Jr. die zusammengefaltete Zeitungsanzeige über den Tod seines Großvaters Jack Shea. Die amerikanische Sportlegende aus Lake Placid war Anfang Januar bei einem Autounfall ums Leben gekommen. 92 Jahre alt ist er geworden, und er wäre so gern nach Salt Lake City gekommen. Schon seines Enkels wegen. Nicht nur deshalb soll die Familienchronik der Sheas aufgeblättert werden. Auch weil die Sheas im Sport das verkörpern, was die Kennedys für die Politik sind: eine amerikanische Dynastie mit irischen Wurzeln und drei Generationen erfolgreicher Wintersportler. Der Großvater hatte 1932 in Lake Placid den Olympischen Eid gesprochen und danach zwei Goldmedaillen als Eisschnellläufer gewonnen: über 500 und 1500 Meter. 1980 gehörte Shea, Supervisor der Region, zu den wichtigsten Organisatoren der Olympischen Winterspiele in Lake Placid. Skeleton-Olympiasieger Jim Shea Jr. wiederum trug mit seinem ergrauten Vater Jim Shea in Salt Lake City die brennende Fackel ins Stadion und sprach den Sportler-Eid wie weiland der Großvater. Übrigens gab der Vater des Skeleton-Olympiasiegers als Fackelträger eine sehr gute Figur ab, gehörte er doch bei den Winterspielen 1964 in Innsbruck zu den fleißigsten amerikanischen Teilnehmern: Er wurde mit der US-Langlaufstaffel 13., im 30-Kilometer-Skilanglauf 48. und erkämpfte in der Nordischen Kombination Rang 27. »Ich habe Großvater heute gespürt. Ich denke, er war hier noch nicht fertig, bevor er in den Himmel geht. Nun kann er gehen«, sagte Jim Shea, bewegt von der Stimmung an der Bahn im Utah Olympic Park. »Mein Vater hat ihm den letzten Schub gegeben«, meinte denn auch der Vater des Olympiasiegers, der 1972 in Sapporo als Trainer die amerikanischen Biathleten betreut hatte. Sheas Weg zum olympischen Gold war ein überaus beschwerlicher. Mit etwa 1700 Dollar, erzielt beim Verkauf seines alten Jeeps, trampte der bekannte Skeleton-Verrückte einst durch Europa, er landete dreimal im falschen Altenberg, bevor er auf der sächsischen Bahn ankam, weil er die deutschen Eisenbahnfahrpläne nicht begriff. Er ernährte sich von Würstchen und schlief in Ställen. Als er 1999 den Weltcup gewann, fehlte das Geld, um den wartenden Großvater in Lake Placid anzurufen. Der Vater des Schweizer Olympiadritten Gregor Stähle unterstützt Shea seit Jahren finanziell. Und wenn Shea in Igls bei Innsbruck trainiert oder Rennen fährt, füttert ihn stets die Mutter des österreichischen Olympiazweiten Martin Rettl durch. Das versteht man unter olympischer Familie.

Jim Shea Jr. lebt den amerikanischen Traum und kann sich des ungeteilten Zuspruchs seiner Landsleute sicher sein. Drei Generationen der Sheas aus Lake Placid haben mit an der Geschichte der Winterspiele geschrieben – eine schwere Hypothek, die da zusätzlich auf dem Schlitten des neuen Skeleton-Olympiasiegers lastet. Jim hat die Nation nicht enttäuscht.

Steffi Hanzlik (GER)

Jim Shea (USA)   Lincoln Dewitt (USA)   Wilfried Schneider (GER)   Alex Coober (GBR)   Lea Ann Parsley (USA)

BOBSPORT

DISZIPLINEN   ZWEIERBOB MÄNNER UND FRAUEN, VIERERBOB MÄNNER

OLYMPISCHE PREMIERE   ZWEIERBOB FRAUEN

ENTSCHEIDUNGEN: 3

WAS LANGE FÄHRT, WIRD GUT

DEUTSCHLAND JUBELT ÜBER GOLD, DIE USA ÜBERS ENDE DER LEIDEN

Erst Langen, dann Lange – die Bobbahn war fest in deutscher Hand. Zumal auch die Frauen mit Silber und Bronze bewiesen, dass Erfolge in der Formel 1 des Eiskanals nicht nur Männersache sind. Gleichwohl war das »starke Geschlecht« um einen Tick überlegener. Christoph Langen im Zweier und André Lange im Vierer gewannen beide Goldmedaillen. Der 39-jährige Oldie aus Unterhaching in einem Hitchcock mit ein paar Hundertstel Vorsprung, der 28-jährige Kronprinz aus Oberhof deutlich mit drei Zehnteln vor den USA-Bobs mit Todd Hays und Brian Shimer an den Lenkseilen. Die sich nach vier Fuhren aber über das Ende des Leidens von 46 Jahren ohne US-Bobmedaillen tierisch freuten. Langen hatte im Vierer nach einer Fußverletzung zur Hälfte aufgeben müssen – nach 25 Medaillen bei Winterspielen, WM und EM ein unglücklicher Abschied von Olympia. »Ich hätte ihm was Besseres ge-

wünscht«, sagte Bundestrainer Raimund Bethge. War aber zugleich froh, »dass die Nachfolge geordnet ist und wir auch bei Ausfall des Chefpiloten nicht abstürzen«.

André Lange war bei seinem Olympia-Debüt als Favorit gestartet und nahm diese Rolle selbstbewusst an. Bei Halbzeit lag er noch knapp hinter Lokalmatador Hays. Stark anschieben, sauber fahren, jeden Sekunde im Bob mit Körper und Material Tempo machen – am zweiten Tag der Vierer-Entscheidung erfüllte Lange mit scheinbar stoischer Ruhe alle Kriterien für einen Klassepiloten. Geschwindigkeit mag der ansonsten ruhige Motorrad-Fan. Deshalb ist er in den Bob gestiegen und nicht auf den Rennschlitten. »Die Rodler sind für uns die Rückenrutscher. Für die Rodler sind wir die Eisenschweine«, klärt er lachend auf. Nach Salt Lake City freilich sollten die Worte Rücken und Eisen besser durch Gold ersetzt werden.

Die Hände zum Himmel – André Lange mit seiner Crew am Ziel der olympischen Seligkeit: Gold !

Boris Radjemovic, Jugoslawien I (mit an Bord Sohn Vuk als Bremser)

Martin Annen, Schweiz I

Todd Hays, USA I

André Lange, Deutschland II

Oldie but Goldie Opa ist der Beste – dieses Standardlob von Knirpsen über ihre Großväter fiel auch nach den Bobrennen im Utah Olympic Park. Gemeint war da freilich der Daniel Düsentrieb der Formel 1 auf Kufen, Christoph Langen. Der Ex-Zehnkämpfer, Mitte der Achtziger zum Schnellfahren im Eiskanal gewechselt, war mit knapp 40 Jahren der älteste deutsche Olympionike in Salt Lake City. Aber auch der schnellste. So schnell, dass es am Ende für ihn im Zweierbob Gold gab. Und das, obwohl sich kurz zuvor sein Stammanschieber Marco Jakobs muskelverletzt hatte und durch Markus Zimmermann ersetzt werden musste. Ein Handicap, das andere aus der Medaillen-Spur geworfen hätte. Nicht aber »Bob-Opa« Langen, der selbst gern mit seinem Alter kokettiert. »Hier und da zwickt es schon mal. Aber es den jungen Hüpfern immer wieder zu zeigen, das ist doch gerade das, was Spass macht.« Und so langte er richtig hin, der Hauptfeldwebel aus Unterhaching. Millimeterarbeit lieferte er ab: zwei Hundertstel Rückstand auf den Schweizer Christian Reich nach dem ersten Lauf, eine nach dem zweiten, Gleichstand nach dem dritten. Im vierten war er auf halber Strecke noch eine Winzigkeit hinter Reich, im Ziel lag Langen neun Hundertstel vorn. Olympia-

André Lange, Deutschland II

Christian Reich, Schweiz II

Aleksander Coubkov, Russland I

Christoph Langen, Deutschland I

Christoph Langen (l.), Markus Zimmermann

sieger im Zweier, das war der einzige Titel, der dem Oldie but Goldie noch in seiner Sammlung fehlte. Und der erste deutsche Sieg im kleinen Schlitten – von Langen liebevoll »Baby-Muckl« genannt – seit Hoppe/Schauerhammer 1984. Der Wahl-Bayer genoss seinen vierten Olympia-Auftritt seit 1988: »Der Zweier war beste Werbung für unseren Sport. Ein supergeiles Rennen. Besser hätte es gar nicht kommen können.« Ein Resümee, das er aber gleich im Nachsatz korrigierte. »Vom Innersten her hätte ich mir gewünscht, dass wir beide gleichauf nach vier Läufen sind – auch Christian hat Gold verdient. Ich hab's leider nicht geschafft, auf die Hundertstel genau die gleiche Zeit zu fahren. Da muss ich wohl noch ein bisschen üben …« Die Konkurrenz hört es mit Schrecken. Aufhören als 40-Jähriger, »nein, das glaube ich nicht, dass das passiert«, verkündet Langen. Gold bei Olympia macht nicht satt, sondern noch hungriger. »So lange der Hunger da ist, sollte man etwas dagegen tun.« Zumal er jetzt auch noch eine Rechnung offen hat: Im Vierer ebenfalls als heißer Medaillen-Kandidat am Start, verletzte er sich beim Anschieben zum zweiten Lauf und musste den Kampf gegen die Hays' und Reichs aufgeben. Zum Glück war da noch André Lange …

Freudentränen über Gold: Vonetta Flowers (rechts) und Jill Bakken schreiben Olympia-Geschichte. Sie sind die Ersten in mancherlei Hinsicht.

Die Emanzipation der Frau am Lenkseil Eine Premiere war es, was 15 000 begeisterte Zuschauer an der Bahn am Upper East Canyon Creek erlebten und mit ohrenbetäubendem Lärm begleiteten: Frauen-Bobsport mit 15 Schlitten aus elf Ländern. Unter der Menge gab es auch ausreichend männliche Vertreter der Gattung »Um Himmels willen, Frauen am Steuer …« Zwar gibt es ein solches in den schweren Geräten mit zwei »MS«, sprich Menschen-Stärken, nur in Form eines Lenkseiles. Aber die Vorbehalte gleichen sich. Christoph Langen, der Olympiasieger von Salt Lake City, hatte vor Jahren machomäßig geunkt: »Das Niveau beim Frauen-Bob ist unter aller Sau!« Die Mädels könnten ja nicht mal ihren Bob selber tragen. Ein Urteil, das er nun bereitwillig revidierte. »Die Besten haben sich enorm entwickelt, das war höchst anschauenswert.« Woran die deutschen Frauen großen Anteil hatten. Sandra Prokoff wurde mit zwei nach eigenem Bekenntnis »Gurkenfahrten« mit Anschieberin Ulrike Holzner Zweite. Ex-Rodlerin Susi Erdmann mit Nicole Herschmann, der besten deutschen Dreispringerin, Dritte. Davor allerdings platzierte sich Bob USA 2 mit Jill Bakken als Pilotin und Vonetta Flowers als Hinterfrau. Die afroamerikanische Bremserin durfte sich am Ende über einen Doppeleintrag in die Sportgeschichte freuen. Ihr Name steht nicht nur fürs erste Frauenbob-Gold, sondern auch für die erste schwarze Olympiasiegerin des Wintersports überhaupt. Der Erfolg der frenetisch bejubelten US-Frauen fiel mit drei Zehnteln oder umgerechnet 8,10 Metern Vorsprung nach zwei Läufen deutlich aus. »Ich bin im ersten Lauf einmal ein bisschen falsch abgebogen«, lautete Sandra Prokoffs simple Erklärung. Bundestrainer Wolfgang Hoppe empfand die olympische Konkurrenz dennoch durchaus als Werbung für das Ganze. »Dieser Wettbewerb war gut für das Fortbestehen des Frauenbobs als olympische Disziplin. Vielleicht fahren die Frauen bald Vierer.« Dass Respekt nicht nur wegen der »political correctness« artikuliert wird, drückte sich auch darin aus, dass die Männer-Piloten Langen und Spies ihre Kufen – gemeinhin ein Heiligtum – an Susi Erdmann und Sandra Prokoff ausgeliehen hatten. Die anfängliche Ironie hatte die Bob-Frauen nur noch zusätzlich motiviert. »Wir brauchten keinen Psychologen, um unseren Ehrgeiz aufzubauen«, erinnert sich Susi Erdmann. Als das IOC vor zwei Jahren beschloss, die blaue Flecken in Serie produzierende Highspeed-Disziplin mit Tempo 130 bis 140 ins olympische Programm aufzunehmen, da beschleunigte das die Emanzipation an den Lenkseilen ungemein. Auch die Bobs tragen sie jetzt allein, 190 Kilo schwer. Ohne männlichen Beistand. »Und das ist erst der Anfang«, verkünden Susi Erdmann und Sandra Prokoff unisono. Salt Lake City hat seinen Zweck mehr als erfüllt. »Da haben viele hingesehen und am Ende wohl nur Unverbesserliche gesagt, um Himmels willen, Frauen am Steuer.«

Gerade vereint auf die Medaillenränge gefahren, wollen manche Besatzungen künftig wieder getrennte Wege gehen. Zum Beispiel kehrt Nicole Herschmann (Foto unten links mit Helm, vor ihr Susi Erdmann und Sandra Prokoff) in ihr eigentliches Metier, den Dreisprung, zurück. US-Bremserin Vonetta Flowers will ihr Privatleben anschieben und sich ihren Kinderwunsch erfüllen.

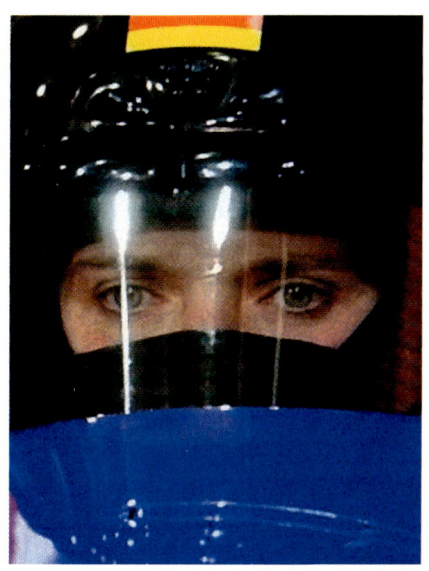

Das Domino-Prinzip »Der Erfolg von gestern ist bei uns der Erfolg von heute.« Sagt Stefan Krauß, der Geschäftsführer des Deutschen Bobsportverbandes, an der Bahn in Park City. Gemeint ist das vor allem personell. Die Schlitten von Langen, Lange und Spies fahren in der Spur der Asse von einst, die jetzt als Trainer und Betreuer Manpower und methodisches Know-how an die Nachfolger weitergeben. »Das ist eine Art Domino-Prinzip, bei dem sich von Generation zu Generation ein Stein an den anderen reiht, ohne dass die Reihe unterbrochen wird und einer stehen bleibt«, sagt Bundestrainer Raimund Bethge. Denn Stillstand ist Rückschritt. Der 55-Jährige, 1969 noch EM-Fünfter im Hürdensprint, war 1976 im Bob Olympia-Vierter und -Siebenter, später Weltmeister. Wolfgang Hoppe, sein Pendant als Nationalcoach der Frauen, raste bei vier Spielen von 1984 bis 1994 als Pilot gar zu zweimal Gold, dreimal Silber und einmal Bronze. Außer Trainer ist er heute auch Vizepräsident des Weltverbandes FIBT.

Doch nicht nur die beiden Frontmänner, auch die dahinter sind lebende Bob-Geschichte. Meinhard Nehmer, zu Hause auf Rügen, war erst Speerwerfer und dann erster DDR-Ausnahmefahrer in den berühmten »blauen Zigarren«, die in den Siebziger Jahren die von Walter Ulbricht ausgegebene Parole »Überholen ohne einzuholen« auf ihre Weise einlösten. Nehmer gewann bei zwei Spielen dreimal Gold und einmal Bronze. Nach der Wende führte er die USA-Bobs in die Weltspitze, dann die Italiener zu Triumphen wie Olympia-Gold durch den Huber-Zweier in Nagano 1998. Inzwischen ist das Nordlicht die rechte Hand von Bethge. Auch dessen zweiter Co-Trainer Matthias Trübner, entscheidender Mann am Stützpunkt in Oberhof, hat internationale Erfahrung als Anschieber, war in den Achtzigern Welt- und Europameister. Relativ neu in der Führungscrew ist Bogdan Musiol, der mit 31 internationalen Medaillen und gleich fünf Olympia-Starts von 1980 bis 1992 als weltbester Bremser und mithin Koryphäe der Szene gilt. Der Vater dreier Söhne, dessen Ältester einer der besten deutschen Nachwuchs-Skispringer ist, amtiert seit kurzem als Sportwart des deutschen Verbandes – und war in Salt Lake City vor Ort dabei.

»Wir sind so gut, weil wir Top-Leute haben, die offen für neue Entwicklungen sind, und Strukturen, in denen sich dieses Wissen umsetzen kann«, sagt Stefan Krauß. Schwerer haben es diesbezüglich zwei andere frühere deutsche Asse aus dem Kufen-Metier, die ebenfalls bei Winter-Olympia aktiv waren. Horst Hörnlein, Rodel-Doppelsitzer-Olympiasieger von 1972, avancierte nach der Wende vom DDR- zum britischen Cheftrainer, schaffte 1998 mit dem Vierer Olympia-Bronze. Davon ist der Vierer-Goldgewinner von 1994, Harald Czudaj, als Übungsleiter der Niederländer noch weit entfernt. Die »Oranjes« gehören nach wie vor zu den Lehrlingen im Bobsport.

Noch reißt die Fahrt eines jamaikanischen Bobs kaum jemand aus der Ruhe. Einstige Größen der Bobsportszene setzen jedoch als Trainer von vermeintlichen Außenseitern alles daran, die Langen und Co. mehr und mehr aufzuschrecken.

Schnellster und doch nur Zweiter Bei engen Entscheidungen in Wettbewerben, bei denen es um Unterschiede von Zehnteln und Hundertsteln geht, rechnen Journalisten diese Vorsprünge bzw. Rückstände gerne in Zentimeter um. So wie 1998 im Rennrodeln, als Silke Kraushaar nach vier Läufen und insgesamt 4776 Metern Schlittenfahrt zwei Tausendstel oder die Winzigkeit von 4,6874 Zentimeter besser war als Barbara Niedernhuber. Im Bobsport hört die Zeitmessung bei den Hundertsteln auf – leider. Denn das hat mich und meinen »Bremser« Pepi Bader 1968 auf der 1500 Meter langen Naturbahn von Alpe d'Huez um eine Goldmedaille gebracht. Nach vier Fahrten lagen wir exakt gleichauf mit den Italienern Eugenio Monti und Luciano de Paolis – hie 4:41,54 Minuten, da 4:41,54 Minuten. Dennoch gewannen die Azurri. Weil entschieden wurde, dass der schnellere letzte Lauf den Ausschlag geben sollte. Eine umstrittene Regelung – einen Präzendenzfall hatte es dafür schließlich noch nie gegeben. Was erstaunte, war, dass der Präsident des Deutschen Bobsportverbandes, Hanns Kilian, dem zustimmte. Dreißig Jahre später bei den Olympischen Spielen in Nagano hatten zwei andere Italiener Glück, dass es nicht bei der einmaligen olympischen Ungerechtigkeit von 1968 geblieben war. Denn wieder waren zwei Zweierbobs auf die Hundertstel zeitgleich, und ich hätte doch gewettet, dass das nach uns nie wieder vorkommt. Doch diesmal durften sich die Kanadier Pierre Lueders und David MacEachern und die im vierten Lauf langsameren Günther Huber und Antonio Tartaglia gemeinsam über Gold freuen. Wenn das so etwas wie eine späte Einsicht aus unserem Fall bedeutete, dann hatte der trotz aller persönlichen Tragik für mich und Pepi Bader wenigstens doch noch etwas Gutes.

Eine Tragik, die sich übrigens zwei Jahre später für uns noch verstärkte. Da erfuhren wir nämlich, dass französische Ingenieure zu Testzwecken bei den olympischen Bobwettbewerben auch eine Zeitmessung bis auf die Tausendstelsekunden mitlaufen ließen. Das Ergebnis: Wir waren schneller als der Monti-Zweier, der sich als Olympiasieger feiern lassen durfte. Dass meine Erinnerung an die ersten meiner beiden Olympischen Spiele mithin einigermaßen eingetrübt ist, dürfte nachvollziehbar und verständlich sein. Unabhängig von solcherlei menschlicher Einflussnahme war Bobfahren zu unseren Zeiten auf Grund der äußeren, objektiven Umstände ohnehin Glückssache. Es wurde nicht wie heute in Leistungsgruppen ausgelost, die die stärksten Schlitten jeweils zusammenführt. Stattdessen konnte man unter mehr als 30 Bobs wie bei Olympia oder WM jede Nummer erwischen – und dabei richtig in den Käse greifen. Kam es dumm, war man am ersten Tag bei warmem Wetter und weichem Eis ganz hinten und damit chancenlos. Und dann am zweiten bei umgekehrter Reihenfolge und bockiger Kälte so etwas wie der Spurschlitten, der für die anderen die Bahn polierte. Ereilte einen dieses Schicksal, hatte man schlichtweg keine Chance, in die Öffentlichkeit aber wurde oftmals nur das angebliche »Versagen« transportiert.

Vier Jahre nach Grenoble fuhr ich mit Pepi Bader in Sapporo exakt die gleichen Platzierungen ein: Zweiter im Zweier, Fünfter im Vierer. Wir waren Favoriten, aber beide erkältet. Dazu kamen die falschen Kufen, Probleme mit der Lenkung – mehr war nicht drin. Schnell waren wir jedenfalls schon vor dreißig Jahren mit unseren Bobs. Selbst wenn die Gefährte bei weitem nicht so auf Höchsttempo und Aerodynamik getrimmt waren wie die heutigen. Unsere alten Schlitten wären gegen diese »Raketen« zweifellos absolut ohne Chance. Und auch die Athletik der Bobsportler der Gegenwart ist eine ganz andere. Zwar waren Pepi Bader und ich dazumal die besten Starter, aber heute wird viel intensiver und gezielter trainiert. Bei uns hat man jemanden auf den Anschieber-Posten gesetzt und versucht, ihn zum Sprinter zu machen. Das geht jetzt nicht mehr. Will man konkurrenzfähig sein, braucht man einen fertigen Athleten. Einen von Klasse statt Masse. Letztere hatten wir in den Fünfziger und Sechziger Jahren zur Genüge. Drei- oder Zweieinhalb-Zentner-Männer waren da keine Seltenheit. Da das Gesamtgewicht des Schlittens nicht begrenzt war, frönte man in allen Teams dem Motto »Viel hilft viel«. Kam ein so bestückter Bob einmal ins Fahren, konnte er zum regelrechten »Geschoss« in der Eisbahn werden.

Die Insassen dieser Formel-1-Mobile auf Kufen waren im Olympischen Dorf bei den Köchen übrigens höchst beliebt. Denn sie aßen die internationale Speisekarte hoch und runter. Immerhin wurden zig Menüs angeboten, und wer Lust auf zehn Eier hatte, der konnte auch die befriedigen. Die auf olympisches Edelmetall, die freilich konnten nur die wenigsten stillen. Was das angeht, mussten wir erfreulicherweise nicht hungrig aus Grenoble und Sapporo nach Hause fahren. Immerhin.

HORST FLOTH
1968/1972

Geboren 1934, Bobpilot aus Rießersee,
1968 Olympia-Zweiter im Zweier
und Fünfter im Vierer,
1972 Zweiter im Zweier und Fünfter
im Vierer. Heute Rentner

C U R L I N G

MÄNNER 10 MANNSCHAFTEN

FRAUEN 10 MANNSCHAFTEN

ENTSCHEIDUNGEN: 2

KLEINE WELLE ODER WOGE?

DEUTSCHE MANNSCHAFT MIT BESTER IMAGE-PFLEGE

Nach dem »ordentlichen Rutsch« in Salt Lake City hofft die deutsche Curling-Chefin Juliane Hummelt nun auf einen dauerhaften Aufschwung ihres Sports in Deutschland. Zumal sich die Curler unerwartet hohen Interesses erfreuen.

6,1 (!) Millionen sahen am 17. Februar via *ARD* das Spiel der deutschen Herren gegen Schweden. Was einem Marktanteil von 19 Prozent entsprach. Und die *Frankfurter Allgemeine* jubelte sogar im Feuilleton: »*ZDF*: Pohlus putzt sie alle.« Die Frankfurter Kulturmenschen notierten über den Curling-Experten vom Mainzer Lerchenberg begeistert: »Pohlus erklärt uns mit größter Ruhe dieses Treiben (nämlich Curling), und sein Interesse überträgt sich auf uns.« Dass Curling hierzulande endlich den Makel ablegt, die verlachte »Putzkolonne« des Wintersports zu sein, dafür kämpft auch hartnäckig Andy Kapp aus Füssen, oftmals Skip des deutschen National-

teams, mit seiner Aktion »Curling-Aufklärung in Deutschland« – per Internet. Warte nicht auf bess're Zeiten, bess're kommen auf den Deutschen Curling-Verband womöglich gar nicht mehr zu. Wozu die deutschen Teams in Salt Lake kräftig beigetragen haben. Das Frauen-Team belegte Platz fünf. Auf Rang sieben beendeten die Männer das olympische Turnier. Vier Jahre zuvor bei der Olympia- Premiere hatten beide Mannschaften noch die letzten Plätze belegt. Coach Dieter Kolb lobte denn auch seine Damen-Crew, früher sei man allenfalls eine Zweckgemeinschaft gewesen, in Salt Lake City aber habe sich ein richtiges Team präsentiert. Angeführt von der 25-jährigen Natalie Nessler vom SC Rießersee, die sich erstaunlich schnell in die Führungsrolle eines Skip gefunden hatte. Eine kleine Welle dürfe nun kommen, sagt Verbandschefin Hummelt. Würde es eine Woge, hätte sie auch nichts dagegen.

Keine Eiszeit für die Curler. Ihre Auftritte ließen Millionen Fernseh-Zuschauer gern Ringe unter den Augen in Kauf nehmen.

Unionjack am Schrubber Jetzt wissen wir endlich, was ein »Guard« ist. Ein »Guard« ist ein schottischer Schutzwall im letzten End. Er muss es aber nicht sein. Wir haben außerdem gelernt, dass die Damen und Herren mit dem Unionjack am Schrubberstiel keine Engländer, sondern Schotten sind, aber Engländer genannt werden müssen. Und niemals Schotten. Denn wir sind beim Curling. Zudem haben wir gelernt, dass Curling wahnsinnig spannend, aber auch total langweilig sein kann. Genauso langweilig wie ein leise knisterndes Kaminfeuer, bei dem man vor der Zeit wunderbar einschlafen darf. Was uns selten passiert ist, weil Curling in Salt Lake City zum Renner des olympischen Programms wurde. Vor Ort ebenso wie daheim an den Fernsehgeräten. Im Ice Sheet at Ogden haben sie anfangs untereinander Curling-Eintrittskarten verscherbelt oder großzügig verschenkt, doch plötzlich suchten sie danach wie weiland Sherlock Holmes nach der Blauen Mauritius. Wir haben beim Curling Sabine Belkofer kennen lernen dürfen, die einzige Hamburgerin im deutschen Olympia-Aufgebot. Wirklich eine Norddeutsche als Winter-Olympionikin? Mit Sicherheit. Wenn sie nämlich mit hochgezogener linker Augenbraue über einen neuen Schachzug auf glattem Eis grübelte und gedankenverloren am güldenen Armkettchen zupfte, konnte man sie sich schon vorstellen – als stolze Hanseatin, traditionell gewandet in Schottenrock, Twinset und gediegen geschmückt mit der unentbehrlichen Perlenkette. Die Dame aus Hamburg stand stets neben der handfesten Bayerin Natalie Nessler, dem Skip, was im Curling mehr ist als Oliver Kahn beim Fußball, und obendrein strategischer zu sehen ist. Wir wissen durchaus, worüber wir reden. Denn im Gegensatz zu den Fußball-Profis wurden die Curler allesamt vor ihrem jeweiligen Auftritt verkabelt, auf dass der geneigte Fernsehzuschauer daheim auch genau hören konnte, was gerade ausgeheckt wird. Wir haben überdies erfahren, dass Curling aus dem Englischen kommt und so viel wie drehen - englisch: to curl - bedeutet. Denn der granitene Curling-Stein, den Uneingeweihte für eine Bettpfanne aus dem Antiquitäten-Shop oder einen schlichten Wasserkessel halten, dreht sich um die eigene Achse, er curlt, wenn er auf sein Ziel zurutscht. Und das treffen noch immer die Kanadier, Schweizer, Norweger und Schweden am besten. Die Kanadier waren seit 1959 allein bei den Herren 25-mal Weltmeister. Eine Serie, die wohl nie abreißen wird. Sieht man mal davon ab, dass die Ahornblätter ausgerechnet die olympische Curling-Premiere vor vier Jahren verpatzt haben – »nur« Platz zwei hinter der Schweiz.

Im Kreis der fünf besten Teams sind die deutschen Curling-Frauen angekommen.
Bei der gefühlvollen Arbeit auf dem Eis: Heike Wieländer.

Kelley Law (CAN)

Akiko Kato (JPN)

Rhona Martin (GBR)

Dordy Nordby (NOR)

Peja Lindholm (SWE)

Dominique Du Pont (FRA)

Lars Vaagberg (NOR)

Karin Fischer (GER)

Sebastian Stock (GER)

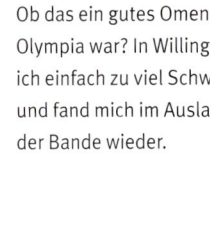

Geboren am 20. Oktober 1983 in Suhl, Abiturient, 1,77 m, 57 kg. Verein: WSV Oberhof, Heimtrainer Rainer Schmidt (1972 Olympia-Dritter). Erfolge: Olympia-Gold Teamspringen 2002, 12. Platz Olympia 2002 K120-Schanze.

Ob das ein gutes Omen für Olympia war? In Willingen hatte ich einfach zu viel Schwung und fand mich im Auslauf in der Bande wieder.

Ankunft auf dem Flughafen von Salt Lake City. Nicht nur Hanni hat schwer zu tragen.

»...WAS HAST DU JETZT BLOSS ANGESTELLT!«
MEIN OLYMPIA-TAGEBUCH VON SALT LAKE

STEPHAN HOCKE

16. Dezember 2001, Engelberg (Schweiz)

Sachen gibt's, die gibt's gar nicht. Ich habe gerade im erst fünften Weltcup-Springen überhaupt meinen ersten Sieg geschafft. Vor all den Großen. Vor Sven Hannawald, Matti Hautamäki, Adam Malysz und all den anderen. Unglaublich. Zwischen den ganzen Stars ganz oben zu stehen, ist einfach unbegreiflich für mich. Auch die Trainer suchen nach Erklärungen. Klar, ich bin schon davor gut gesprungen, habe Top-10-Plätze erreicht. Aber gleich ganz nach oben? Der Medientrubel danach ist gewaltig. Alle wollen was wissen. Fragen nach dem Wieso, Weshalb, Warum. Ich kann es nicht mit erstens, zweitens, drittens beantworten. Natürlich habe ich gut trainiert, mich im Sommer-Grand-Prix in Japan gut geschlagen und dann in der Winter-Vorbereitung den Sprung ins Weltcup-Team geschafft. Was nicht so einfach war, denn die Konkurrenten waren nicht irgendwer: Hansjörg Jäkle zum Beispiel, Team-Olympiasieger von Lillehammer, oder Frank Löffler und Frank Reichel. Reinhard Heß sagt, ich könne Korrekturen gut umsetzen. Das ist ein Lob, über das ich mich freue und das mich anspornt, noch mehr zu machen. Es sagt mir, dass ich zwar eine Menge Fehler mache, aber mich auch verbessern kann. Das ist besser als umgekehrt: keine Fehler machen, aber sich nicht steigern können. Andreas Goldberger hat nach dem Springen in Engelberg gesagt, ich sei ein wilder Hund. Bin ich das wirklich? Vielleicht habe ich den Vorteil, dass ich im Wettkampf auf der Schanze meist mehr aus mir herausholen kann, als mir fast alle, die mich aus dem Training kennen, zutrauen. Das produziert irgendwo auch ein gutes Stück Selbstvertrauen. Ich weiß ja, dass ich es kann, wenn ich mich konzentriere und alles zusammen passt. Jetzt darf ich schon mal an die großen Springer-Höhepunkte des Winters denken – die Vierschanzen-Tournee und Olympia in Salt Lake City. Wahnsinn! Hätte mir das jemand vor einem Jahr gesagt, hätte ich ihm wohl drastisch geantwortet: Verarschen kann ich mich selber.

6. Januar 2002, Bischofshofen (Österreich)

Die Vierschanzen-Tournee ist vorbei. Alles, was mir die Jungs, die schon öfter dabei waren, erzählt haben, wird von der Wirklichkeit übertroffen. Die Tournee ist wirklich etwas Besonderes. Die Zuschauermassen, der Medienauflauf, die komplette Weltklasse – und ich mittendrin. Natürlich war es auch stressig, von Schanze zu Schanze zu reisen. Ohne Atempause von Wettkampf zu Wettkampf

IN UND UM
»SOLDIER HORROR«
MEIN OLYMPIA-TAGEBUCH VON SALT LAKE

USCHI DISL

Geboren am 15. November 1970 in Bad Tölz, Polizeiobermeisterin beim Bundesgrenzschutz, 1,63 m, 57 kg. Verein: SC Moosham, Heimtrainer Harald Böse. Größte Erfolge: Staffel-Olympiasiegerin 1998 und 2002, 2. Platz Olympia 1998 Sprint, 2. Platz Olympia 2002 Verfolgung, fünfmal Staffel-Weltmeisterin, Vizeweltmeisterin Sprint 2001 und Verfolgung 2000. Erfolgreichste Biathletin bei Olympischen Spielen.

18. Januar 2002, Ruhpolding

Hier in Ruhpolding, beim Weltcup, beginnt eigentlich die heiße Phase für »Olympia 2002« – für meine vierten Olympischen Spiele als Biathletin nach 1992 in Albertville, 1994 in Lillehammer und 1998 in Nagano. Die Reporter fragen, warum ausgerechnet ich in meinem biblischen Biathlon-Alter auch noch nach Salt Lake City müsse? Sie haben mich gefragt, warum ich nicht lieber mit dem Leistungssport aufhören wolle? Ich antworte ihnen, dass ich zwar schon 31 Jahre alt bin, aber dass ich auch seit elf Jahren Weltspitze bin. Da wär's doch geradezu eine Verschwendung, würd' ich jetzt das Gewehr und die Skier in die Ecke stellen. Wie zur Bestätigung holen wir dann in Ruhpolding mit unserer Staffel den dritten Weltcup-Sieg in diesem olympischen Winter. Die Weltcup-Rennen in Antholz, in Südtirol, haben wir ausgelassen und sind stattdessen ins Trainingslager nach Kanada gereist. Wir, der deutsche Olympiakader Biathlon.

In Ruhpolding beim Weltcup-Sieg mit Katrin Apel und Kati Wilhelm

5. Februar 2002, Kanada

In den Presseunterlagen, die einer meiner Sponsoren verteilt hat, steht zu lesen: »Wenn das kein gutes Omen ist: Ein echter Western-Hut erinnert Uschi Disl stets an Soldier Hollow, den Schauplatz der Biathlon-Wettkämpfe bei den Olympischen Winterspielen 2002. Überreicht bekam Deutschlands beständigste Skijägerin das gute Stück für ihren Sieg im Sprint beim vorolympischen Testwettbewerb.« Es war ein gutes Omen, zumal ich mich so fit wie noch nie in meinem Leben fühlte. Das sage ich vor der Abreise nach Salt Lake City. Und ich glaub' nicht, daß ich langsamer geworden bin. Außerdem bin ich heuer im Schießen so gut wie nie. Da hab' ich mir gedacht: Jetzt kommt doch erst noch das Sahnehäubchen. Klar, ich hab' mich manchmal gefragt, warum mach' ich das? Würde ich nur Platz 50 belegen, tät' ich's mir auch überlegen …

Mein Vater Sepp ist fast immer dabei, wenn's in den winterlichen Zweikampf geht.

8. Februar 2002, Salt Lake City

Die Umstellung in Salt Lake auf die »neue Währung« funktioniert problemlos. Man ist ja schließlich nicht zum ersten Mal bei einer so riesigen Sportveranstaltung wie den Olympischen Spielen. Money makes the world go round? Von wegen. »Pins?«, so heißt schlicht und ergreifend die einsilbige Frage, mit der während der olympischen Tage in und um Salt Lake City die Geschäfte abgewickelt werden. Jedenfalls die meisten Geschäfte. Pins? Von jeder Nation, jedem

Eröffnungsfeier am 8. Februar. Unsere deutsche Mannschaft im Block zwischen vielen anderen. Und ich dazwischen mit meinem Hochgefühl.

zu hetzen. Training, Qualifikation, Springen – das nimmt ganz schön mit. Nicht nur körperlich, sondern auch vom Kopf her. Vielleicht waren deshalb nicht alle meine Flüge optimal. Doch am Ende Gesamt-Zehnter zu sein, mit den Plätzen 21 in Oberstdorf, 11 in Garmisch, 9 in Innsbruck und 17 in Bischofshofen aus der Tour rauszugehen – für eine Premiere ist das doch nicht schlecht, oder? Ich wollte in alle vier Final-Durchgänge, das habe ich geschafft. Dass hier oder da Besseres möglich war, ist klar. Ich habe es mir halt für die folgenden Wettkämpfe aufgehoben. Außerdem war es auch ein tolles Erlebnis, bei Hannis Grand mit Vieren dabei zu sein. Nach fünfzig Jahren Vierschanzen-Tournee gewinnt einer alle Springen – eine Riesenleistung. Davon habe auch ich profitiert. Zum einen gibt es im ganzen Team einen Schub, wenn man einen Überflieger an der Spitze hat. Zum anderen hat sich der Medienrummel vor allem auf Hanni konzentriert und ich hatte mehr oder weniger meine Ruhe. Ganz angenehm: die Stimmung genießen, ohne dass sie so über einem zusammenschwappt.

5. Februar 2002, Salt Lake City (USA)

Ankunft im Land der Träume – ich muss mich nicht mehr zwicken, um mir klarzumachen, dass ich bei den Olympischen Spielen starten werde. Nach langem Flug sind wir in Salt Lake City angekommen, nachdem wir uns zuletzt in St. Moritz vorbereitet hatten. Ich bin zum ersten Mal in den USA, und gespannt. Olympia, das war bei uns zu Hause schon früher immer gegenwärtig. Logisch, dass mein Vater Wilfried als Sportlehrer und Trainer kaum was verpasst hat, wenn Bilder von den Spielen ins Wohnzimmer flimmerten. Als Sportler in Oberhof hatte ich auch genug Athleten um mich herum, die schon bei Olympia Erfahrung hatten. Natürlich ist es der Traum jedes Athleten, einmal bei diesem Ereignis dabei zu sein. Für die wenigsten wird etwas daraus. Das ist doch schon ein Grund zu Freude und Stolz für mich. Dabei zu sein, daran hatte ich vor der Saison keinen Gedanken verschwendet. Die Qualifikation geschafft zu haben, zum Team zu gehören, das war schon etwas Großes – und damit mein Ziel für den Winter übererfüllt. Aber wenn man noch ein paar Zugaben mitnehmen kann, warum nicht? Nach den Springen in Zakopane Mitte Januar war klar, wie die Mannschaft zusammengesetzt ist und dass ich definitiv dabei bin. Bis dahin hatte ich zwar nicht immer an Olympia gedacht, aber immer öfter. Nun bin ich angekommen in Amerika, der Traum ist Wirklichkeit geworden. Obwohl ich erst mal viel zu müde bin, um das zu realisieren. Dass uns dann auf dem Flughafen auch noch eine Menge Kameras erwarten, darauf habe ich, ehrlich gesagt, null Bock. Zumal wir ja auch noch ins olympische Quartier nach Park City müssen, wo wir wohnen, solange die Sprungwettbewerbe dauern.

Absprung-Training an der olympischen Schanze. Und dann geht es zum Trainingssprung mit geschulterten Brettern.

8. Februar 2002, Rice Eccles Stadium, Salt Lake City

Jetzt ist es richtig da, das olympische Hochgefühl. Obwohl sich auch ein bisschen Traurigkeit in mein Erlebnis Eröffnungsfeier im Rice-Eccles Stadium

Verband und von jeder Sportart gibt es diese kleinen bunten Anstecknadeln. Doch nur die wenigsten dieser Pins werden tatsächlich ans Revers oder an den Hut geheftet. Primär dienen die Pins einem ganz anderen, nämlich ihrem eigentlichen Zweck – dem Tauschen. Aussehen und Größe eines Pins sind dabei ziemlich gleichgültig. Entsprechend stabil bleiben auch die Tauschkurse, was sich als sehr beruhigend heraus stellt. Bald wissen wir, dass für einen Pin der Shuttle-Fahrer noch bereitwilliger als sonst dabei hilft, die schwere Sporttasche zu schleppen. Für zwei Pins gibt's dann schon mal ein T-Shirt. Und wer an seinem wettkampffreien Tag zum Skifahren geht, tauscht ganz einfach eine ganz und gar tadellose Leihausrüstung gegen eine Handvoll »Pins für alle«.

11. Februar 2002, Soldier Hollow

Zum ersten Biathlon-Tag hat sich ein bunt gemischtes Fan-Volk versammelt. Die besten Plätze, mit Blick auf die Strecke und freier Sicht zum Schießstand, haben die deutschen »Profis« besetzt. Überall hängen die Plakate unserer Fan-Clubs. Erstaunlich viele haben den weiten Weg auf sich genommen, haben keine Kosten und Mühen gescheut, um uns bei den wichtigen Olympia-Rennen lautstark zu unterstützen. Auch die Mädels von meinem Fan-Club sind wieder dabei. Aber zwischen all den altbekannten Weltcup-Gesichtern sehe ich jede Menge Biathlon-Novizen, denen die »Profis« anfangs noch etwas »Jubel-Nachhilfe« geben müssen. Egal, ob Treffer oder nicht – am Schießstand wird jeder Schuss lautstark gefeiert. Erst nach und nach setzt sich die altbekannte europäische Beifallsvariante durch: Treffer – Jubel, Fehler – Stöhnen. In der Zwischenzeit haben die amerikanischen Fans, draußen auf der Strecke, längst ihre Hausaufgaben gemacht. Jede Athletin, jeder Athlet wird anhand der Startliste und Startnummer identifiziert und mit Namen angefeuert. Mit den Mädels von meinem Fan-Club lass' ich mich hinterher fotografieren. Es werden private Fotos, Erinnerungsfotos. Das lässt das karge Ambiente schnell vergessen.

13. Februar 2002, Salt Lake

Jeff, der an diesem Tag unser Shuttle-Fahrer ist, kommt aus Kalifornien. Genauer gesagt, er kommt aus San Francisco, der Hauptstadt aller älteren und gar nicht so alten Blumenkinder. Aber das macht nichts. Denn für seine Arbeit als »Olympia-Fahrer« reichen rudimentäre Ortskenntnisse vollkommen aus. Etwa zehnmal am Tag kurvt Jeff die fünf Meilen von unserem Mannschaftshotel zu den Wettkampfstätten in Soldier Hollow. Etwa zehnmal am Tag schaukelt Jeff die gleiche Straße wieder zurück. Immer schön nach Vorschrift. Lieber zu langsam, als auch nur ein kleines bisschen zu schnell. Dazwischen wechselt er das große gelbe Schild, auf dem das nächste Fahrziel steht. Zwei Shuttle-Haltestellen, zwei Schilder. Fünf Meilen hin, fünf Meilen zurück. Klingt eintönig. Aber Jeff meint, daß ihm der Job Spaß macht. Wie so viele hat er sich schon beizeiten als freiwilliger Helfer, als Volunteer, für diese Winterspiele gemeldet. Wie so

Einsam in Soldier Hollow – erst am Schießstand, und dann geht's weiter in der Loipe.

Mein Feuer ist längst entzündet. Ich und meine Germina-Skier, das sind richtige Raketen unter den Füßen.

mischt. Denn dass ich hier dabei sein kann, hat schließlich den Grund, dass ich den Sprung ins Aufgebot für die 90-er Schanze verpasst habe. Aber das habe ich dann schnell vergessen. Die drei Stunden waren echt super. Vor allem der Einmarsch ging unter die Haut. Für mich war das das Schönste, echter Wahnsinn. Der Ablauf war eigentlich ganz erträglich. Langes Warten, über das einige von früheren Spielen erzählt hatten, gab es nicht. Wir haben in einer Universitätshalle gesessen und da drinnen unseren Spaß gehabt, ehe wir draußen im Stadion noch mehr Spaß hatten. Ich hatte meinen Fotoapparat dabei und versucht, die Stimmung einzufangen. Aber hundertprozentig geht das wohl nicht, man muss eben dabei gewesen sein. Olympisches Feeling – wer da cool bleibt, ist wohl fehl am Platze. Wir Deutschen haben also richtig mitgemacht. Bei uns ging die La Ola der Athleten los. Wie ich die Eröffnung fand? Jeder hat einen anderen Geschmack, doch eins muss man den Amis lassen: Von Show verstehen sie was. Und die Musik war auch für einen Hip-Hop-Fan wie mich Klasse. So viele starke Bands auf einen Haufen habe ich live noch nie gesehen.

10. Februar, Utah Olympic Park, Park City

Mittendrin – und nicht dabei. Beim ersten Springer-Wettbewerb von der K 90-Schanze bin ich nur Zuschauer, leider. Denn es wäre super gewesen, in dieser Top-Konkurrenz mitspringen zu dürfen. Schon das Zugucken hat ja Gänsehaut gemacht. Dass am Ende Simon Amman gewonnen hat, ist zwar aus deutscher Sicht nur die zweitbeste Variante. Aber wenn ich es einem gönne, dann dem Schweizer. Das ist ein Klassetyp, kaum älter als ich, gerade zu und unkompliziert – eben ein richtig Netter. Und dazu ein Flieger vor dem Herrn. Schon im Training hat er Supersprünge gezeigt, und im Wettkampf hat er das dann wiederholt, als sei es das Normalste und Einfachste auf der Welt. Ich glaube, der kann auf der Schanze anfahren wie er will – es kommt immer etwas Außerirdisches dabei raus.

12. Februar, Park City

Die Spannung steigt. Morgen geht es auf der Großschanze um Medaillen – und ich bin dabei! In der team-internen Qualifikation war ich etwas besser als Christof Duffner. Schade für den »Duffi«, aber einen trifft es eben am Ende immer. Die Schanze liegt mir ganz gut, obwohl sie nicht die modernste ist. Der Anfang jedenfalls ist gemacht, nun soll eine gute Fortsetzung folgen. Bis zum nächsten Tag heißt es, sich abzulenken und nicht schon vorher in Gedanken zigmal die Anfahrtshaltung, den Absprung und das stabile V zu suchen. Sehr viel Möglichkeiten dafür aber gibt es in unserem Quartier in Park City nicht. Wir sind in einem Ferienhaus untergebracht, alle Springer zusammen. In einem zweiten wohnen die Trainer. Wie schon bei den Weltcups teile ich das Zimmer mit Martin Schmitt. Wir haben uns gut aufeinander eingespielt. Keiner geht dem anderen auf den Geist, und wenn man sich braucht, dann ist man eben für einander

viele, meint er, dass diese drei Wochen »a good experience« – wirklich eine gute
Erfahrung? – seien. Auch dann, wenn die Konversation mit seinen internationalen Fahrgästen oft nicht über das übliche »How are you today?« hinausreicht.
1988, in Calgary, so haben mir ältere Olympia-Reisende erzählt, hätten sie statt
»How are you today?« immer stereotyp »Have a nice day« gesagt. Überall, auch
in den Restaurants und Pinten. Und sie hätten diesen Spruch auch auf jede
Rechnung gedruckt, mit einem handgemalten grinsenden Mondgesicht drauf:
»Have a nice day«. So ändern sich die Zeiten, auch die olympischen.

Lautstark und optisch präsent:
Auf meinen Fanclub ist auch
im olympischen Nordic-Centre
Verlass.

14. Februar 2002, Soldier Hollow

Eigentlich hätte ich wieder einmal Grund gehabt, mit mir selber unzufrieden
zu sein. Wie schon im 15-Kilometer-Rennen vor vier Jahren in Nagano, verfehlte ich ausgerechnet mit dem zwanzigsten und letzten Schuss das Ziel. Doch
auch trotz einer Strafrunde reicht es zur Silbermedaille. Was wäre, wenn … –
es ist leider immer so. Ich habe eben beim letzten Schuss viel zu lange gewartet.
Warum?, hat mich danach Bundestrainer Uwe Müssiggang gefragt. Und ich
habe ihm geantwortet, dass ich Angst gehabt habe, Null zu schießen.

Auf der Suche nach dem olympischen Geist in »Soldier Horror«.

15. Februar 2002, Salt Lake

Für die meisten Sportler und Betreuer ist die gemütliche Fahrt mit dem Shuttle
stets eine willkommene Pause im ansonsten so stressigen Trainings- und Wettkampfgeschehen. Fast jeder hängt seinen Gedanken nach, schaut aus dem
Fenster oder schließt für ein paar Minuten die Augen. Die Gedanken eilen zurück: Mein Freund und ich waren uns schon im Sommer einig, dass ich weiter
mache. Früher, in anderen Beziehungen, standen die Männer nie so hinter mir.
Aber jetzt hat einer gesagt: »Mach weiter, Uschi.« Ich döse. Nur Jeff nicht, unser
Fahrer. Jeff ist stets hellwach und freundlich. Nein, meint er, die Wettkämpfe
könne er sich nicht anschauen. Nur in der Zusammenfassung, am Fernseher.
Aber das macht ihm nichts aus. »Hi, Jeff, how are you today?« – »Great …«

16. Februar 2002, Midway

Die Sache mit den »heißen Quellen« beschäftigt Peter Schlickenrieder schon
seit Tagen. Irgendwo dort draußen, irgendwo in der Gegend um unseren Wohnort Midway, soll es tatsächlich ein paar »hot pots« geben, die noch nicht von
Hotelbesitzern oder Tourismusbüros eingekachelt worden sind. Wo diese »wilden« Quellen sind, ist natürlich ganz geheim. So geheim, daß wir an der Existenz dieser Quellen schon zu zweifeln beginnen. Doch der Tipp, den Langlauf-Kollege Schlickenrieder bekam, ist fast so heiß wie die Quelle selbst: Die
Hauptstraße runter, dann links abbiegen, bis man schließlich auf einen Feldweg trifft. Dem weiter folgen – und dann? Schon sei man da. Angeblich. Bis zur
Hauptstraße klappt das auch alles wie am Schnürchen. Dann versperrt uns eine
Polizeikontrolle den Weg. Hier geht nichts mehr, vor allem geht nichts mehr

Mit meinen Flügen bin ich zufrieden. Und unser Trainer Reinhard Heß sieht alles. Am Ende sind aber nicht nur die Fans aus dem Häuschen, unser Quartett ist es auch.

da. Null Problemo. Leider funktioniert meine Play Station nicht, weil die Amerikaner mit einer etwas anderen Frequenz arbeiten. Immerhin aber haben wir einen DVD-Player dabei, so dass mehrfach »Filmabende« stattfinden. Und beim »Schuh des Manitou« klappt es dann ganz gut mit der Ablenkung. Vorsicht muss man nur beim Essen walten lassen. Wir haben, weil wir weit entfernt vom Olympischen Dorf wohnen, unseren eigenen Koch mit. Charly Doll, Marathonläufer und Chef des »Sonnenhofes« in Hinterzarten, heißt nicht nur so, er sorgt auch so fürs leibliche Wohl. Nur – zuviel ist ungesund, für Springer allemal.

13. Februar, Utah Olympic Park, Park City

Einen leisen Jubler darf ich mir nach dem Springen von der großen Schanze erlauben. Mit meinen beiden Flügen kann ich zufrieden sein. Optimal waren sie zwar sicher nicht, aber Platz 12 beim ersten olympischen Auftritt kann sich doch sehen lassen. Und – was noch wichtiger ist – ich habe damit gute Aussichten, zum Quartett zu gehören, das in einigen Tagen im Mannschaftswettbewerb nach einer Medaille greifen wird. Während des Wettkampfes habe ich eigentlich nur mit mir zu tun, aber das unglaublich spannende Finale bekomme ich natürlich mit. Die fantastischen Sprünge von Simon Ammann, den Sturz von Sven. Dass Skispringen langweilig ist, kann wirklich keiner mehr sagen.

18. Februar, Utah Olympic Park, Großschanze

Wie habe ich es am 13. Februar geschrieben? Skispringen ist alles andere als langweilig. Wie recht ich damit hatte, das erlebt jeder beim Teamspringen auf der Großschanze. 0,1 Punkte Vorsprung haben wir am Ende vor den Finnen. Das gab es noch nie. Und ich bin Olympiasieger! Nicht zu fassen. Richtig begreifen kann ich das wohl erst in ein paar Tagen. Während des Springens hatte ich nur mit mir selber zu tun. In einem solchen Wettbewerb ist die Verantwortung des Einzelnen viel größer – schließlich hängen noch drei andere davon ab, was man leistet. Ich habe an meinem Puls gemerkt, dass es kein Springen wie jedes andere ist. Beim ersten Durchgang ging es noch, beim zweiten war es extrem. Und dann kam das endlose Warten auf die Noten nach dem Sprung von Martin. Schaffen wir es, oder schaffen wir es nicht? Da kannst du einen Herzkasper kriegen. Als da auf der Tafel ganz oben GERMANY stand, war der Jubel umso größer. Stephan Hocke Olympiasieger! Im ersten Moment dachte ich nur: Mensch Stephan, was hast du jetzt bloß angestellt! Immerhin bin ich seit Hans-Georg Aschenbach 1976 der erste Thüringer Goldgewinner. Aber ein anderer als vorher bin ich damit ganz bestimmt nicht. Vielleicht kennen mich jetzt ein paar Leute mehr, aber das ist es dann auch schon.

19. Februar, Olympisches Dorf, Salt Lake City

Wir Skispringer haben unsere Wettbewerbe hinter uns, jetzt rücken wir näher ran ans sonstige olympische Geschehen. Der Umzug von Park City ins Olympi-

weiter. Bitte umdrehen! Schöner Mist. So kurz vor dem Ziel, dem geheimnisvollen. Ohne große Hoffnung fragen wir nach dem Weg. Der Polizist lacht und tut ganz und gar nicht so geheimnisvoll wie der Peter Schlickenrieder. Zur heißen Quelle? Überhaupt kein Problem: einfach dort hinten abbiegen. Vielleicht noch zweihundert Meter. Dann den vielen Reifenspuren folgen ...

17. Februar 2002, Soldier Hollow

Besonders einladend sieht das Gelände von Soldier Hollow – ehrlich gesagt – nicht aus. Und der Biathlon-Kollege Frank Luck hat sogar gesagt, wenn der olympische Geist hier oben überhaupt mal vorbei schaue, dann äußerst selten. Und Heiner Henze, der Generalsekretär unseres NOK, hat ihn in dieser Auffassung auch bestätigt. Was soll der olympische Geist auch hier? Kein Baum, kein Strauch. Nichts. Nur Schnee, lange steile Anstiege und auf den Strecken ein paar bunte Begrenzungs-Hütchen. »Soldier Horror« haben einige Biathleten das Areal nach dem Weltcup im letzten Jahr bereits umbenannt. Und nicht wenige hatten damals schon die Befürchtung, dass bei Biathleten und Langläufern eben nur wenig vom »Olympic Spirit« zu spüren sein werde. So wie 1992 in Albertville. Damals hatten nicht wenige gelästert, der gute alte »Olympic Spirit« habe sich nach einer kurzen Stippvisite in Savoyen ganz schnell auf den Weg nach Lillehammer gemacht, wo er sich schon Jahre vor den Spielen eingenistet habe. Nun also Soldier Hollow. Pflanzen sind seit dem vergangenen März zwar keine gewachsen, aber immerhin: Die Sportfans haben den Weg ins abgelegene, olympische Nordic-Centre gefunden. Schon bei den ersten Langlauf-Wettbewerben herrscht im Stadion richtig gute Stimmung. Das lässt doch hoffen.

Die Angst, Null zu schießen im entscheidenden Moment. Aber Silber glänzt auch ganz schön.
Bundestrainer Uwe Müssiggang mit einer ganz besonderen Last: Unsere Andrea Henkel hat Gold geholt.

18. Februar 2002, Salt Lake City

Auf meine Medaillensammlung aus jenen vier Olympischen Spielen, an denen ich nun teilgenommen habe, bin ich richtig stolz. Staffel-Erfolge, wie die beiden Siege in Nagano und jetzt in Soldier Hollow, sind dabei immer wieder das Größte, weil dann das ganze Team gemeinsam feiern kann. Deshalb gebührt mir aber kein besonderer Anteil am Erfolg. Staffeln verlieren oder gewinnen immer alle vier gemeinsam.

Total fertig, aber auch total happy. Ich hab's geschafft im Verfolgungsrennen.

20. Februar 2002, Salt Lake City

Eigentlich sind Siegerehrungen immer etwas Schönes. In den kurzen Momenten, in denen du auf dem Siegerpodest stehst, wird dir jedesmal klar, dass sich all die Anstrengungen, all die Mühen und Entbehrungen der letzten Zeit gelohnt haben. Die Siegerehrungen auf dem »Medals-Plaza« von Salt Lake City sind allerdings etwas ganz besonderes. Denn die amerikanischen Gastgeber ehren ihre Sieger nicht nur – sie feiern sie. Mit viel Show, mit bombastischer Musik und mit imposanten Lichteffekten. Aber auch mit viel Liebe zum Detail bei der Choreographie. Und mit leisen, nachdenklichen Passagen, die zumin-

Fähnchen, Blumen und dann das Gold um den Hals. Mensch Stephan ...

sche Dorf macht es möglich, dass wir auch die Sportler der anderen Disziplinen treffen. Sofern sie noch da sind. Die Springer sind fast alle schon abgereist, nur die Schweizer sind noch da. Am Abend zuvor haben wir unser Gold gefeiert. Zünftig versteht sich. Deutsches Haus und »Kufenstüberl« waren die Stationen, mehr ging nicht. Einen der Klubs aufzusuchen, wo man später abends noch ein Bierchen trinken konnte, haben wir uns erspart. Ich wäre sowieso nicht reingekommen, denn dafür reichen meine 18 Jahre nicht aus, man muss 21 sein. Also habe ich die 30 Dollar Eintritt gespart – und bin relativ früh ins Bett. Erschöpft war ich nach dem Interview-Marathon zuvor eh genug. Das Olympische Dorf war dann nach dem Aufwachen dran – Entdeckungsreise durch eine kleine Stadt für sich. Man hat jede Menge Leute getroffen, alle haben sie gratuliert. Man kam sich richtig wichtig vor. Ich bin froh, dass wir nochmal umgezogen sind. Das Dorf zu verpassen, hätte bedeutet, ein Stückchen Olympia zu verpassen. Ein paar der noch laufenden Wettbewerbe konnten wir uns auch ansehen – Eishockey zum Beispiel, das hat richtig Spaß gemacht.

22. Februar, Salt Lake City

Abschied von Olympia. Wenn die Abschiedsfeier stattfindet, werde ich schon wieder zu Hause in Oberhof sein. Bestimmt werde ich mir das Spektakel im Fernsehen ansehen – und dann meinen Eltern erzählen können, was ich in der Zeit in Salt Lake City alles erlebt habe. Zwischendurch haben wir nur immer kurz telefoniert, angesichts der hohen Kosten bei Funk-Telefonaten. Aber mit dem Olympiasieg habe ich ja auch wieder ein paar Euro reingesprungen. Das ist natürlich ein Scherz. Denn Geld, das spielt für mich im Zusammenhang mit Olympia überhaupt keine Rolle. Ein solches Erlebnis ist mit Euro oder Dollars gar nicht zu bezahlen. Deshalb werde ich auch alles dafür tun, dass es für mich nicht einmalig bleibt. Es ist das Größte. Jung genug bin ich, ich könnte noch ein-, zwei- vielleicht sogar dreimal dabei sein. Good-bye Salt Lake City! Ich habe tolle Wettkämpfe und vor allem tolle Zuschauer erlebt. Ich werde nun wieder von Olympia träumen – auch wenn ich es schon einmal erlebt habe.

23. Februar, Frankfurt/Main

Wir sind wieder daheim. Zumindest fast. Meine Eltern und mein Großvater haben mich in Frankfurt am Main abgeholt – auf der Autofahrt nach Oberhof wird es eine Menge zu erzählen geben. Meine Mutter kocht mir heute mein Lieblingsgericht – es gibt Thüringer Klöße. Sozusagen im Gegenzug habe ich ihr die drei Maskottchen Copper, Coal und Powder mitgebracht. Die wollte sie unbedingt haben. Es ist schön zu Hause, nicht nur, weil man die Wäsche gewaschen bekommt. Am meisten freue ich mich aber darauf, meine Kumpels wiederzusehen. Weniger glücklich machen mich die Aussichten auf den nachzuholenden Schulstoff. Mathe ist eben schwieriger als Skispringen – vor allem, wenn man aus der Übung ist. Im Frühjahr muss ich in der Schule wieder angreifen.

dest den 20 000 Zuschauern die Zeit lassen, gewonnene Eindrücke zu verarbeiten. Mir gelingt dies natürlich noch nicht. In den wenigen Minuten, in denen ich auf der Bühne stehe, versuche ich nur, möglichst viel von dieser eindrucksvollen Atmosphäre aufzusaugen. Denn es wird zum letzten Mal sein. Ich spüre, wie das Gewicht der Medaille an meinem Halsband zieht, höre den Jubel, die Fanfaren. Dann geht alles ganz schnell: Fotos, Blitzlicht, Interviews. Ein Termin nach dem anderen. Schulterklopfen, Küsschen, gut gemacht! Erst kurz vor Mitternacht wird es ruhiger. Eigentlich sind Siegerehrungen nicht nur schön, sondern immer auch etwas anstrengend.

21. Februar 2002, Salt Lake

Erfahrene Olympioniken – diesen Rat gebe ich künftigen Olympia-Startern gern mit auf den Weg – erkennt man immer daran, dass sie sich schon vor der Abreise mit alten WM- und Weltcup-Anstecknadeln eingedeckt haben – und zwar gleich en masse. Vor allem dann, wenn's nach Nordamerika geht, in die USA oder auch nach Kanada. Das erfuhr ich wiederum von jenen Olympia-Reisenden, die schon 1980 in Lake Placid und auch 1988 in Calgary dabei waren. In Lake Placid hätte man damals auf der Mainstreet sogar extra ein Pin-Centre eingerichtet. Das soll mehr als alle Wettkampfstrecken frequentiert worden sein.

Zu zweit sind wir vorn. Kati Wilhelm gewinnt, ich habe Silber geschürft. Und danach bei der Siegerehrung eine Träne verdrückt.

22. Februar 2002, Salt Lake

Vier Olympische Spiele als aktive Biathletin, die fünften wird's nicht geben. Doch nach dieser Saison höre ich definitiv nicht auf. Ich bleibe so lang dabei, wie es mir Spaß macht.

Unser mit Gold behangenes Quartett und ich ohne Kopfschutz: Kati Wilhelm, Andrea Henkel, Katrin Apel.

23. Februar 2002, Salt Lake City

Es geht ans Packen. Und dann heim nach Kössen in Österreich, wo ich wohne. Dass in seinem Ort nun die erfolgreichste olympische Biathletin daheim ist, habe Bürgermeister Stefan Mühlberger schwer beeindruckt, ist mir gesagt worden. Da schaue er gern mal über die Landesbrille hinweg. Aber schließlich trainiere ich auch viel auf den Kössener Loipen. Der österreichische Langlauf-Chef Walter Maier hat mal sachte angefragt, ob ich nicht fürs Nachbarland starten wolle. Ich hab' ihm geantwortet, dass ich Bayerin bin. Ich möchte Deutsche sein, und ich werde es bleiben. Die Staatsbürgerschaft aufzugeben, das wär' schon was Großes. Das werde ich nicht tun. Lange werde ich nicht daheim sein können. Denn schon am 8. März steht der nächste Biathlon-Weltcup auf dem Programm, hoch droben im schwedischen Östersund.

Die Olympischen Spiele gehören dann schon der Vergangenheit an, doch unsere Saison, die man die olympische nennt, ist noch lange nicht zu Ende. Die dauert – bis zum 24. März. Dann erst gibt's am Holmenkollen in Oslo das große Weltcup-Finale. Und damit auch das Ende der Ära Disl.

Mit Kati ein Prost auf Gold, Silber und Weitermachen!

ARRIVEDERCI
A TORINO!

FRAUEN

	Gold	Silber	Bronze	Bester Deutscher
1960	SWE	URS	FIN	5. GER
1964	URS	SWE	FIN	4. GER
1968	NOR	SWE	URS	6. GDR
1972	URS	FIN	NOR	4. FRG
4 x 5 km				
1976	URS	FIN	GDR	
1980	GDR	URS	NOR	
1984	NOR	CZE	FIN	8. GDR
1988	URS	NOR	FIN	5. GDR
1992	EUN	NOR	ITA	8. GER
1994	URS	NOR	ITA	
1998	RUS	NOR	ITA	5. GER

ALPIN

Abfahrtslauf

	Gold	Silber	Bronze	Bester Deutscher
1948	Schlunegger (SUI)	Beiser (AUT)	Hammerer (AUT)	
1952	Jochum-Beiser (AUT)	Buchner (FRG)	Minuzzo (ITA)	
1956	Berthod (SUI)	Dänzer (SUI)	Wheeler (CAN)	20. Reichert (GER)
1960	Biebl (GER)	Pitou (USA)	Hecher (AUT)	
1964	Haas (AUT)	Zimmermann (AUT)	Hecher (AUT)	4. Biebl (GER)
1968	Pall (AUT)	Mir (FRA)	Haas (AUT)	14. Färbinger (FRG)
1972	Nadig (SUI)	Pröll (AUT)	Corrock (USA)	5. Speiser (FRG)
1976	Mittermaier (FRG)	Totschnig (AUT)	Nelson (USA)	
1980	Moser-Pröll (AUT)	Wenzel (LIE)	Nadig (SUI)	9. Zechmeister (FRG)
1984	Figini (SUI)	Walliser (SUI)	Charvatova (CZE)	6. Kiehl (FRG)
1988	Kiehl (FRG)	Oertli (SUI)	Percy (CAN)	
1992	Lee-Gartner (CAN)	Lindh (USA)	Wallin(ger) (AUT)	4. Seizinger (GER)
1994	Seizinge) (FRG)	Street (USA)	Kostner (ITA)	
1998	Seizinger (GER)	Wiberg (SWE)	Masnada (FRA)	

Slalom

	Gold	Silber	Bronze	Bester Deutscher
1948	Fraser (USA)	Meyer (SUI)	Mahringer (AUT)	
1952	Mead Lawrence (USA)	Reichert (FRG)	Buchner (FRG)	
1956	Colliard (SUI)	Schöpf (AUT)	Sidorowa (URS)	14. Glaser (GER)
1960	Heggtveit (CAN)	Snite (USA)	Henneberger (GER)	
1964	Goitschel, Ch. (FRA)	Goitschel, M. (FRA)	Saubert (USA)	4. Biebl (GER)
1968	Goitschel, M. (FRA)	Greene (CAN)	Famose (FRA)	6. Färbinger (FRG)
1972	Cochran (USA)	Debernard (FRA)	Steurer (FRA)	6. Behr (FRG)
1976	Mittermaier (FRG)	Giordani (ITA)	Wenzel (LIE)	
1980	Wenzel (LIE)	Kinshofer (FRG)	Hess (SUI)	
1984	Magoni (ITA)	Pelen (FRA)	Konzett (LIE)	12. Epple, M. (FRG)
1988	Schneider (SUI)	Svet (YUG)	Kinshofer-Güthlein (FRG)	
1992	Kronberger (AUT)	Coberger (NZL)	Fernandez Ochoa (ESP)	15. Ertl (GER)
1994	Schneider (SUI)	Eder (AUT)	Koren (SLO)	14. Ertl (GER)
1998	Gerg (GER)	Compagnoni (ITA)	Steggall (AUS)	

Riesenslalom

	Gold	Silber	Bronze	Bester Deutscher
1952	Mead Lawrence (USA)	Rom (AUT)	Buchner (FRG)	
1956	Reichert (GER)	Frandl (AUT)	Hochleitner (AUT)	
1960	Rüegg (SUI)	Pitou (USA)	Chenal-Minuzzo (ITA)	5. Meggl (GER)
1964	Goitschel, M. (FRA)	Goitschel, Ch. (FRA)	Saubert (USA)	7. Henneberger (GER)
1968	Greene (CAN)	Famose (FRA)	Bochatay (SUI)	10. Färbinger (FRG)
1972	Nadig (SUI)	Pröll (AUT)	Drexel (AUT)	5. Speiser (FRG)
1976	Kreiner (CAN)	Mittermaier (FRG)	Debernard (FRA)	
1980	Wenzel (LIE)	Epple, I. (FRG)	Pelen (FRA)	
1984	Armstrong (USA)	Cooper (USA)	Pelen (FRA)	5. Kiehl (FRG)
1988	Schneider (SUI)	Kinshofer-Güthlein (FRG)	Walliser (SUI)	
1992	Wiberg (SWE)	Roffe (USA)	Wachter (AUT)	8. Seizinger (GER)
1994	Compagnoni (ITA)	Ertl (GER)	Schneider (SUI)	
1998	Compagnoni (ITA)	Meissnitzer (AUT)	Seizinger (GER)	

Super G

	Gold	Silber	Bronze	Bester Deutscher
1988	Wolf (AUT)	Figini (SUI)	Percy (CAN)	4. Mösenlechner (FRG)
1992	Compagnoni (ITA)	Merle (FRA)	Seizinger (GER)	
1994	Roffe (USA)	Gladyschewa (RUS)	Kostner (ITA)	6. Gutensohn (GER)
1998	Street (USA)	Dorfmeister (AUT)	Meissnitzer (AUT)	4. Häusl (GER)

Kombination

	Gold	Silber	Bronze	Bester Deutscher
1936	Cranz (GER)	Grasegger (GER)	Schou Nilsen (NOR)	
1948	Beiser (AUT)	Fraser (USA)	Mahringer (AUT)	
1988	Wachter (AUT)	Oertli (SUI)	Walliser (SUI)	9. Stanggassinger (FRG)
1992	Kronber(ger) (AUT)	Wachter (AUT)	Masnada (FRA)	9. Vogt (GER)
1994	Wiberg (SWE)	Schneider (SUI)	Dovzan (SLO)	5. Ertl (GER)
1998	Seizinger (GER)	Ertl (GER)	Gerg (GER)	

FREESTYLE

Buckelpiste

	Gold	Silber	Bronze	Bester Deutscher
1992	Weinbrecht (USA)	Koshewnikowa (EUN)	Hattestad (NOR)	4. Mittermayer (GER)
1994	Hattestad (NOR)	McIntyre (USA)	Koshewnikowa (RUS)	6. Mittermayer (GER)
1998	Satoya (JPN)	Mittermayer (GER)	Traa (NOR)	

Springen

	Gold	Silber	Bronze	Bester Deutscher
1994	Tscherjasowa (UZB)	Lindgren (SWE)	Lid (NOR)	9. Simchen (GER)
1998	Stone (USA)	Xu (CHN)	Brand (SUI)	

SNOWBOARD

Riesenslalom

	Gold	Silber	Bronze	Bester Deutscher
1998	Ruby (FRA)	Renoth (GER)	Köck (AUT)	

Halfpipe

	Gold	Silber	Bronze	Bester Deutscher
1998	Thost (GER)	Kjeldaas (NOR)	Dunn (USA)	

BIATHLON

15 km

	Gold	Silber	Bronze	Bester Deutscher
1992	Misersky (GER)	Petscherskaja (EUN)	Bédard (CAN)	
1994	Bédard (CAN)	Briand (FRA)	Disl (GER)	
1998	Dafowska (BUL)	Petrowa (UKR)	Disl (GER)	

7,5 km

	Gold	Silber	Bronze	Bester Deutscher
1992	Reszowa (EUN)	Misersky (GER)	Belowa (EUN)	
1994	Bedard (CAN)	Paramygina (BLR)	Zerbe (UKR)	5. Schaaf (GER)
1998	Kuklewa (RUS)	Disl (GER)	Apel (GER)	

FRAUEN

15 km

	Gold	Silber	Bronze	Bester Deutscher
1992	Misersky (GER)	Petscherskaja (EUN)	Bedard (CAN)	
1994	Bedard (CAN)	Briand (FRA)	Disl (GER)	
1998	Dafowska (BUL)	Petrowa (UKR)	Disl (GER)	

4 x 7,5 km

	Gold	Silber	Bronze	Bester Deutscher
1992	FRA	GER	EUN	
1994	RUS	GER	FRA	
1998	GER	RUS	NOR	

EISSCHNELLLAUF

500 m

	Gold	Silber	Bronze	Bester Deutscher
1960	Haase (GER)	Dontschenko (URS)	Ashworth (USA)	
1964	Skoblikowa (URS)	Jegorowa (URS)	Sidorowa (URS)	8. Haase (GER)
1968	Titowa (URS)	Meyers (USA)	Holum (USA)	Fish (USA)
1972	Henning (USA)	Krasnowa (URS)	Titowa (URS)	5. Pflug (FRG)
1976	Young (USA)	Priestner (CAN)	Awerina (URS)	10. Lange (GDR)
1980	Enke (GDR)	Poulos Mueller (USA)	Petrussewa (URS)	
1984	Rothenburger (GDR)	Enke (GDR)	Schiwe (URS)	
1988	Blair (USA)	Rothenburger (GDR)	Kania (GDR)	
1992	Blair (USA)	Ye (CHN)	Luding (GER)	
1994	Blair (USA)	Auch (CAN)	Schenk (GER)	
1998	LeMay Doan (CAN)	Auch (CAN)	Okazaki (JPN)	4. Schenk (GER)

1000 m

	Gold	Silber	Bronze	Bester Deutscher
1960	Gussewa (URS)	Haase (GER)	Rylowa (URS)	
1964	Skoblikowa (URS)	Jegorowa (URS)	Mustonen (FIN)	4. Haase (GER)
1968	Gejssen (NED)	Titowa (URS)	Holum (USA)	12. Schleiermacher (GDR)
1972	Pflug (FRG)	Keulen-Deelstra (NED)	Henning (USA)	
1976	Awerina (URS)	Poulos (USA)	Young (USA)	5. Holzner (FRG)
1980	Petrussewa (URS)	Poulos Mueller (USA)	Albrecht (GDR)	
1984	Enke (GDR)	Schöne (GDR)	Petrussewa (URS)	
1988	Rothenburger (GDR)	Kania (GDR)	Blair (USA)	
1992	Blair (USA)	Ye (CHN)	Garbrecht (GER)	
1994	Blair (USA)	Baier (GER)	Ye (CHN)	
1998	Timmer (NED)	Witty (USA)	LeMay Doan (CAN)	

1500 m

	Gold	Silber	Bronze	Bester Deutscher
1960	Skoblikowa (URS)	Seroczynska (POL)	Pilejczyk (POL)	8. Haase (GER)
1964	Skoblikowa (URS)	Mustonen (FIN)	Kolokolzewa (URS)	5. Haase (GER)
1968	Mustonen (FIN)	Gejssen (NED)	Kaiser (USA)	8. Schleiermacher (GDR)
1972	Holum (USA)	Baas-Kaiser (NED)	Keulen-Deelstra (NED)	5. Taupadel (GDR)
1976	Stepanskaja (URS)	Young (USA)	Awerina (URS)	5. Kessow (GDR)
1980	Borckink (NED)	Visser (NED)	Becker (GDR)	
1984	Enke (GDR)	Schöne (GDR)	Petrussewa (URS)	
1988	van Gennip (NED)	Kania (GDR)	Ehrig (GDR)	
1992	Börner (GER)	Niemann (GER)	Hashimoto (JPN)	
1994	Hunyady (AUT)	Fedotkina (RUS)	Niemann (GER)	
1998	Timmer (NED)	Niemann-Stirnemann (GER)	Witty (USA)	

3000 m

	Gold	Silber	Bronze	Bester Deutscher
1960	Skoblikowa (URS)	Stenina (URS)	Huttunen (FIN)	13. Görmer (GER)
1964	Skoblikowa (URS)	Stenina (URS)	Han PRK	17. Blankenburg (GER)
1968	Schut (NED)	Mustonen (FIN)	Kaiser (NED)	19. Dufter (FRG)
1972	Baas-Kaiser (NED)	Holum (USA)	Keulen-Deelstra (NED)	15. Taupadel (GDR)
1976	Awerina (URS)	Mitscherlich (GDR)	Korsmo (NOR)	
1980	Jensen (NOR)	Becker (GDR)	Heiden (USA)	
1984	Schöne (GDR)	Enke (GDR)	Schönbrunn (GDR)	
1988	van Gennip (NED)	Ehrig (GDR)	Zange (GDR)	
1992	Niemann (GER)	Warnicke (GER)	Hunyady (AUT)	
1994	Bashanowa (RUS)	Hunyady (AUT)	Pechstein (GER)	
1998	Niemann-Stirnemann (GER)	Pechstein (GER)	Friesinger (GER)	

5000 m

	Gold	Silber	Bronze	Bester Deutscher
1988	van Gennip (NED)	Ehrig (GDR)	Zange (GDR)	
1992	Niemann (GER)	Warnicke (GER)	Pechstein (GER)	
1994	Pechstein (GER)	Niemann (GER)	Yamamoto (JPN)	
1998	Pechstein (GER)	Niemann-Stirnemann (GER)	Prokaschewa (KAZ)	

SHORT TRACK

500 m

	Gold	Silber	Bronze	Bester Deutscher
1992	Turner (USA)	Li (CHN)	Hwang (PRK)	
1994	Turner (USA)	Zhang (CHN)	Peterson (USA)	
1998	Perreault (CAN)	Yang (CHN)	Chun (KOR)	20. Kunze (GER)

1000 m

	Gold	Silber	Bronze	Bester Deutscher
1994	Chun (KOR)	Lambert (CAN)	Kim (KOR)	
1998	Chun (KOR)	Yang (CHN)	Won (KOR)	20. Busch (GER)

3000-m-Staffel

	Gold	Silber	Bronze	Bester Deutscher
1992	CAN	USA	EUN	
1994	KOR	CAN	USA	
1998	KOR	CHN	CAN	8. GER

RODELN

Einsitzer

	Gold	Silber	Bronze	Bester Deutscher
1964	Enderlein (GER)	Geisler (GER)	Thurner (AUT)	
1968	Lechner (ITA)	Schmuck (FRG)	Dünhaupt (FRG)	
1972	Müller (GDR)	Rührold (GDR)	Schumann (GDR)	
1976	Schumann (GDR)	Rührold (GDR)	Demleitner (FRG)	
1980	Zozula (URS)	Sollmann (GDR)	Amantova (URS)	
1984	Martin (GDR)	Schmidt, B. (GDR)	Weiß (GDR)	
1988	Walter (GDR)	Oberhoffner (GDR)	Schmidt, C. (GDR)	
1992	Neuner, D. (AUT)	Neuner, A. (AUT)	Erdmann (GER)	
1994	Weissensteiner (ITA)	Erdmann (GER)	Tagwerker (AUT)	
1998	Kraushaar (GER)	Niedernhuber (GER)	Neuner, A. (AUT)	

EISHOCKEY

	Gold	Silber	Bronze	Bester Deutscher
1998	USA	CAN	FIN	

CURLING

	Gold	Silber	Bronze	Bester Deutscher
1998	CAN	DEN	SWE	8. GER

© 2002 by Econ Ullstein List
Verlag GmbH & Co.KG –
Sportverlag Berlin
Alle Rechte vorbehalten

Redaktionsschluss:
24. Februar 2002

Herausgeber:
Rudi Cerne

Texte von
Klaus Blume
Rudi Cerne
Uschi Disl
Stephan Hocke
Willi Ph. Knecht
Bruno Moravetz
Walther Tröger
Klaus Weise

sowie von
Marko Baacke
Heidi Biebl
Max Bolkart
Elisabeth Demleitner
Karin Enke-Richter
Horst Floth
Lorenz Funk
Franz Keller
Gert-Dietmar Klause
Hansjörg Knauthe
Manfred Schnelldorfer

Redaktion:
Harro Schweizer
Michael Horn
Eberhard Thonfeld
(Bildredaktion)

Fotos:
dpa Sportreport, Fotoagentur
Zentralbild GmbH, Berlin
(Andreas Altwein, Martin
Athenstädt, Gero Breloer,
Matthias Hiekel, Ralf Hirsch-
berger, Roland Holschneider,
Stephan Jansen, Frank Klee-
feldt, Peter Kneffel, Oliver
Multhaup, Kay Nietfeld)
Sports Chrome
Camera 4, Berlin (Sascha
Fromm, Thilo Wiedensohler)
NOK für Deutschland
Rugo Kommunikation –
PR Media Event, Bonn
Bruno Moravetz, privat
Imago Sportfoto, Berlin (S. 77)

Statistik:
SPORTS DATA, Berlin

Layout und Produktion:
Prill Partners l producing, Berlin

Umschlaggestaltung:
Volkmar Schwengle,
Buch und Werbung, Berlin

Repro-Arbeiten:
LVD GmbH, Berlin
Manfred Schürmann,
Müncheberg

Druck und Bindung:
MOHN Media Mohndruck GmbH,
Gütersloh

Printed in Germany 2002

ISBN 3-328-00940-X